~ VRIENDSCHAP MET GOD ~

D1724611

NEALE DONALD WALSCH

Vriendschap met God

Kosmos-Z&K Uitgevers, Utrecht/Antwerpen

Andere boeken van Neale Donald Walsch, uitgegeven door Kosmos-Z&K Uitgevers, Utrecht/Antwerpen:

Een ongewoon gesprek met God
Een nieuw gesprek met God
Derde gesprek met God
Het werkboek bij Een ongewoon gesprek met God
Van dag tot dag (meditaties uit *Een ongewoon gesprek met God*)
Persoonlijk dagboek (meditaties uit *Een nieuw gesprek met God*)
Over holistisch leven
Over relaties
Over rijkdom en bezit

Vijfde druk
Oorspronkelijke titel: *Friendship with God*
Uitgegeven door: G.P. Putnam's Sons, New York
© 1999 Neale Donald Walsch
© 2000, 2001 Nederlandse editie: Kosmos-Z&K Uitgevers B.V., Utrecht,
  in overeenstemming met G.P. Putnam's Sons via Sane Töregård Agency

Vertaling: Ruud van der Helm
Omslagontwerp: Studio Jan de Boer
Typografie binnenwerk: en/of ontwerp, Utrecht
Illustratie omslag: Benelux Press
ISBN 90 215 8549 9
D/2001/0108/105
NUGI 612

Deze uitgave is met de grootst mogelijke zorgvuldigheid samengesteld. Noch de maker, noch de uitgever stelt zich echter aansprakelijk voor eventuele schade als gevolg van eventuele onjuistheden en/of onvolledigheden in deze uitgave.

Dankwoord

Ik ben op de eerste plaats mijn beste vriend, God, opnieuw dank verschuldigd. Ik ben ten diepste dankbaar dat ik God in mijn leven heb gevonden, dankbaar dat ik eindelijk bevriend ben met God, dankbaar voor alles wat God mij gegeven heeft, waaronder de kans om zelf te geven.

Op iets ander vlak, maar niet minder hemels, bevindt zich mijn vriendschap met mijn partner en echtgenote, Nancy, die een levende omschrijving van het woord 'zegening' is. Ik ben gezegend vanaf het moment dat wij elkaar ontmoetten, en sindsdien op elk moment.

Nancy is een wonderbaarlijke persoon. Vanuit het hart van haar wezen straalt ze een kalme wijsheid uit, een eindeloos geduld, een diep medeleven en de zuiverste liefde die ik ooit gekend heb. In een wereld die soms donker is, is zij een drager van het licht. Haar kennen is als opnieuw herenigd zijn met iedere gedachte aan wat goed en mooi is, die ik ooit heb gehad; met iedere droom die ik ooit gehad heb over vriendelijke en ondersteunende kameraadschap; met iedere fantasie die ik ooit gehad heb over oprecht verliefde minnaars.

Ik sta in het krijt bij al die geweldige mensen die mijn leven veranderd hebben, wier gedrag en manier van *zijn* mij hebben geïnspireerd en tot voorbeeld zijn geweest. O, het is een onbetaalbaar geschenk om door zulke leermeesters de weg gewezen te worden! Tot de personen die ik dankbaar ben, behoren:

Kirsten Bakke, voor haar omschrijving van totale afhankelijkheid en omdat ze mij getoond heeft dat spectaculair, krachtdadig leiderschap nimmer ten koste hoeft te gaan van medeleven, gevoeligheid en zorg.

Rita Curtis, die op overtuigende wijze heeft laten zien dat persoonlijke kracht niets afdoet aan vrouwelijkheid, maar daar juist iets aan toevoegt.

Ellen DeGeneres, die meer moed bezit dan de meeste mensen voor mogelijk houden en die met haar voorbeeld iedereen kracht schenkt.

Bob Friedman, die mij heeft laten zien dat integriteit wel degelijk bestaat.

Bill Griswold en Dan Higgs, die me toonden wat met levenslange vriendschap wordt bedoeld.

Jeff Golden, die bewijst dat een vulkanisch genie, een brandende overtuiging en een kalme overredingskracht hand in hand kunnen gaan.

Patty Hammett, die demonstreert waar liefde, loyaliteit en rotsvaste toewijding om draaien.

Anne Heche, een toonbeeld van absolute authenticiteit, en die me liet zien hoe je dat voor niets ter wereld moet opgeven.

Jerry Jampolsky en Diane Cirincione, die laten zien dat wanneer mensen bereid zijn liefde te schenken, er geen grens is aan wat hun medeleven vermag, al wordt dat gauw over het hoofd gezien.

Elisabeth Kübler-Ross, die aantoonde dat het mogelijk is om een duizelingwekkende bijdrage te leveren aan het welzijn van een planeet, zonder daar zelf van te duizelen.

Kaela Marshall, dankzij haar vermogen om het onvergeeflijke altijd toegeeflijk te benaderen heb ik leren geloven in Gods belofte dat er voor ons allen verlossing is.

Scott McGuire, die op overtuigende wijze heeft laten zien dat persoonlijke kracht niets afdoet aan mannelijkheid, maar daar juist iets aan toevoegt.

Will Richardson, die mij heeft geleerd dat je niet dezelfde moeder hoeft te hebben gehad om broers te zijn.

Bryan L. Walsch, een toonbeeld van standvastigheid, die mij het belang van familie duidelijk maakte.

Dennis Weaver, die me alles heeft geleerd wat er te weten valt over mannelijke gratie, en hoe je talent en beroemdheid kunt aanwenden om andermans leven te verbeteren.

Marianne Williamson, die heeft laten zien dat geestelijk en wereldlijk leiderschap elkaar niet uitsluiten.

Oprah Winfrey, die uitzonderlijke persoonlijke gedrevenheid en moed heeft getoond en die bereid was alles op het spel te zetten voor haar geloof.

Gary Zukav, die met zijn zachte wijsheid liet zien hoe je je focus moet vinden en hoe belangrijk het is daaraan vast te houden.

Al deze leermeesters, en nog vele meer, heb ik gehad. Van hen heb ik geleerd. Ik weet dus dat al het goede dat van mij mag komen, voor een deel van hen afkomstig is. Zij hebben het mij geleerd en ik geef het slechts door.

Daarvoor zijn wij hier, natuurlijk. Wij zijn allemaal elkaars voorbeeld en leermeester. Zijn wij niet waarachtig gezegend?

Inleiding

Vertel eens aan iemand dat je net een gesprek met God achter de rug hebt en kijk wat er gebeurt.

Laat maar. Ik kan je vertellen wat er dan gebeurt.

Je hele leven verandert.

Ten eerste omdat je dat gesprek *gehad* hebt, ten tweede omdat je het aan iemand *verteld* hebt.

Om eerlijk te zijn, ik moet zeggen dat ik meer dan een gesprek heb gehad. Ik heb een zes jaar durende dialoog gehad. En ik heb meer gedaan dan er iemand over vertellen. Ik heb aantekeningen bijgehouden van wat er gezegd werd en die heb ik naar een uitgever gestuurd.

Sindsdien is het leven bijzonder interessant geweest. En vol verrassingen.

De eerste verrassing was dat de uitgever het manuscript werkelijk las en er zelfs een boek van maakte. De tweede verrassing was dat de mensen het boek inderdaad kochten en aanbevalen bij hun vrienden. De derde verrassing was dat deze vrienden het boek aan *hun* vrienden aanraadden en dat het zowaar een bestseller werd. De vierde verrassing is dat het inmiddels in zevenentwintig landen verkocht wordt. En de vijfde verrassing is dat geen van deze gebeurtenissen verrassend waren, als je bedenkt wie de co-auteur was.

Als God je vertelt dat Hij iets doet, dan kun je daar op rekenen. God krijgt altijd Haar zin.

God vertelde mij, halverwege ons in mijn ogen vertrouwelijke gesprek, dat 'dit op een dag in boekvorm zal verschijnen'. Ik geloofde Hem niet. Toegegeven, tweederde van wat God me verteld heeft sinds de dag dat ik ter wereld kwam, heb ik niet geloofd. Dat was juist het probleem. Niet alleen voor mij, maar voor de gehele mensheid.

Als wij alleen maar zouden luisteren...

Het boek dat werd gepubliceerd heette, weinig origineel, *Een gesprek met God*. Het kan zijn dat je niet gelooft dat ik zo'n gesprek heb gehad en je hoeft me ook niet te geloven. Dat verandert niets aan de waarheid. Het is wel zo gemakkelijk om af te wijzen wat mij in die gesprekken is verteld; sommige mensen hebben dat gedaan. Aan de andere kant, veel mensen hebben niet alleen toegegeven dat zo'n gesprek mogelijk is, maar voor hen is regelmatige communicatie met God ook een deel van hun leven geworden. Geen eenrichtingsverkeer, maar communicatie over en weer. Deze mensen hebben evenwel geleerd voorzichtig te zijn om hierover te praten. Het blijkt dat wanneer mensen vertellen elke dag tot God te bidden, ze vroom genoemd worden, maar wanneer ze beweren dat God elke dag tot *hen* spreekt, worden ze voor gek verklaard.

Ik heb daar overigens geen enkele moeite mee. Zoals gezegd, niemand hoeft iets te geloven van wat ik zeg. Het is zelfs beter wanneer mensen naar hun eigen hart luisteren, hun eigen waarheid vinden, bij zichzelf te rade gaan, toegang krijgen tot hun eigen wijsheid en, als ze willen, zelf in gesprek raken met God.

Als iets wat ik vertel ze daartoe *aanzet* – ervoor zorgt dat ze vraagtekens zetten bij hun leefwijze en hun geloof in het verleden, hen meeneemt naar een intensere beleving van hun ervaringen, ze beweegt tot grotere overgave aan hun eigen waarheid – dan is het delen van mijn ervaringen een goed idee geweest.

Ik geloof dat dit de hele tijd de bedoeling is geweest. Ik ben er zelfs van overtuigd. Daarom is *Een gesprek met God* een bestseller geworden, evenals trouwens de delen 2 en 3. En het boek dat je *nu* leest, is je volgens mij ter hand gekomen om je opnieuw te helpen om op ontdekkingsreis te gaan en je eigen antwoord te zoeken. Maar deze keer gaat het over een nog grotere vraag: is het mogelijk om meer dan een gesprek met God te hebben? Is het mogelijk om een werkelijke *vriendschap* met God op te bouwen?

Dit boek beweert van wel, en het vertelt je *hoe*. In Gods eigen woorden. Want in dit boek wordt ons gesprek, gelukkig, voortgezet, worden nieuwe gebieden verkend en wordt wat mij eerder al was verteld nog eens krachtig herhaald.

Ik heb geleerd dat mijn gesprek met God zich op deze wijze ontwikkelt. Het zijn conversaties die in cirkels verlopen; eerst komt het bekende nog eens ter sprake en vervolgens worden geheel nieuwe gebieden betreden en verkend. Deze aanpak van twee stappen voorwaarts en een stap terug zorgt ervoor dat ik mij eerder verkregen wijsheid goed kan herinneren. Het wordt in mijn bewustzijn gegrift, als een stevige basis voor verder begrip.

Zo werkt het dus. Er is nagedacht over de leermethode. En hoewel ik deze manier aanvankelijk wat frustrerend vond, ben ik hem steeds meer gaan waarderen. Door Gods wijsheid in ons bewustzijn te verankeren, wekken wij ons bewustzijn tot leven. Wij verlichten het. En wanneer wij dat doen, begrijpen wij meer. Wij zullen meer begrijpen over Wie wij werkelijk zijn en wij beginnen dat uit te dragen.

In dit boek zal ik enkele gebeurtenissen uit mijn verleden met je delen, en hoe mijn leven is veranderd sinds de verschijning van de trilogie van *Een gesprek met God*. Veel mensen hebben mij daarom gevraagd. Begrijpelijk. Zij willen iets meer weten over de persoon die beweert met Hem daarboven te kletsen. Maar dat is niet de reden waarom ik deze anekdotes heb opgenomen. Beschrijvingen van mijn 'persoonlijke verhaal' beogen niet de nieuwsgierigheid van mensen te bevredigen, maar tonen aan wat het betekent om een vriendschap met God te hebben, en hoe *ieders leven hetzelfde demonstreert*.

Dat is natuurlijk de boodschap. Wij hebben allemaal een vriendschap met God, of wij ons daarvan bewust zijn of niet.

Ik was een van degenen die het niet wisten. En ik wist evenmin wat deze vriendschap voor mij kon betekenen. Dat is de grote verrassing, dat is het wonder. Niet dat wij een vriendschap met God kunnen hebben en inderdaad hebben, maar wat de bedoeling is van deze vriendschap, en wat het ons oplevert.

Wij zijn op ontdekkingsreis. Deze vriendschap waartoe wij worden uitgenodigd heeft een doel, het bestaan ervan heeft een reden. Tot voor kort kende ik deze reden niet. Ik herinnerde mij die niet. Nu ik dat wel doe, ben ik niet langer bang voor God, en dat heeft mijn leven veranderd.

In dit boek (en in mijn leven) stel ik nog steeds tal van vragen. Maar ik geef nu ook antwoorden. Dat is het verschil. Dat is de verandering. Ik praat nu *met* God, niet alleen *tot* God. Ik loop *naast* God, ik volg Hem niet slechts.

Het is mijn diepste wens dat jouw leven op dezelfde manier verandert als het mijne. Ik hoop dat jij met behulp van dit boek ook een oprechte vriendschap met God ontwikkelt en dat ook jij met een nieuwe autoriteit zult spreken en leven.

Ik hoop dat je niet langer zult zoeken naar het licht, maar een brenger van het licht zult worden. Want wat je brengt, is wat je zult vinden.

Het lijkt erop dat God niet op zoek is naar volgelingen, maar naar boodschappers. Wij kunnen God volgen, maar wij kunnen ook anderen *naar* God leiden. Het eerste pad zal ons veranderen, het tweede pad verandert de wereld.

Neale Donald Walsch
Ashland, Oregon

Een

Ik herinner mij precies wanneer ik besloot bang te zijn voor God. Dat was toen Hij zei dat mijn moeder naar de hel zou gaan. Goed, *Hij* zei dat eerlijk gezegd niet, maar iemand zei het namens Hem.

Ik was ongeveer zes jaar oud en mijn moeder, die zichzelf mystieke gaven toedichtte, 'las de kaarten' voor een vriend aan de keukentafel. Er kwamen voortdurend mensen bij ons thuis die benieuwd waren welke voorspellingen mijn moeder aan een doodnormaal pak speelkaarten kon ontlenen. Zij was er goed in, zei men, en haar bekendheid groeide gestaag.

Terwijl mamma die dag weer eens de kaarten las, kwam haar zuster onverwacht op bezoek. Ik herinner mij dat mijn tante niet bepaald blij opkeek van het tafereel dat ze aantrof toen ze na een keer kloppen de keuken binnenstormde door de vliegendeur. Mamma reageerde alsof ze op heterdaad was betrapt bij iets wat ze eigenlijk niet mocht doen. Onhandig stelde ze haar vriendin aan tante voor, veegde snel de kaarten bijeen en verborg ze in de zak van haar schort.

Op dat moment werd er niets over gezegd, maar toen tante afscheid van mij kwam nemen in de tuin, kwam ze erop terug.

'Weet je,' zei ze toen ik met haar meeliep naar haar auto, 'je moeder moet mensen niet de toekomst voorspellen met die speelkaarten van haar. God zal haar erom straffen.'

'Waarom?' vroeg ik.

'Omdat ze heult met de duivel' – ik herinner me deze onheilspellende zin vanwege de opmerkelijke klank – 'en God zal haar rechtstreeks naar de hel sturen.'

Ze zei dit op een toon alsof ze aankondigde dat het morgen zou gaan regenen. Tot op de dag van vandaag herinner ik me hoe ik beefde van angst, terwijl tante haar auto van de oprit reed. Ik was doodsbang dat mijn mamma God zo vreselijk boos had gemaakt.

Op dat moment werd de vrees voor God diep in mij verankerd.

Waarom zou God, die gezien werd als de meest welwillende schepper in het heelal, mijn moeder willen straffen, zij die de meest welwillende figuur in mijn leven was, en nog wel met eeuwige verdoemenis? Mijn zes jaar oude brein zat dringend om een antwoord verlegen. En dus kwam ik tot de conclusie van een zesjarige: als God wreed genoeg was om mijn moeder, die algemeen als een halve heilige werd beschouwd, zo zwaar te straffen, dan was Zijn toorn snel gewekt – sneller nog dan die van *mijn vader* – dus moest iedereen op zijn tellen passen.

Nog jarenlang was ik bang voor God, want mijn vrees werd telkens opnieuw bevestigd.

Ik herinner me dat in de tweede klas van catechisatie werd verteld dat baby's die niet gedoopt zijn ook niet in de hemel komen. Dit kwam zelfs tweedeklassers onwaarschijnlijk voor. Wij probeerden de non in het nauw te drijven met vragen als: 'Zuster, zuster, en hoe zit het dan als de ouders met de baby op weg zijn naar de doop en het hele gezin overlijdt bij een vreselijk auto-ongeluk? Mag de baby dan niet met de ouders mee naar de hemel?'

Onze non was er een van de oude stempel. 'Het spijt me,' verzuchtte ze, 'maar ik vrees van niet.' Doctrine was doctrine voor haar, uitzonderingen kende ze niet.

'Maar waar gaat de baby dan heen?' vroeg een van mijn klasgenootjes in alle ernst. 'Naar de hel of naar het vagevuur?' (In een goed katholiek huishouden weten kinderen met negen jaar al wat het vagevuur is.)

'De baby zou noch naar de hel, noch naar het vagevuur gaan,' legde de zuster uit. 'De baby zou naar het voorgeborchte gaan.'

Voorgeborchte?

Het voorgeborchte, verklaarde de zuster, was de plek waar God kleine baby's en alle andere mensen naartoe zond die buiten hun schuld waren gestorven voordat ze gedoopt waren in het 'enige ware geloof'. Zij werden weliswaar niet gestraft, maar God zouden ze nimmer ontmoeten.

Dit is de God waarmee ik opgroeide. Je mag denken dat ik het allemaal verzin, maar dat is niet zo.

Angst voor God wordt door veel religies geschapen en wordt zelfs door die religies *aangemoedigd*.

Niemand hoefde mij aan te moedigen, dat kan ik je vertellen. Als je dacht dat het voorgeborchte me bang had gemaakt, dan moet je eens horen wat het 'einde van de wereld' met me deed.

Ergens in het begin van de jaren vijftig hoorde ik het verhaal van de kinderen van Fatima. Fatima is een dorpje in Midden-Portugal, ten noorden van Lissabon, waar de heilige Maagd meermalen zou zijn verschenen aan een jong meisje en haar neefje en nichtje. Deze geschiedenis werd als volgt aan mij verteld.

De heilige Maagd gaf de kinderen een brief voor de wereld, die aan de paus moest worden overhandigd. Deze moest op zijn beurt van de inhoud kennis nemen maar daarna de brief opnieuw verzegelen en de boodschap pas jaren later meedelen, wanneer de tijd gekomen was.

Er wordt beweerd dat de paus na het lezen van de brief drie dagen gehuild heeft. Die bevatte verschrikkelijk nieuws over Gods diepe teleurstelling in ons, plus een gedetailleerde beschrijving van de manier waarop Hij ons zou straffen als wij Zijn waarschuwingen niet ter harte zouden nemen. Dat zou het einde van de wereld betekenen, compleet met gekreun en tandengeknars en onbeschrijfelijke kwellingen.

God, zo werd ons bij catechisatie verteld, was boos genoeg om deze straf ieder ogenblik te voltrekken, maar Hij toonde genade en gaf ons een laatste kans, dankzij de tussenkomst van de heilige Maagd.

Het verhaal van Onze Lieve Vrouwe van Fatima vulde mijn hart met angst. Ik holde naar huis om mijn moeder te vragen of het wel waar was. Ma antwoordde dat het waar moest zijn, als de priesters en zusters dat zeiden. Nerveus en bezorgd overlaadden de kinderen in mijn klas de zuster met vragen over wat wij het beste konden doen.

'Ga elke dag naar de mis,' raadde ze aan. 'Bid elke avond je rozenkrans en sla regelmatig een kruis. Ga eenmaal per week biechten, doe penitentie en offer je lijden aan God als bewijs dat je tot inkeer bent gekomen. Ontvang de heilige communie en zeg iedere avond voor het slapengaan een boetegebed zodat je bij de heiligen in de hemel komt, mocht je voor het ontwaken worden gehaald.'

Eerlijk gezegd kwam het niet bij me op dat ik de volgende ochtend niet zou halen, totdat ik het volgende kindergebed leerde:

Here, houd ook deze nacht
Over mij getrouw de wacht
En is mijn leven nu voorbij
Ontferm U over mij.

Na een paar weken durfde ik niet meer te gaan slapen. Ik huilde iedere avond en niemand begreep wat er aan de hand was. Tot op de dag van vandaag ben ik geobsedeerd door een plotselinge dood. Vaak wanneer ik het huis verlaat voor een korte reis – of soms als ik alleen maar naar de groenteboer ga – zeg ik tegen mijn vrouw Nancy: 'Mocht ik niet terugkomen, onthoud dan dat mijn laatste woorden waren: ik hou van jou.' Het is een ritueel geworden, maar diep in mijn hart ben ik bloedserieus.

Mijn angst voor God werd verder aangewakkerd toen ik dertien was. De babysitter uit mijn kindertijd, Frankie Schultz, die aan de overkant van de straat woonde, ging trouwen en vroeg mij – *mij* – om bij het huwelijk als bruidsjonker aanwezig te zijn! Wauw, was ik even trots. Totdat ik naar school ging en het aan de non vertelde.

'Waar wordt dat huwelijk voltrokken?' vroeg ze wantrouwend.

'In de Sint-Pieter,' antwoordde ik in mijn onschuld.

'De Sint-Pieter?' Haar stem klonk ijskoud. 'Dat is toch een lutherse kerk?'

'Dat zou kunnen. Ik weet het niet zeker, ik heb er niet naar gevraagd...'

'Het *is* een lutherse kerk en jij gaat daar niet heen.'

'Waarom niet?' wilde ik weten.

'Omdat het *verboden* is,' verklaarde de zuster op een manier die geen tegenspraak duldde.

'Maar *waarom* dan?' hield ik voet bij stuk.

De zuster keek me aan alsof ze niet kon geloven dat ik door bleef vragen. Zij knipperde met haar ogen en slaagde erin, puttend uit haar oneindige geduld, een glimlach te produceren.

'God wil niet dat je een heidense kerk bezoekt, mijn kind,' legde ze uit. 'De mensen die daarheen gaan, geloven niet wat wij geloven. Zij leren er de waarheid niet. Het is een zonde om naar een andere kerk dan een katholieke te gaan. Het spijt me dat je vriend Frankie heeft besloten om daar te gaan trouwen. God zal zijn huwelijk niet wijden.'

'Maar zuster,' ging ik voort, ver voorbij de tolerantiegrens, 'wat gebeurt er als ik toch bruidsjonker ben?'

'Wee jou,' antwoordde ze met oprechte bezorgdheid.

Poeh. Zware kost. God was een taaie rakker. Een misstap werd duidelijk niet geaccepteerd.

Ik maakte de misstap desondanks. Ik zou hier graag vertellen dat mijn beslissing op morele bezwaren gebaseerd was, maar de waarheid is dat ik de gedachte niet kon verdragen niet mijn witte sportjack te dragen (met een roze corsage, net als de jas waar Pat Boone over zong). Ik besloot te zwijgen over wat de non had verteld en was als bruidsjonker bij de trouwerij aanwezig. Was ik even bang! Je mag denken dat ik overdrijf, maar ik verwachtte elk moment door Gods toorn te worden getroffen. Tijdens de ceremonie lette ik scherp op de lutherse leugens waarvoor ik gewaarschuwd was, maar de dominee sprak warme en prachtige woorden die iedereen in de kerk deden huilen. Aan het einde van de dienst was ik doorweekt van het angstzweet.

Die avond smeekte ik God op mijn knieën om me deze doodzonde te vergeven. Ik zei het mooiste boetegebed dat je je in kunt denken. Ik lag urenlang wakker in bed, bang om in slaap te vallen en herhaalde telkens weer: *is mijn leven nu voorbij, ontferm u over mij.*

Ik biecht deze jeugdherinneringen – en ik zou er nog veel meer kunnen vertellen – niet zonder reden op. Ik wil duidelijk maken hoe diep mijn angst voor God was. *Want mijn verhaal is niet uniek.* Zoals gezegd zijn het niet alleen de rooms-katholieken die stijf van angst staan voor hun Heer. Verre van dat. De halve wereldbevolking gelooft dat God ze wel zal krijgen als ze fouten begaan. Fundamentalisten van vele geloven brengen angst in de harten van hun volgelingen. Gij zult niet dit. Gij zult niet dat. Stop ermee of God zal u straffen. En dan heb ik het niet over de voornaamste verboden, zoals 'Gij zult niet doden'. Ik heb het over een

God die vertoornd is als je vlees eet op vrijdag (Hij heeft daarover trouwens Zijn mening gewijzigd), als je varkensvlees eet op elke willekeurige dag, als je gaat scheiden. Een God die je boos maakt als je je vrouwelijk aangezicht niet met een sluier bedekt, als je niet eenmaal in je leven Mekka bezoekt, als je vergeet om je kleedje uit te rollen en jezelf op je knieën te werpen en dat vijfmaal daags, als je niet in een tempel trouwt, als je niet gaat biechten of niet iedere zondag naar de kerk gaat.

Wij moeten oppassen voor God. Het probleem is echter dat er te veel regels zijn om ze allemaal te kennen. En het ingewikkeldste is dat ieders regels de *enig* juiste zijn. Beweert men althans. Maar ze kunnen niet allemaal tegelijk waar zijn. Dus welke kies je en waarom? Het is een lastige kwestie en bepaald geen onbelangrijke, als je in aanmerking neemt hoe strikt God de regels blijkbaar handhaaft.

En dan is er opeens een boek met de titel *Vriendschap met God*. Wat kan dat nu betekenen? Hoe is dat mogelijk? Is God wellicht toch niet de heilige 'woesteling' die wij in Hem zien? Gaan ongedoopte baby's dan toch naar de hemel? Is het dragen van een sluier, buigen naar het oosten, celibatair blijven en varkensvlees vermijden soms niet van belang? Houdt Allah misschien onvoorwaardelijk van ons? Kiest Jehovah wellicht *iedereen* uit om bij Hem te zijn als het einde der tijden is gekomen?

En werkelijk wereldschokkend: is het mogelijk dat wij niet over God moeten spreken als 'Hij'? Is God misschien een *vrouw*? Of, wat nog moeilijker te geloven valt, is Zij soms geslachtloos?

Voor iemand met mijn opvoeding is alleen al *het stellen van zulke vragen* een zonde.

Desondanks moeten wij dat doen. Wij moeten de uitdaging aandurven. Ons blinde geloof heeft ons op een dood spoor gebracht. De afgelopen tweeduizend jaar heeft de mensheid weinig geestelijke ontwikkeling doorgemaakt. Wij hebben leraar na leraar aangehoord, meester na meester, les na les, en wij vertonen nog steeds hetzelfde gedrag dat onze soort vanaf het begin der tijden in ellende onderdompelt.

Wij vermoorden nog steeds onze naasten, onze wereld wordt geregeerd door machtswellust en hebzucht, wij onderdrukken het zwakke geslacht, wij mishandelen onze kinderen en voeden ze verkeerd op, wij wenden onze blik af van andermans lijden en, ja, wij zijn zelf de oorzaak van dat lijden.

Het is inmiddels tweeduizend jaar na de geboorte van Christus, 2500 jaar na Boeddha en zelfs nog langer sinds wij van Confucius hoorden of voor het eerst over de Tao leerden, en nog altijd hebben wij de belangrijke vragen niet beantwoord. Zullen wij de antwoorden die wij al wel ontvangen hebben ooit in ons voordeel weten aan te wenden, ooit weten te gebruiken om ons dagelijks leven te veraangenamen?

Ik denk dat het kan. En ik ben er eerlijk gezegd vrij zeker van, want ik heb hierover uitgebreid van gedachten gewisseld in mijn gesprekken met God.

Twee

De vraag die mij het vaakst gesteld is, luidt: 'Hoe weet je zo zeker dat je met God gesproken hebt? Hoe weet je dat het niet je verbeelding is geweest? Of erger nog, de *duivel*, die je beet heeft genomen?'

De op één na vaakst gestelde vraag is: 'Waarom jij? Waarom heeft God jou uitverkoren?'

En op twee na: 'Hoe is je leven veranderd na wat er allemaal gebeurd is?'

Je zou denken dat de meest gestelde vragen over *Gods Woorden* handelden, als je de uitzonderlijke inzichten, de adembenemende openbaringen en de uitdagende gedachten van onze talrijke gesprekken in aanmerking neemt. Maar nee, men was vooral benieuwd naar de menselijke kant van het verhaal.

Wij willen tenslotte alles van elkaar weten. Wij bezitten een onverzadigbare belangstelling voor onze medemensen, meer nog dan voor wat dan ook in deze wereld. Het lijkt wel of wij op de een of andere manier begrijpen dat wij meer over onszelf kunnen leren door meer van een ander te weten. En het verlangen om meer over onszelf te weten – om te weten Wie wij werkelijk zijn – is het diepste verlangen van allemaal.

En dus stellen wij meer vragen over elkaars ervaringen dan over elkaars ideeën. Hoe is het je bevallen? Hoe weet je dat het waar is? Wat denk je nu? Waarom doe je dat? Waar komt dat gevoel vandaan?

Wij proberen voortdurend in elkaars huid te kruipen. Een interne gids loodst ons intuïtief en onweerstaanbaar naar elkaar toe. Ik geloof dat hier sprake is van een natuurlijk mechanisme op het niveau van onze genetische code, dat een universele wijsheid bezit. Deze wijsheid stuurt onze meest basale reacties als voelende wezens aan. Het brengt eeuwige kennis naar het celniveau en creëert wat sommigen de 'wet van de aantrekkingskracht' noemen.

Ik ben ervan overtuigd dat wij elkaar onvermijdelijk aantrekken vanuit de wetenschap dat wij in de ander *onszelf* zullen vinden. Wij mogen ons hier dan niet van bewust zijn, wij mogen dit verlangen dan niet onder woorden brengen, ik denk dat onze cellen het begrijpen. En ik geloof dat dit microkosmisch weten uit een macrokosmisch begrip voortkomt. Ik geloof dat wij op het hoogste niveau weten dat wij allen één zijn.

Het is dit goddelijk bewustzijn dat ons tot elkaar aantrekt. De ontkenning ervan brengt de diepste eenzaamheid in het menselijk hart teweeg en is de oorzaak van het menselijk lijden.

Dat heeft mijn gesprek met God mij duidelijk gemaakt: ieder menselijk verdriet, elk onmenselijk lijden, iedere tragedie die een mens ervaart, is terug te voeren tot één oorzaak: het besluit om afstand te nemen van elkaar. Het besluit om ons goddelijk bewustzijn te veronachtzamen. Het besluit om onze natuurlijke aantrekkingskracht voor elkaar 'slecht' te noemen en onze eenheid een fictie.

Hiermee ontkennen wij ons ware Zelf. En uit deze zelfontkenning komt al onze negativiteit voort. Al onze woede, al onze teleurstelling, al onze bitterheid is ontsproten aan de dood van ons grootste plezier. Het plezier van één te zijn.

Terwijl wij op celniveau onze eenheid proberen te ervaren, wijzen wij deze op mentaal niveau categorisch af. Ziedaar het menselijk conflict. Onze gedachten over het leven en wat het voorstelt staan lijnrecht tegenover ons diepste innerlijk weten. Het komt erop neer dat wij elke dag tegen onze instincten ingaan. Dit heeft geleid tot onze huidige gekte, waarin wij de waanzin van onafhankelijkheid blijven uitdragen, terwijl wij zo graag de vreugde van onze eenheid weer eens zouden kennen.

Kan dit conflict ooit worden opgelost? Ja. Het wordt opgelost zodra wij onze ruzie met God bijleggen. En daartoe is dit boek geschreven.

Ik had geen idee dat ik dit boek ooit zou schrijven. Net als in *Een gesprek met God* is het mij aangereikt met de bedoeling het door te geven. Ik ging ervan uit dat met de voltooiing van de trilogie aan mijn onbedoelde loopbaan als schrijver een einde was gekomen. Maar terwijl ik klaar zat om het dankwoord voor *Werkboek bij Een ongewoon gesprek met God* te schrijven, overkwam mij iets wat op een mystieke ervaring leek.

Ik zal vertellen wat er toen gebeurde, zodat je beter begrijpt waarom dit boek is geschreven. Toen ze hoorden dat ik weer aan het schrijven was, merkten sommige mensen op: 'Het zou toch bij een drieluik blijven?' Het leek wel of een volgend boek de integriteit van de oorspronkelijke serie in twijfel trok. Vandaar mijn wens om de totstandkoming van dit boek te verklaren, om toe te lichten hoe mij duidelijk werd gemaakt dat het geschreven moest worden, ook al heb ik op dit moment geen idee waar het naartoe gaat of wat het te zeggen heeft.

Het was het voorjaar van 1997 en ik was klaar met het werkboek. Nerveus wachtte ik de reactie van mijn uitgever, Hampton Roads, af. Uiteindelijk kwam het telefoontje.

'Hallo, Neale, goed boek!' zei Bob Friedman.

'Meen je dat? Neem je me niet in de maling?' Het kost me nog altijd moeite om goed nieuws te ontvangen, alsof ik het slechtste verwacht. Ik rekende er min of meer op dat hij zou zeggen: 'Het spijt me, maar wij kunnen dit niet accepteren. Je zult een volledig nieuwe versie moeten schrijven.'

'Natuurlijk meen ik het,' grinnikte Bob. 'Waarom zou ik liegen over zoiets? Denk je dat ik een slecht boek wil uitgeven?'

'Ik dacht dat je me misschien in bescherming wilde nemen.'

'Geloof me, Neale. Ik ga je heus niet vertellen dat je een goed boek hebt geschreven als ik het waardeloos vind.'

'Okay,' zei ik voorzichtig.

Bob grinnikte nogmaals. 'Man, jullie schrijvers zijn de onzekerste personen die ik ken. Jullie geloven zelfs niet degene wiens levensonderhoud ervan afhangt jullie de waarheid te vertellen. Ik zeg je dat het een geweldig boek is. Het zal een hoop mensen goed doen.'

Ik ademde vrijuit. 'Goed, ik geloof je.'

'Er is nog een ding.'

'Ik wist het, ik *wist* het! Wat is er mis?'

'Er is niets mis. Je hebt alleen geen dankbetuiging meegezonden. Wij vroegen ons af of je nog iemand je dank wilde betuigen en of je die bladzij misschien vergeten was, of dat je het niet nodig vond. Dat is alles.'

'Dat is alles?'

'Dat is het.'

'God zij dank.'

Bob schoot in de lach. 'Is dat je dankbetuiging?'

'Dat zou best kunnen.' Ik beloofde Bob meteen iets te e-mailen. Toen ik ophing, schreeuwde ik het uit.

'Wat is er aan de hand?' riep mijn vrouw Nancy vanuit de andere kamer. Triomfantelijk marcheerde ik binnen.

'Bob vindt het een uitstekend boek.'

'Mooi zo,' straalde ze.

'Denk je dat hij meent wat hij zegt?'

Nancy draaide met haar ogen en glimlachte. 'Ik weet zeker dat Bob over zoiets niet liegt.'

'Dat zei hij ook net. Er is echter nog een ding.'

'En dat is?'

'Ik moet de dankbetuiging nog schrijven.'

'Dat lijkt me geen probleem. Dat heb jij in een kwartier op papier staan.'

Het mag duidelijk zijn dat mijn vrouw uitgever had moeten worden.

Op een zaterdagmorgen begon ik aan mijn taak door mezelf te vragen: 'Aan wie ben ik dank verschuldigd in het voorwoord van dit werkboek.' Ogenblikkelijk antwoordde mijn geest: aan God, uiteraard. Dat klopt, overlegde ik met mezelf, maar ik heb aan God wel meer te danken dan alleen dit boek. Doe dat dan, reageerde mijn geest. Ik pakte dus mijn pen en schreef: *Voor heel mijn leven en al het goede, gepaste, creatieve of prachtige dat ik ermee heb gedaan, wil ik God bedanken, mijn liefste vriend en naaste metgezel.*

Ik weet nog dat ik verbaasd was dat ik het zo gezegd had. Ik had God nooit tevoren op deze wijze beschreven en ik werd mij ervan bewust dat dit precies de manier was waarop ik het voelde. Soms begrijp ik mijn gevoelens pas goed wanneer ik aan het schrijven ben. Herken je die ervaring? Ik zat daar en schreef het bovenstaande op en plotseling realiseerde ik mij, weet je, ik heb *inderdaad* een vriendschap met God. Dat is de juiste omschrijving van mijn gevoelens. En mijn geest zei: schrijf het op. Kom op, zeg het dan. En ik begon aan de tweede alinea van mijn dankwoord:

Ik heb nooit een vergelijkbare, even prachtige vriendschap gekend – zo voelt wat ik nu ervaar precies aan – en ik zou geen enkele mogelijkheid willen missen om hiervoor een dankwoord uit te spreken.

Vervolgens schreef ik iets op zonder te weten waarom.

Ik hoop ooit tot in het kleinste detail aan iedereen uit te kunnen leggen hoe je zo'n vriendschap ontwikkelt en haar kunt gebruiken. Want God wil bovenal gebruikt worden. En dat is precies wat wij ook willen. Wij willen een vriendschap met God. *Een vriendschap die* functioneel *en* nuttig *is.*

Daar aangekomen verstijfde mijn hand. Een rilling trok over mijn rug. Ik voelde iets door mijn lichaam stromen. Ik zat een ogenblik stil, verbijsterd door een volledig bewustzijn van iets waar ik nog nooit aan gedacht had, maar dat nu volkomen vanzelfsprekend leek.

Deze ervaring was op zich niet nieuw. Ik had haar geregeld onder het schrijven van *Een gesprek met God.* Een paar woorden, een paar zinnen, ontsproten spontaan aan mijn brein. En als ik ze dan voor mij op papier zag, werd mij plotseling duidelijk dat het klopte, ook al had ik een paar minuten daarvoor nog nooit over 'het een of ander' nagedacht. Deze ervaring werd meestal gevolgd door een lichamelijke sensatie; een onverwachte tinteling, wat ik gelukzalig trillen noem, of soms tranen van vreugde. En heel soms zelfs alle drie.

Deze keer ervoer ik alle drie. De drievoudige *wauw.* Ik wist zeker dat wat ik geschreven had de absolute waarheid was.

Toen ontving ik een belangrijke persoonlijke openbaring. Ook dat was me eerder overkomen. Het is een gevoel van plotseling volkomen 'bewust' zijn. Je weet het opeens helemaal.

Wat ik gedwongen werd te weten (ik kan het op geen andere manier omschrijven) was dat ik aan het einde van mijn trilogie nog niet met schrijven klaar was. Het was opeens duidelijk dat er nog minstens twee boeken zouden volgen. En vervolgens overviel me een inzicht over deze boeken en wat ze te vertellen zouden hebben. Ik hoorde de stem van God fluisteren...

Neale, jouw relatie met Mij wijkt niet af van jullie relaties met elkaar. Jullie beginnen de omgang met elkaar met een gesprek. Gaat dat goed, dan begin je een vriendschap. En gaat dat ook goed, dan ervaar je een gevoel van eenheid – gemeenschap – met de andere persoon. *Met Mij gaat het precies zo.*

Om te beginnen hebben wij een gesprek.

Ieder van jullie ervaart zijn gesprekken met God op zijn eigen manier, en op verschillende wijzen op verschillende momenten. Het zal altijd een wederzijds gesprek zijn, zoals wij nu hebben. Dat kan een gesprek 'in je hoofd' zijn of op papier, maar Mijn antwoorden kunnen je ook pas later bereiken, bijvoorbeeld in de vorm van het eerstvolgende lied dat je hoort, de film die je ziet, de lezing die je bijwoont, het tijdschriftartikel dat je leest, of in de vorm van de terloopse uitspraak van een vriend die je op straat 'tegen het lijf' loopt.

Als jou eenmaal duidelijk is dat wij altijd in gesprek zijn, kunnen wij een vriendschap beginnen. Uiteindelijk zullen wij gemeenschap ervaren.

Je zult daarom nog twee boeken schrijven. Het eerste vertelt hoe je de uitgangspunten uit *Een gesprek met God* kunt gebruiken om je nieuwe relatie tot een volledig bruikbare vriendschap uit te bouwen. Het tweede vertelt hoe je die vriendschap kunt verheffen tot een ervaring van gemeenschap en wat er gebeurt als je dat doet. Het zal een blauwdruk bevatten voor een ieder die de waarheid zoekt, en een adembenemende boodschap voor de gehele mensheid.

Jullie en Ik *zijn* één op dit moment. Jullie beseffen het alleen niet. Jullie kiezen niet voor de ervaring, net zomin als jullie de eenheid met elkaar kennen en ervaren.

Jouw boeken, Neale, zullen die verdeeldheid opheffen voor iedereen die ze leest. Zij zullen de illusie van eenzaamheid wegnemen.

Dit is jouw opdracht. Dit is jouw taak. Jij gaat de illusie van eenzaamheid wegnemen.

Dat is altijd al de bedoeling geweest, nooit minder. *Een gesprek met God* was altijd al slechts het begin.

Ik stond versteld. Een nieuwe rilling trok over mijn rug. Ik voelde een trilling van binnen, zo een die je niet thuis kunt brengen, maar die je in elke lichaamscel ervaart. En dat is natuurlijk precies wat er gebeurt. Iedere lichaamscel functioneert met hogere snelheid. Vibreert met hogere frequentie. Danst op de energie van God.

> Dat is uitstekend verwoord. Dat is een prachtige beeldspraak.

Hola, niet zo snel! Ik wist niet dat U meteen al te voorschijn zou treden. Ik beschreef net wat U in 1997 zei.

> Ik weet het. Het spijt Me. Ik had Mij voorgenomen pas halverwege het boek op te treden, maar je begon zo poëtisch te schrijven dat Ik Mij niet kon inhouden.

Dat is heel vriendelijk.

> Ach, het gaat bijna vanzelf. Telkens als jij lyrisch begint te schrijven, poëtisch te praten, liefdevol te lachen, een lied zingt of danst, moet Ik wel verschijnen.

Echt waar?

> Laat Me het als volgt verwoorden. Ik ben *altijd* in je leven aanwezig. Op allerlei manieren. Maar je bent je meer bewust van Mijn aanwezigheid wanneer je zulke dingen doet; wanneer je lacht of liefhebt of zingt of danst of schrijft vanuit je hart. Dat is de hoogste staat van Wie Ik ben. Wanneer je aan deze kwaliteiten uiting geeft, breng je Mij tot uiting. Ik bedoel dat letterlijk. Je brengt Mij tot uiting, je brengt Mij naar buiten.
> Je haalt Mij te voorschijn uit je binnenste, waar Ik altijd verblijf, en laat Mij zien aan je buitenkant. Ik lijk opeens te voorschijn te treden. De waarheid is dat Ik er altijd ben, maar dat je je alleen op deze momenten bewust van Mij bent.

Okay, goed, ik had nog veel meer willen zeggen voordat ik in een volgend gesprek met U verzeild raakte.

Ga je gang en spreek je uit.

Neem me niet kwalijk, maar het is lastig U te negeren. Wanneer U er eenmaal bent, is het moeilijk te doen alsof U er niet bent. Het is net als die beleggingsdeskundige die spreekt en iedereen luistert. Wie luistert er nog naar mij nu U de dialoog bent begonnen?

Heel veel mensen. Waarschijnlijk zelfs iedereen. Zij willen weten wat jij beleefd hebt. Zij willen weten wat je geleerd hebt. Trek je niet terug, omdat Ik toevallig verschijn. Dat is de moeilijkheid met *zoveel* mensen. God verschijnt en zij voelen zich opeens zo nietig. Zij denken dat zij nederig moeten zijn.

Moeten wij ons voor Uw aangezicht dan niet nederig gedragen?

Ik kom je niet vernederen, maar juist verheffen.

Werkelijk?

Wanneer jij verheven bent, ben Ik het ook. En wanneer je vernederd bent, ben Ik het eveneens.
Er is maar één van ons. Jij en Ik zijn één.

Precies, dat wilde ik net vertellen. Dat was mijn volgende punt.

Ga je gang. Laat Mij je niet weerhouden. Vertel je lezers alles over je ervaringen. Zij willen het *echt* graag weten. Daar had je gelijk in. Door jou te leren kennen, leren mensen zichzelf kennen.
Zij zullen zichzelf in jou herkennen en wanneer ze zien dat Ik in jou ben, begrijpen ze dat Ik ook in hen ben. Dit zal een groot geschenk zijn. Ga dus vooral verder met je verhaal.

Wel, ik zei net dat iedere cel in mijn lichaam trilde en vibreerde. Ik trilde van zalige opwinding. Een traan welde op in een oog, rolde over mijn wang en zoutte mijn tong toen ik hem uit mijn baard likte. Ik had dat gevoel weer. Ik dacht dat ik van binnenuit bedwelmd raakte... met liefde.

Ik kon niet langer aan mijn dankwoord schrijven. Ik moest iets doen met wat me net gegeven was. Ik wilde stante pede beginnen met *Vriendschap met God*.

Hé, hé, dat gaat zo maar niet, vertelde mijn verstand me. Je hebt het derde boek nog niet eens geschreven. (Daarmee wordt uiteraard het derde deel van de *Een gesprek met God*-trilogie bedoeld.)

Ik wist dat ik eerst het drieluik af moest ronden voor ik met een volgend project kon beginnen. Desondanks wilde ik *iets* doen met de energie die door mijn aderen stroomde. Ik besloot mijn redacteur bij mijn andere uitgever, Putnam Publishing Group in New York, te bellen.

'Je zult het niet geloven,' zei ik toen ze de telefoon opnam, 'maar ik heb net het onderwerp voor nog twee boeken gekregen, plus de opdracht om ze te schrijven.'

Ik geef nooit iemand opdracht om iets te doen.

Ik geloof dat ik tegen mijn redacteur het woord 'opdracht' gebruikte. Misschien had ik moeten zeggen: 'en de *inspiratie* om ze te schrijven'.

Dat zou een betere omschrijving geweest zijn, een stuk accurater.

Ik was te opgewonden om mijn woorden zorgvuldig te kiezen.

Dat begrijp Ik, maar dit is juist de reden dat er door de jaren heen een verkeerd beeld van Mij is geschetst.

De tijd is gekomen om dat beeld recht te zetten. Ik kom je vertellen wat een werkelijke *vriendschap met God* kan betekenen, en hoe je er een kunt krijgen.

Ik ben een en al oor. Begin, *begin*!

Maak eerst je verhaal af.

Wie heeft daar nog belangstelling voor? Ik wil *hier* meer van weten.

Maak je verhaal af. Het is van belang. Wij hebben het nodig als opstap naar vandaag.

Goed, ik vertelde dus mijn redacteur wat U me over de twee volgende boeken verteld had en ze ging uit haar dak. Ik vroeg haar of Putnam publicatie in overweging wilde nemen.
'Ben je gek? Natuurlijk willen wij dat,' antwoordde ze. Zij vroeg me om een synopsis te schrijven van wat ik haar zojuist had verteld.
De volgende dag stuurde ik een fax en de uitgeverij was zo vriendelijk mij een contract voor twee boeken te geven.

Waarom heb je de boeken niet op internet gezet?

Pardon?

Waarom heb je ze niet gratis toegankelijk gemaakt?

Waarom vraagt U me dat?

Dat is wat veel mensen zich afvragen. Heeft de uitgever je soms veel geld toegezegd?

Eigenlijk wel.

Waarom heb je het aangenomen? 'Een oprechte man van God zou ermee instemmen deze kennis kosteloos met de wereld te delen. Hij zou niet overal contracten voor meerdere boeken tekenen.' Is dat niet het verwijt dat je krijgt?

Precies. Dat wordt gezegd. Men zegt dat het me om het geld te doen is.

Is dat zo?

Het gaat me niet om het geld, maar dat is geen reden om het te weigeren.

Een man van God zou dat wel doen.

Werkelijk? Ontvangen priesters geen salaris? Eten rabbi's niet?

Uiteraard, maar niet veel. Brengers van het Woord leven in armoede, zij vragen geen fortuin voor het uitdragen van de waarheid.

Ik vroeg geen fortuin. Ik vroeg helemaal niets, het werd mij aangeboden.

Je had het moeten weigeren.

Waarom? Wie zegt dat geld stinkt? Als ik veel geld kan verdienen door de eeuwige waarheid te verkondigen, waarom zou ik dat dan niet doen?
Bovendien, hoe zit het dan als ik ervan droom om bijzondere dingen te doen? Stel dat ik ervan droom een non profit-organisatie op te zetten die Uw boodschap over heel de wereld verkondigt? Stel dat het mijn droom is om het leven van andere mensen te verbeteren?

Dat zou een beetje helpen. Dat zou Mij wat minder ontstemd maken.

En als ik het meeste gewoon weggaf? Als ik de behoeftigen zou steunen?

Dat zou ook helpen. Dat zouden Wij begrijpen. Dat zouden Wij kunnen accepteren. Maar jij, jij dient zeer bescheiden te leven. Je mag het geld niet aan jezelf uitgeven.

O nee? Mag ik niet blij zijn met mezelf? Mag ik mijn leven geen luister bijzetten? Niet in een mooi huis wonen? Een nieuwe auto kopen?

Nee. En evenmin moet je dure kleren dragen, in exclusieve restaurants eten of luxe-artikelen kopen. Geef al je geld aan de armen, laat het niet van invloed zijn op je leven.

Maar zo leef ik ook! Ik leef alsof geld er *niet toe doet*. Ik geef het zorgeloos uit en deel het vrijgevig met anderen. Ik leef inderdaad *op die manier*, alsof geld er *niet toe doet*.
Als ik iets duurs zie dat ik zou willen hebben of doen, doe ik net alsof de prijs er niet toe doet. En als mijn hart me aanspoort om iemand te helpen of een groots gebaar te maken voor de wereld, laat ik me evenmin door geld weerhouden.

Ga zo door en je zult al je geld kwijtraken.

Uitgeven, bedoelt U! Je kunt geld niet kwijtraken, je kunt het alleen uitgeven. Geld dat gebruikt is, is niet verloren. Iemand anders heeft het. Het is niet verdwenen. De vraag is alleen: wie heeft het? Als het naar mensen gaat die mij iets verkocht hebben of die iets voor mij gedaan hebben, wat heb ik dan verloren? En als het aan goede daden wordt besteed of wordt gebruikt om andermans nood te lenigen, wat is er dan verloren?

Als je het niet zorgvuldig beheert, hou je niks over.

Ik 'beheer' niets wat ik heb. Het bezit van de zaak is het eind van het vermaak, heb ik geleerd. Wanneer ik liefde 'bezit', ben ik haar eigenlijk al kwijt. Als ik mijn geld oppot, verliest het in feite zijn waarde. De enige manier om het 'bezit' van een zaak te ervaren, is door het *weg te geven*. Dan – en *alleen* dan – weet je wat het is om te bezitten.

Je gaat aan Mijn standpunt voorbij. Met die lenige tong van je heb je het onderwerp volledig ontweken. Maar zo gemakkelijk kom je niet van Mij af. Ik druk je met de neus op de feiten.
Waar het om gaat is dat mensen die het *ware* Woord van God verkondigen daar geen geldelijke beloning voor verlangen, of zouden horen te verlangen.

Wie heeft U dat wijsgemaakt?

Dat heb jij gedaan.

Ik?

Ja, jij. Je leven lang heb je Mij dat verteld. Totdat je deze boeken schreef en opeens bergen geld verdiende. Wat heeft je van gedachten doen veranderen?

U.

Ik?

Ja, U. U hebt mij verteld dat geld niet de wortel van alle kwaad is, al geldt dat misschien wel voor het *misbruik* ervan. U vertelde mij dat het leven is geschapen om ervan te *genieten* en dat het ons is toegestaan om dat te doen. *Meer* dan toegestaan zelfs. U vertelde mij dat geld niet anders is dan andere zaken in dit leven; dat het allemaal Gods energie is. U vertelde mij dat U overal aanwezig bent, dat U in, om en door alles tot uitdrukking komt – inderdaad bent U alles, het Al in het Al – en *daar valt ook geld onder.*
U vertelde mij dat ik mijn leven lang een verkeerd idee over geld heb gehad. Dat ik het op de verkeerde manier verdiende. Smerig. Onwaardig. En dat ik op die manier *God* onrecht deed, smerig en onwaardig maakte, want ook geld is deel van Wie U bent.
U vertelde mij dat ik een interessante levensfilosofie had ontwikkeld, waarin geld 'slecht' was en liefde 'goed'. En dus, hoe groter het nut of de waarde van iets voor de samenleving, des te minder geld zou ik of iemand anders ervoor mogen vragen.

En U vertelde mij dat *de halve wereld dit verkeerde standpunt huldigt.*

Wij betalen onze popsterren en voetballers enorme bedragen voor wat zij doen, maar onze wetenschappers die een geneesmiddel voor aids zoeken, de onderwijzers van onze kinderen, de dominees, de priesters, de imams en de rabbi's die over ons zielenheil waken, leven op water en brood.

U legde mij uit dat wij zo een omgekeerde wereld geschapen hebben, waarin wij de zaken die wij van het grootste belang achten de minste beloning toekennen. En u vertelde mij dat dit niet alleen improductief was (als wij tenminste werkelijk de wereld wensen die wij zeggen na te streven), maar dat het evenmin noodzakelijk is, want het *druist tegen Uw wil in.*

U vertelde mij dat het Uw wil is dat alle mensen in voorspoed leven en dat ons enige probleem hier op Aarde is dat wij daar zelfs na zoveel duizenden jaren nog niet in geslaagd zijn.

U maakte ook duidelijk dat ik de wereld niets leer over de waarheid omtrent geld door het probleem te ontwijken. Ik moedig het disfunctioneren van de wereld alleen maar aan door het zelf verkeerd te doen.

U zei dat het oneindig veel leerzamer zou zijn als ik het geld met vreugde *aanvaard*, zoals ik *alle* goede dingen in dit leven met vreugde moet aanvaarden en delen.

Heb Ik je dat allemaal verteld?

Op ondubbelzinnige wijze.

En je geloofde Mij?

Zeker. Sterker nog, dit nieuwe inzicht heeft mijn leven veranderd.

Uitstekend. Dat is heel goed. Je hebt goed opgelet, Mijn zoon. Je hebt goed geluisterd en er wat van opgestoken.

Ik *wist* het! U bracht mij in verzoeking. U was benieuwd hoe ik Uw vragen zou beantwoorden.

Dat klopt. Maar nu heb Ik meer vragen voor jou.

Och heden.

Waarom zouden mensen voor deze boodschap moeten betalen? Vergeet even waarom het goed is dat jij er geld mee verdient. Waarom zouden mensen er geld aan uit moeten geven?
Hoort het Woord van God dan niet gratis voor iedereen
beschikbaar te zijn? Waarom zet je het niet op internet?

Omdat de mensen het internet dag en nacht verstoppen met miljoenen woorden waarmee ze anderen hun overtuigingen meedelen, en waarom die navolging dienen te vinden. Hebt U onlangs
nog over het Web gesurft? Er komt geen *einde* aan. Wij hebben de
doos van Pandora geopend.
Hoeveel mensen zouden geloof aan mijn woorden hebben
gehecht als ik op internet had meegedeeld dat ik in gesprek was
met God? Dacht U werkelijk dat zoiets *nieuws* zou zijn op het
internet? Neemt U mij niet kwalijk.

Vooruit, maar inmiddels zijn je boeken zeer populair. Iedereen
kent ze. Waarom zet je ze nu niet op het internet?

De mensen hechten waarde aan *Een gesprek met God* omdat anderen er iets waardevols voor over hebben gehad. De boeken hebben waarde omdat mensen er die waarde aan hebben toegekend.
In dit leven doen de mensen iets goeds voor een ander. Dat is
waar wij hier voortdurend mee bezig zijn. Wij bieden de wereld
onze 'goederen' aan. Indien de wereld erkent dat wat wij aanbieden waarde heeft – of dat nu loodgieten is, brood bakken, anderen genezen of de waarheid verkondigen – besluit de wereld dat
het waardevol is, met andere woorden, dat het waarde kan bezitten. En als wij iets waarde toekennen door het te ruilen tegen iets
dat voor onszelf van waarde is, ontvangen wij niet alleen de waarde die wij geven, maar maken wij dat goed meteen ook waarde-
voller voor anderen.
En dus zullen andere mensen geïnteresseerd raken, want mensen

willen hun leven waardevol maken. Ons economisch systeem staat ons toe te onderscheiden wat waarde heeft en wat niet. Het is geen perfect systeem en onze beslissingen over wat waarde heeft, zijn dat evenmin. Maar met dit onvolmaakte systeem moeten wij het doen. Ik probeer het systeem van binnenuit te veranderen.

En hoe zit het met arme mensen die jouw boeken niet kunnen betalen?

In vrijwel ieder huis in dit land zijn boeken te vinden. De vraag is niet *of* er boeken zijn, maar *welke* boeken.

Een gesprek met God is bovendien in bijna iedere bibliotheek verkrijgbaar. Zelfs gevangenen kunnen het lezen, dankzij *Books for Friends*. Dat is een initiatief dat ook andere behoeftigen van boeken voorziet.

Ik ben het er dus niet mee eens dat mijn boodschap zijn weg niet kan vinden. Hij is al in tweeëntwintig talen vertaald. Over de hele wereld krijgen mensen het onder ogen. Van Hongkong tot Tel Aviv, van Polen tot Japan, van Berlijn tot Boston, lezen mensen het, bestuderen het in groepjes, delen het met anderen.

Ik moet overigens bekennen dat dit lastige vragen voor mij zijn geweest. Het onderwerp geld in mijn leven, en wat behoorlijk is om te hebben en te doen, heeft mij decennialang achtervolgd. Zoals U zei, daarin verschil ik niet van de meeste mensen.

Zelfs vandaag denk ik soms nog dat ik mijn roem moet afwijzen, mijn financiële welstand moet afwijzen, evenals iedere andere beloning die *Een gesprek met God* mij heeft gebracht. Veel vaker wil ik een eenvoudig hemd dragen en mij in een boek verdiepen en geen wereldse goederen accepteren voor het goede dat ik de wereld geschonken heb. Ik heb het idee dat alleen dat het de moeite waard maakt.

Ziet U hoe verraderlijk dit is? Ik bouw een constructie waarin *ik andere mensen vraag om waarde te hechten aan iets waar ik zelf geen waarde voor wil ontvangen.*

Maar hoe kan ik van anderen verlangen om iets te waarderen waaraan ik zelf geen waarde toeken? Ik stel mijzelf deze vraag overigens niet. Het raakt te dicht aan de kern van de zaak. En hoeveel waarde hecht ik aan mijzelf als ik geloof te moeten lijden opdat anderen mij op waarde schatten? Opnieuw een hoofdthema, opnieuw een onderwerp om te laten rusten.

Maar omdat U het onderwerp te berde heeft gebracht, vraag ik mij af: is Ted Turner minder waardevol dan moeder Teresa? Is George Soros een minder persoon dan Ché Rivera? Is de politiek van Jesse Jackson, die het zo te zien aan niets ontbreekt, minder waard dan de politiek van Václav Havel, die misschien minder bezit? Voor de prijs van een pauselijk gewaad kan een weeskind langer dan een jaar onderhouden worden, maar zijn de woorden van de paus blasfemisch omdat hij leeft als een vorst en aan het hoofd staat van een kerk die miljarden bezit?

Ted Turner en George Soros hebben miljoenen dollars weggegeven. Zij hebben de dromen van de mens versterkt met de vruchten van hun eigen uitgekomen dromen.

De dromen van de mensheid kracht bijzetten door onze eigen dromen waar te maken, wat een prachtige gedachte!

Jesse Jackson heeft miljoenen hoop gegeven met de hoop die *hem* een invloedrijke positie heeft verschaft. De paus heeft over de hele wereld mensen geïnspireerd en hij zou de katholieken op aarde niet meer geven (waarschijnlijk beduidend minder) wanneer hij in vodden verscheen.

Kortom, ik heb er vrede mee dat *Een gesprek met God* mij ruimschoots met de goede dingen des levens heeft overladen, en dat het mij met meer goede dingen heeft overladen om ze met anderen te kunnen delen.

Ik wilde je er toch even op wijzen dat de publicatie van deze boeken niet de *oorzaak* is van je voorspoed. Jij hebt *zelf* de oorzaak aangedragen, *voordat* de boeken waren uitgegeven. Dat is de reden *waarom* ze zijn uitgegeven, waarom ze zo populair werden en jij zo succesvol bent.

Ja, ik begrijp dat dit waar is.

Daar kun je van verzekerd zijn. Je leven en je ideeën over geld
– over *alle* goede dingen – veranderden nadat *jij* veranderde.
Ze veranderden in *jouw* voordeel, nadat jij anders over *ze*
begon te denken.

Wel, ziet U, ik dacht dat U daarvoor verantwoordelijk was. Ik vertel de mensen altijd dat mijn boeken populair werden omdat U
dat graag wilde. Eerlijk gezegd spreekt de gedachte mij wel aan,
dat het de wil van God was.

Vanzelfsprekend. Dat ontheft jou van alle verantwoordelijkheid
en kent de hele zaak een grotere geloofwaardigheid toe. Het
spijt Mij jouw illusie te moeten verstoren, maar dit was *niet*
Mijn idee.

O nee?

Het was *jouw* idee.

Fijn. Dus nu kan ik niet eens beweren door God geïnspireerd te
zijn. Maar hoe zit het dan met het boek dat ik nu aan het schrijven ben? *U kwam tot mij en zei mij dit te doen!*

Goed, blijkbaar is het moment gekomen om te bespreken hoe
je een *vriendschap met God* ontwikkelt.

Drie

Als jij en Ik een echte vriendschap willen, een *bruikbare* vriendschap en niet zo maar een theoretische vriendschap...

Dat is belangrijk. Laten wij even stoppen om het onderscheid te
verduidelijken, want het is een belangrijk onderscheid. Veel mensen denken dat God hun vriend is, maar ze weten niet hoe ze die
vriendschap moeten gebruiken. Zij zien het als een verre vriendschap, niet als een innige.

Nog veel meer mensen zien Mij niet eens als een vriend. Dat is
de treurige kant van de zaak. Veel mensen zien in Mij een
ouder, niet een vriend; en bovendien een strenge, wrede, veel-
eisende, boze ouder. Een vader die geen enkele fout tolereert
op sommige gebieden, zoals hoe Ik aanbeden moet worden.
Volgens deze mensen eis Ik niet alleen dat Ik aanbeden word,
Ik wens ook op een speciale manier te worden vereerd. Tot Mij
komen is niet genoeg, het gaat om de manier waarop men tot
Mij komt. Kom je op de verkeerde manier tot Mij – elke andere manier – dan zal Ik je liefde afwijzen, je gebeden negeren
en je veroordelen tot de hel.

Ook al was mijn zoektocht naar U oprecht en had ik de beste
bedoelingen en gebruikte ik alle kennis waarover ik beschikte?

Zelfs dan, inderdaad. Volgens deze mensen ben Ik een strenge
vader die eist dat jullie nauwkeurig op de hoogte zijn van Wie
Ik ben.
Mochten je kennis en inzichten onjuist blijken, dan zal Ik je
straffen. Je kunt de zuiverste bedoelingen hebben gehad, je
kunt overstromen van liefde voor Mij, het zal je niet helpen. Ik
werp je in de vlammen van de hel. Daar zul je voor eeuwig lij-

den, als je met de verkeerde naam op je lippen tot Mij komt,
als je de verkeerde gedachten koestert.

Het *is* treurig dat zoveel mensen U op die manier zien. Dit is niet
bepaald het gedrag van een vriend.

Dat is het zeker niet. Daarom is het idee van een vriendschap
met God, het soort relatie dat je met je *beste vriend* hebt, die
alles aanvaardt wat met liefde gegeven is, die je al je fouten
vergeeft – *zo'n* soort vriendschap – voor hen volstrekt onbe-
grijpelijk.
Om terug te komen op hen die Mij wel als vriend zien: je hebt
gelijk, velen houden Mij op grote afstand. Zij hebben geen
bruikbare vriendschap met Mij. Ik ben eerder een verre kennis
op wie ze in geval van nood een beroep kunnen doen. Het is
niet de altijd aanwezige vriendschap, elke dag, elk uur, iedere
minuut, die het zou kunnen zijn.

En U wilde me net vertellen wat er nodig is om een *dergelijke*
vriendschap te hebben met U.

Een nieuwe manier van denken en een nieuwe manier van
voelen. Dat heb je nodig. Een nieuwe manier van denken en
voelen.
En moed.

Moed?

Ja, de moed om iedere gedachte, iedere voorstelling, ieder
woord af te wijzen van een God die jou afwijst.
Hier is enorme moed voor nodig. Immers, de wereld heeft zijn
best gedaan om je denken te voeden met dit soort ideeën,
voorstellingen en geboden. Je moet compleet nieuwe denk-
beelden adopteren die lijnrecht staan tegenover vrijwel alles
wat je ooit over Mij gehoord hebt.
Dat zal niet meevallen. Sommigen zal het zelfs zeer zwaar vallen. Maar het zal toch moeten, want je kunt geen vriendschap

hebben – geen echte, warme, bruikbare vriendschap waarin je geeft en neemt – met iemand voor wie je bang bent.

Dus onze vriendschap met God wordt voor een belangrijk deel gesmeed door onze godvrezendheid te vergeten.

O, dat spreekt Me aan. Het is een ouderwets woord, maar het geeft het probleem goed weer. Jullie hebben mij al die jaren te veel gevreesd.

Dat weet ik. Daarover begon ik te schrijven. Vanaf de tijd dat ik een kleine jongen was, werd mij geleerd om bang te zijn voor God. En bang voor God was ik. Als ik soms vergat om bang te zijn, dan werd me dat snel weer bijgebracht.

Uiteindelijk, toen ik negentien jaar oud was, verwierp ik de 'God van de boosheid' uit mijn jeugd. Ik verving deze God echter niet door de 'God van de liefde', maar verwierp God volkomen. U was simpelweg geen deel van mijn leven meer.

Vijf jaar daarvoor zag mijn leven er geheel anders uit. Op mijn veertiende kon ik aan niks anders denken dan aan God. De beste manier om Gods gramschap te vermijden, zo dacht ik, is om Zijn liefde te winnen. Ik droomde ervan om priester te worden.

Iedereen dacht dat ik priester zou worden. De nonnen op school waren ervan overtuigd. 'Hij heeft een roeping,' zeiden zij. Mijn moeder was er eveneens zeker van. Zij zag hoe ik een altaar bouwde in de keuken en met een misgewaad om de mis naspeelde. Andere kinderen sloegen een handdoek om en sprongen als Superman van een stoel af. Ik beschouwde de handdoek als mijn priesterlijk gewaad.

Toen ik aan het laatste jaar van de katholieke lagere school begon, ontnam mijn vader mij al mijn illusies. Ma en ik bespraken mijn toekomst, toen pa plotseling de keuken binnenkwam.

'Je gaat niet naar het seminarie,' onderbrak hij. 'Haal je dus maar niets in je hoofd.'

'Niet?' flapte ik eruit. Ik stond versteld. Ik dacht dat het in kannen en kruiken was.

'Nee,' zei pa kalm. 'Waarom niet?' Mijn moeder zweeg.

'Omdat je nog te jong bent om zo'n beslissing te nemen,' verklaarde mijn vader. 'Je hebt geen idee waarvoor je kiest.'
'Jawel! Ik kies ervoor om priester te worden,' riep ik. 'Ik wil priester worden.'
'Ach, je weet niet wat je wilt,' gromde pa. 'Je bent nog te jong om
te weten wat je wilt.'
Eindelijk zei ma iets. 'O, Alex, die jongen heeft toch recht op zijn
dromen.'
Maar pa wilde er niets van weten. 'Moedig hem niet aan,' beval
hij en hij wierp mij een blik toe die zei: discussie gesloten.
'Je gaat niet naar het seminarie. Zet het maar uit je hoofd.'
Ik rende de keuken uit, de trap af en de tuin in. Daar schuilde ik
onder mijn geliefde seringenstruik in de verste hoek van het erf,
de struik die voor mij niet vaak en lang genoeg kon bloeien. Maar
hij bloeide die dag wel. Ik herinner mij de ongelooflijk zoete geur
van zijn paarse bloemen. Ik stak mijn neus erin en huilde.
Dat was niet de eerste keer dat mijn vader mijn dromen wreed
verstoorde.
Op een gegeven moment dacht ik dat ik pianist zou worden. Ik
bedoel een professionele, net als mijn jeugdidool Liberace. Ik zag
hem iedere week op televisie.
Hij kwam uit Milwaukee en iedereen was dolenthousiast dat een
plaatselijke jongen het zover had geschopt. Nog niet elk huishouden had televisie – tenminste niet in Milwaukee's South Side waar
de arbeiders woonden – maar mijn vader had een Emerson op de
kop weten te tikken met een ovale zwart-wit beeldbuis van 30
centimeter doorsnee. Daar zat ik dan iedere week op hetzelfde uur
voor, gebiologeerd door Liberace's glimlach, zijn kandelaar en die
met ringen beladen vingers die over de toetsen dansten.
Ik had een absoluut gehoor, zei iemand eens. Ik weet niet of dat
waar is, maar ik weet wel dat ik achter de piano een eenvoudig
melodietje even makkelijk speelde als zong. Telkens als mamma
me meenam naar oma's huis, stevende ik recht op de piano in de
huiskamer af en speelde 'Mary Had a Little Lamb' of 'Twinkle,
Twinkle, Little Star'. Het kostte me precies twee minuten om de
noten te vinden van ieder lied dat ik voor het eerst wilde proberen. Vervolgens speelde ik het telkens opnieuw, in vervoering
gebracht door de muziek die ik kon maken.

In die dagen en nog vele jaren daarna, aanbad ik mijn oudste broer Wayne, die net als ik piano kon spelen zonder bladmuziek te lezen.

Wayne was mijn moeders zoon uit een eerdere relatie en hij was niet bepaald de favoriet van mijn vader. Dan druk ik mij voorzichtig uit. Aan alles wat Wayne leuk vond, had vader een hekel, en alles wat Wayne deed, maakte hij belachelijk. Pianospelen was dus iets voor schooiers.

Ik snapte niet waarom hij dat bleef zeggen. Ik was dol op piano spelen – het weinige althans waaraan ik bij oma toekwam – en ma en iedereen onderkende mijn talent.

Op een dag deed ma iets bijzonder stoutmoedigs. Ik weet niet of zij ergens heenging, of op een advertentie reageerde of zoiets, maar in elk geval kocht zij een oude piano. Zij spendeerde er 25 dollar aan, een fors bedrag begin jaren vijftig. Ik herinner mij dat, omdat vader zich er druk om maakte, waarop ma zei dat ze het geld had gespaard uit de huishoudpot. Het gezin heeft er dus niet onder te lijden, verklaarde zij.

De verkoper moet de piano bezorgd hebben, want op een dag toen ik van school kwam, stond hij er zomaar. Ik was buiten zinnen van vreugde en begon meteen te spelen. Het duurde niet lang voordat de piano mijn beste vriend was. Ik moest wel de enige tienjarige in de South Side zijn die niet met geweld tot spelen hoefde te worden gedwongen. Ik was er juist niet van *weg* te slaan. Niet alleen pikte ik her en der bekende melodieën op, ik bedacht ze zelf!

De vreugde van het opdiepen van een lied uit mijn ziel en het vervolgens over de toetsen uitsmeren, kreeg mij in haar greep. Het opwindendste deel van mijn dag begon wanneer ik uit school kwam of terugkeerde van de speelplaats en achter de piano kroop. Mijn vader was beduidend minder enthousiast. 'Hou op met beuken op dat onding,' zei hij geloof ik. Maar ik raakte verslingerd aan de muziek en aan mijn vermogen om muziek te maken. Mijn droom op een dag een beroemd pianist te zijn, ging in de hoogste versnelling.

Totdat ik op een zomerse ochtend door vreselijk lawaai gewekt werd. Ik schoot mijn kleren aan en vloog de trap af om te zien wat er aan de hand was.

Pa haalde de piano uit elkaar.

Beter gezegd, hij scheurde hem in stukken. Hij sloeg er van binnenuit met een voorhamer tegen en trok eraan met een koevoet, tot het hout krom stond en met een verschrikkelijk gekraak scheurde.

Ik stond verstijfd, volkomen geschokt. De tranen rolden over mijn wangen. Mijn broer zag mijn lichaam op en neer schokken en kon zich niet inhouden. 'Neale is een huilebalk.' Vader keek op van zijn bezigheden. 'Stel je niet aan,' zei hij. 'De piano nam te veel plaats in, het was tijd om hem weg te doen.'

Ik draaide me om en holde naar mijn kamer. Ik sloeg de deur dicht (erg gevaarlijk voor een kind in mijn huis) en wierp mijzelf op bed. Ik herinner me hoe ik letterlijk in weeklagen uitbarstte: *'Nee, néé...'* alsof mijn beste vriend daardoor kon worden gered. Maar het gedreun en gekraak hield aan. Ik begroef mijn gezicht in het kussen, snikkend van woede.

Ik kan de pijn van dat moment tot op de dag van vandaag voelen. Ook nu, op dit moment.

Toen ik weigerde uit mijn kamer te komen de rest van die dag, negeerde mijn vader mij. Maar toen ik na drie dagen nog niet kwam, werd hij steeds bozer. Ik hoorde hem met mijn moeder bekvechten omdat zij mij eten wilde brengen. Als ik honger had, kwam ik maar aan tafel zitten, net als iedereen. En als ik kwam, had ik niets te zeuren. Er werd niet gezeurd of gehuild in ons huis, in elk geval niet over een beslissing van vader. Hij beschouwde dat als een openlijke wijze van kritiek uiten en daar had hij geen trek in. In ons huis accepteerde je vaders wil niet alleen, je accepteerde die met een glimlach.

'Als je zo doorgaat met janken, kom ik naar boven en geef je een *reden* om te huilen,' riep hij van beneden, en dat meende hij.

Toen ik na mijn vaders verbod op maaltijden boven nog steeds niet naar beneden kwam, moet hij begrepen hebben dat hij te ver was gegaan, zelfs voor zijn doen. Mijn vader was geen harteloze man, wil ik hier graag zeggen, hij was alleen gewend om zijn zin te krijgen. Hij was niet gewend aan kritiek en besteedde weinig tijd aan vriendelijkheden wanneer hij zijn besluiten kenbaar had gemaakt en doorvoerde. Hij groeide op in een tijd waarin vader de baas was en hij had moeite met gebrek aan loyaliteit.

Het viel hem al met al niet mee om ten slotte naar mijn kamer te gaan en aan de deur te kloppen, waarmee hij in feite permissie vroeg om binnen te komen. Ik vermoedde dat mijn moeder flink haar best had gedaan om hem mild te stemmen.

'Ik ben het, pa,' zei hij, alsof ik dat niet wist en alsof hij niet wist dat ik het wist. 'Ik wil graag met je praten.' Zo dicht bij een verontschuldiging zou hij zijn verdere leven niet meer komen.

'Okay,' wist ik uit te brengen en hij kwam binnen.

Wij praatten langdurig, hij op de bedrand gezeten, ik tegen het hoofdeinde geperst. Het was een van de beste gesprekken die wij ooit hadden. Hij zei dat hij wist dat ik van pianospelen hield, maar hij had nooit gedacht dat het zoveel voor mij betekende. Hij zei dat hij alleen maar ruimte had willen creëren in de eetkamer om de bank tegen de muur te zetten, want wij kregen nieuw meubilair in de woonkamer. En toen zei hij iets dat ik nooit zal vergeten.

'Wij vinden wel een nieuwe piano voor je, een spinet, die zijn klein genoeg om hier boven in je slaapkamer te zetten.'

Ik was zo opgewonden dat ik nauwelijks kon ademen. Hij zei dat hij geld ging sparen en dat ik de piano binnen de kortste keren zou hebben.

Ik omhelsde mijn vader lang en stevig. Hij begreep mij. Alles zou goed komen.

Ik ging naar beneden voor het avondeten.

De weken gingen voorbij en er gebeurde niets. 'Hij wacht natuurlijk op mijn verjaardag,' dacht ik nog.

Het werd elf september, maar geen piano. Ik zei niets. Ik dacht: 'Hij wacht natuurlijk tot Kerstmis.'

Toen december naderbij kwam, hield ik mijn adem in. De spanning was haast niet meer te dragen. De teleurstelling evenmin. Mijn spinet kwam er niet.

Nog meer weken en maanden gingen voorbij. Ik weet niet precies meer wanneer ik begreep dat mijn vader zijn belofte niet zou nakomen. Ik weet wel dat ik me pas op mijn dertigste realiseerde dat hij dat waarschijnlijk ook nooit van plan was geweest.

Ik had mijn oudste dochter net een toezegging gedaan die ik niet na zou komen, dat wist ik al. Ik zei het alleen om haar tot be-

daren te brengen. Ik wilde haar kinderverdriet verzachten en ik weet al niet eens meer waar het over ging. Ik weet zelfs niet meer wat ik beloofde. Ik zei alleen iets om haar gunstig te stemmen en dat hielp. Zij sloeg haar armpjes om me heen en riep uit: 'Je bent de liefste pappa in de hele wereld!'
De zonden van de vader keerden terug in de zoon...

Je had flink wat tijd nodig om dat te vertellen...

Het spijt mij. Ik...

Nee, nee, nee; dat was geen klacht, het was een observatie. Ik wilde slechts aangeven dat deze gebeurtenis blijkbaar erg belangrijk voor jou is.

Dat is zo. Dat was zo.

En wat heb je er nu van geleerd?

Om nooit een belofte te doen die ik niet na kan komen. Zeker niet aan mijn kinderen.

Is dat alles?

Om nooit mijn kennis over wat een ander wil te gebruiken als instrument om te krijgen wat *ik* wil.

Maar mensen 'handelen' voortdurend met elkaar. Handel is de basis van jullie economisch systeem en van jullie sociaal verkeer.

Jawel, maar er bestaat verschil tussen 'eerlijke handel' en manipulatie.

Wat is dat verschil?

Eerlijke handel is een rechttoe-rechtaantransactie. Jij hebt iets wat ik wil, ik heb iets wat jij wilt. Wij zijn het met elkaar erover eens dat beide ongeveer dezelfde waarde vertegenwoordigen en wij ruilen. Dat is een zuivere transactie.

Dan heb je uitbuiting. Jij hebt iets wat ik wil en ik heb iets wat jij wilt, maar beide zaken vertegenwoordigen *niet* dezelfde waarde. Desondanks doen wij zaken – een van ons uit nood – want de een heeft dringend nodig wat de ander bezit en is bereid daarvoor elke prijs te betalen. Dit is wat multinationals doen wanneer ze een uurloon van een dollar bieden in Maleisië, Indonesië of Taiwan. Zij noemen het economisch opportuun, maar het is uitbuiting, niet meer en niet minder.

Ten slotte heb je manipulatie. Daarvan is sprake wanneer ik niet van plan ben om jou te geven wat ik aanbied. Soms gebeurt dit onbewust. Dat is al erg genoeg. Maar in de ergste gevallen wordt bij vol bewustzijn een belofte gedaan die men niet wenst te houden. Het is een voorwendsel, een methode om de ander de mond te snoeren of tot bedaren te brengen. Het is een leugen, de ergste leugen, want het heelt een wond die later opnieuw opengereten wordt, en ditmaal dieper.

> Dat is uitstekend. Je begrip van integriteit neemt toe. Integriteit is belangrijk voor elk systeem. Als de integriteit in een systeem ontbreekt, zal dat systeem instorten. Hoe weldoordacht de constructie ook is, het kan niet voortbestaan als de integriteit bezoedeld is. Omdat je zegt wat je wilt bereiken in je leven, is dat goed.
> Wat heb je nog meer geleerd?

Ik zou het niet weten. Is er iets speciaals waar U op aanstuurt?

> Ik hoopte dat je ook iets had geleerd over slachtofferschap. Ik hoopte dat je de waarheid onthouden had: er zijn geen slachtoffers en geen daders.

O, dat.

Ja, dat. Waarom vertel jij Mij niet wat jij daarover weet? Jij bent nu de leraar, jij bent de boodschapper.

Er bestaat niet zoiets als een slachtoffer en een dader. Er zijn geen 'goeden' of 'slechteriken'. God heeft uitsluitend perfectie geschapen. Iedere ziel is volmaakt, zuiver en mooi. Door onze vergeetachtigheid hier op Aarde doen Gods volmaakte wezens soms onvolmaakte dingen – wat wij althans onvolmaakt zouden *noemen* – maar alles wat in het leven gebeurt, gebeurt om een volmaakte reden. In Gods wereld bestaan geen vergissingen, niets gebeurt er per ongeluk. En evenmin komt iemand tot U zonder een geschenk voor U in zijn handen.

Uitstekend. Dat is heel goed.

Toch hebben veel mensen daar moeite mee. Ik weet dat U het in *Een gesprek met God* haarfijn hebt uitgelegd, maar toch hebben sommige mensen er nog steeds moeite mee.

Op zijn tijd zal alles duidelijk worden. Zij die de diepere betekenis van deze waarheid zoeken, zullen die vinden.

Het lezen van *De kleine ziel en de zon* zal zeker helpen, evenals herlezing van de trilogie.

Inderdaad. En een aantal mensen kan dat wel gebruiken, naar je post te oordelen.

Wacht eens even! U hebt mijn post doorgenomen?

Toe nou even.

O.

Denk je werkelijk dat er iets gebeurt in jouw leven waar Ik geen weet van heb?

Ik neem aan van niet. Ik word er alleen niet graag aan herinnerd.

Waarom niet?

Waarschijnlijk omdat ik niet altijd even trots ben op wat er gebeurd is.

En dus?

Dus is de gedachte dat U er alles van weet een beetje zorgwekkend.

Leg Mij eens uit waarom. Sommige van die voorvallen heb je in de loop der jaren aan je beste vrienden verteld. En in lange, nachtelijke gesprekken heb je er met je geliefden over gesproken.

Dat is wat anders.

Wat is er anders aan?

Een geliefde of een vriend is niet God. Dat een geliefde of een vriend er weet van heeft, is niet hetzelfde als dat God het weet.

Waarom niet?

Omdat een geliefde of een vriend je niet zal veroordelen of straffen.

Ik zal je eens iets vertellen wat je liever niet hoort. Die geliefden en vrienden van je hebben je door de jaren veel meer veroordeeld *en* gestraft dan Ik. Ik heb dat *nimmer* gedaan.

Goed, *nog* niet. Maar op de dag des oordeels...

Daar gaan we weer.

Okay, okay, vertel het me dan nog een keer. Ik kan er niet genoeg van krijgen.

Er bestaat niet zoiets als de dag des oordeels.

En geen veroordeling of straf, nooit.

Geen enkele, uitgezonderd wat je jezelf aandoet.

Maar toch, het idee dat U alles weet wat ik ooit gezegd of gedaan heb...

...je vergeet: alles wat je ooit gedacht hebt.

Goed, alles wat ik ooit gedacht, gezegd of gedaan heb... daar voel ik me niet prettig bij.

Ik wilde dat het wel zo was.

Dat weet ik.

Daar gaat dit boek juist over; hoe een vriendschap te hebben met God.

Dat weet ik. En ik denk werkelijk een vriendschap met U te hebben. Zo voelt het al een lange tijd. Soms echter...

Wat? Soms echter wat?

Soms echter verval ik in oude gewoontes. Soms valt het me zwaar om op zo'n manier aan U te denken. Ik denk nog steeds aan U als God.

Prima, want Ik *ben* God.

Dat weet ik. Dat is het hem juist. Soms valt het me zwaar om op hetzelfde moment aan U te denken als 'God' en 'vriend'. Beide woorden lijken niet in dezelfde zin te passen.

> Dat is spijtig, want ze horen in dezelfde zin.

Ik weet het, ik weet het. Dat vertelt U me steeds weer.

> Wat zou je moeten doen om een werkelijke vriendschap met Mij te hebben, niet een of andere kunstmatige relatie?

Ik weet het niet. Ik ben er niet zeker van.

> Dat weet ik, maar als je er wel zeker van dacht te zijn, hoe zou je antwoord dan luiden?

Ik neem aan dat ik U zou moeten vertrouwen.

> Goed. Dat is een goed begin.

En ik neem aan dat ik van U zou moeten houden.

> Uitstekend. Ga door.

Doorgaan?

> Ga door.

Ik weet niet wat ik verder moet zeggen.

> Wat doe je nog meer met je vrienden, behalve ze vertrouwen en van ze houden?

Ik probeer vaak bij ze te zijn.

> Prima. Wat nog meer?

Ik probeer dingen voor ze te doen.

Om hun vriendschap te verdienen?

Nee, want ik *ben* al hun vriend.

Uitstekend. Wat nog meer?

Eh... ik zou het niet weten.

Laat je hen dingen voor jou doen?

Ik probeer zo min mogelijk van mijn vrienden te vragen.

Waarom?

Omdat ik hun vriendschap wil behouden.

Denk je dat je je vrienden behoudt door niets van ze te vragen?

Dat denk ik zeker. Dat heb ik tenminste geleerd. De snelste manier om je vrienden kwijt te raken, is misbruik van ze maken.

Nee, dat is de snelste manier om te ontdekken *wie je vrienden ZIJN.*

Misschien...

Niet misschien. *Beslist.* Een vriend is iemand van wie je *geen misbruik kunt maken.* Ieder ander is een kennis.

Poeh, U legt wel strakke regels vast.

Dat zijn Mijn regels niet. Dat zijn jullie eigen definities. Jullie zijn ze helaas vergeten. En daarom zijn jullie in de war over de betekenis van vriendschap. Een ware vriendschap moet je gebruiken.

Het is geen kostbaar porselein dat ongebruikt blijft omdat je bang bent het te breken. Ware vriendschap is als Tupperware. Het is onverwoestbaar, hoe vaak je het ook gebruikt.

Het valt niet mee om er zo mee om te gaan.

Dat weet ik, dat is jouw probleem. Daarom heb je met Mij nog geen bruikbare vriendschap gehad.

En wat kan ik daaraan doen?

Je moet de waarheid omtrent interactie onder ogen zien. Je moet begrijpen hoe het werkelijk functioneert, waarom mensen doen wat ze doen. Je moet een aantal basisregels van het leven op een rijtje krijgen.
Daar gaat dit boek over. En Ik zal je helpen.

Maar wij zijn volledig de weg kwijtgeraakt. U had het erover dat er geen goeden en slechteriken zijn.

Wij zijn geen enkele weg kwijt. Het hoort allemaal bij een en dezelfde discussie.

Dat snap ik niet.

Even geduld, dat komt zo wel.

Goed. Hoe kan ik een vriendschap hebben met God?

Doe hetzelfde als wat je doet in een vriendschap met een ander.

U vertrouwen.

Mij vertrouwen.

Van U houden.

Van Mij houden.

Vaak bij U zijn.

Ja, nodig Mij uit, misschien zelfs voor een lang verblijf.

Van alles voor U doen... al heb ik geen flauw idee wat *ik* voor *U* zou kunnen doen.

Genoeg. Geloof Mij maar, er is genoeg te doen.

Goed. En dan het laatste punt... U dingen voor mij laten doen.

Niet alleen maar 'laten'. *Vraag* Mij. *Verzoek* Mij. *Beveel* Mij.

U bevelen?

Mij bevelen.

Met dat laatste heb ik het ook moeilijk, hoor. Ik zie mezelf dat nog niet doen.

Dat is het probleem, mijn vriend. Dat is nou juist het probleem.

Vier

Volgens mij moeten mensen de nodige lef verzamelen voordat ze eisen gaan stellen aan God.

Ik spreek liever van 'moed'. Ik heb je al verteld dat een werkelijke, bruikbare vriendschap met God een andere manier van denken en voelen vraagt, en moed.

Hoe kan ik mijn begrip van wat het betekent om een relatie met God te hebben zodanig ombuigen dat het in orde is om eisen aan God te stellen?

Niet simpelweg in orde, maar *de beste manier om resultaat te krijgen.*

Goed, maar hoe bereik ik dat? Hoe kom ik tot dat begrip?

Zoals Ik al zei, om te beginnen moet je begrijpen hoe de zaak werkelijk in elkaar steekt. Hoe het leven in elkaar steekt. Daar komen wij zo dadelijk aan toe. Eerst de zeven stappen naar God.

Ik ben er klaar voor.

Een: ken God.
Twee: vertrouw God.
Drie: houd van God.
Vier: omhels God.
Vijf: gebruik God.
Zes: help God.
Zeven: bedank God.

Je kunt deze zelfde zeven stappen gebruiken bij ieder mens met wie je vrienden wilt worden.

Dat is inderdaad zo, nietwaar?

Ja. Waarschijnlijk doe je dat onbewust ook. Als je deze stappen welbewust zou zetten, zou je vrienden worden met iedereen die je tegenkomt.

Het was prettig geweest als ik deze stappen al als kind had leren kennen. Ik was sociaal vreselijk onhandig. Mijn broer maakte gemakkelijk vrienden, maar ik nooit. Ik probeerde dus vrienden te worden met zijn vrienden. Dat was niet leuk voor hem, want ik wilde altijd met hem mee, altijd doen wat hij deed.

Pas toen ik naar de middelbare school ging, ontwikkelde ik mijn eigen interesses. Ik hield nog steeds van muziek, dus werd ik lid van de muziekkapel, het koor en het orkest. Ik zat ook in de fotografieclub en de redactie van het jaarboek en ik was verslaggever van onze schoolkrant. Ik was bij de toneelvereniging, de schaakclub en, niet te vergeten, ik zat in de debatteerclub, in het wedstrijdteam van de debatteerclub om precies te zijn.

Op de middelbare school begon ook mijn loopbaan bij de radio. Een van de lokale radiostations kreeg het idee om iedere avond verslag te doen van een sportgebeurtenis op een middelbare school, waarbij dan een leerling als reporter optrad. Ik was al de stadionspeaker bij al onze football- en basketbalwedstrijden, dus was het niet meer dan logisch dat ik uitgekozen werd om onze school te vertegenwoordigen. Dat was mijn eerste kennismaking met de radio, en het begin van een 35-jarige loopbaan.

Maar met al mijn hobby's (of misschien wel juist daarom) maakte ik nog steeds geen vrienden. Ik weet zeker dat dit niet los stond van het enorme ego dat ik had ontwikkeld. Voor een deel ter compensatie van mijn jongere jaren waarin mijn vader mij voortdurend vertelde dat ik 'gezien maar niet gehoord' moest worden, voor een deel omdat ik altijd al een opschepper was. Ik vrees dat ik onverdraaglijk werd. Niet veel medeleerlingen op de middelbare school hielden het met mij uit.

Ik weet nu waar mijn gedrag vandaan kwam. Ik zocht bij anderen de goedkeuring die ik nooit van mijn vader had ontvangen. Mijn vader was nogal zuinig met zijn complimenten. Ik herinner mij dat ik thuiskwam met de beker die ik op een debatteertoernooi had gewonnen. Het enige dat mijn vader zei, was: 'Ik had niet anders verwacht.'

Het is niet eenvoudig om tevreden met jezelf te zijn als zelfs een kampioenschap geen pluimpje van je vader oplevert. (Het treurige is dat ik er zeker van ben dat hij dacht me op deze manier te complimenteren.)

Zo ontwikkelde ik de gewoonte om mijn vader alles te vertellen wat ik deed, en dan vooral alles wat ik bereikt had, in de hoop hem op een dag te horen zeggen: 'Dat is fantastisch, jongen. Gefeliciteerd. Ik ben trots op je.' Ik heb het nimmer mogen horen, dus zocht ik het bij anderen.

Ik ben de gewoonte nooit meer kwijtgeraakt. Ik probeer er niet aan toe te geven, maar kwijtgeraakt ben ik hem niet. En wat erger is, mijn eigen kinderen zullen waarschijnlijk vertellen dat ik net zo blasé ben over hun prestaties. En de zonden van de vader keren terug in de zoon.

Je hebt werkelijk een vadercomplex, nietwaar?

Is dat zo? Zo had ik er nog niet over nagedacht.

Geen wonder dat je het moeilijk vond om over Mij te denken als iemand die alles van jou weet. Geen wonder dat je al problemen had met het concept God.

Wie zegt dat ik daar een probleem mee heb?

Kom op, het is in orde. Geef het maar toe. De halve wereldbevolking zit met dat probleem en meestal om dezelfde reden: ze zien God als een soort van 'ouder'. Zij stellen zich Mij voor als hun moeder of vader.

Tja, U *wordt* inderdaad 'God de Vader' genoemd.

Wie dat ooit bedacht heeft, zou zich moeten schamen.

Ik meen dat het Jezus was.

Nee hoor. Jezus gebruikte slechts het idioom en de taal van zijn tijd, net zoals jij nu doet. Hij heeft het idee van God als vader niet uitgevonden.

O nee?

Het patriarchaat, met zijn patriarchale religies, bestond al lang voor Jezus.

Dus U bent niet 'Onze Vader die in de hemelen zijt?'

Nee, die ben Ik niet. Evenmin ben Ik jullie Moeder in de hemel.

Maar wie *bent* U dan? Dat proberen wij al duizenden jaren te doorgronden. Maak het ons gemakkelijk en *vertel* het ons!

De moeilijkheid is dat jullie Mij telkens willen personifiëren, en *Ik ben geen persoon*.

Dat weet ik. En volgens mij weten de meeste mensen dat. Maar soms helpt het om aan U te denken als aan een persoon. Zo kunnen wij ons beter een voorstelling van U maken.

Maar *kunnen* jullie dat? Dat is de vraag. Ik ben er niet zo zeker van.
Een ding zal Ik je zeggen: denk aan Mij als een *ouder* en je hebt een duivelse tijd.

Ik neem aan dat dat een woordgrapje is.

Uiteraard.

Maar als wij niet aan U moeten denken als een ouder, hoe moeten wij dan aan U denken?

Als een vriend.

'Onze Vriend, die in de hemelen zijt?'

Precies.

Nou, daar zullen wat hoofden van opkijken op zondagochtend.

En hopelijk wordt het denken er ook door opgefrist.

Het zou voor een hoop mensen een stuk eenvoudiger worden om zich een voorstelling van U te maken, wanneer wij aan U als vriend denken in plaats van ouder.

Je bedoelt dat zij er op een dag vrede mee hebben dat Ik weet wat hun vrienden en geliefden weten?

Touché.

Wel, wat zeg je ervan? Wil je een vriendschap met God?

Ik dacht dat ik er al een had.

Dat is zo. Die heb je. Maar je gedraagt je er niet naar. Je doet nog alsof Ik je ouder ben.

Goed, ik ben klaar om daar vanaf te stappen. Ik ben klaar om een volledig bruikbare vriendschap met U te hebben.

Geweldig. Dan zal Ik je nu vertellen hoe. Ik zal vertellen hoe de hele mensheid een vriendschap kan hebben met God...

Vijf

Om te beginnen moet je Mij kennen.

Ik dacht dat ik U al kende.

Alleen oppervlakkig. Je kent Mij nog niet goed. Wij hebben een prettig gesprek gehad – eindelijk – maar er is meer voor nodig.

Goed. Hoe leer ik U beter kennen?

Bereidheid.

Bereidheid?

Je moet de bereidheid bezitten. Je moet bereid zijn Mij te zien waar je Mij tegenkomt, niet alleen waar je Mij verwacht.
Je moet Mij zien waar je Mij tegenkomt, en Mij tegenkomen waar je Mij ziet.

Ik begrijp niet wat U daarmee bedoelt.

Veel mensen zien Mij wel, maar zij komen Mij niet tegen. Ken je dat zoekspelletje *Waar is Waldo?* Zij kijken Mij recht aan, maar ze ontdekken Mij niet.

Maar hoe zorgen wij ervoor dat wij U herkennen?

Dat is een uitstekend woord dat je daar kiest. 'Herkennen' betekent zoveel als 'opnieuw kennen'. Dat is precies waar het om gaat, je moet Mij opnieuw leren kennen.

Hoe doen wij dat?

Om te beginnen moet je geloven dat Ik besta. Geloof gaat aan bereidheid vooraf als methode om God te leren kennen. Je moet geloven dat er een God bestaat die je kunt kennen.

De meeste mensen geloven in God. Volgens onderzoek is het geloof in God op onze planeet de afgelopen jaren zelfs gegroeid.

Het doet Mij deugd te kunnen zeggen dat een meerderheid van jullie in Mij gelooft. Het is dan ook niet jullie geloof *in* Mij dat voor problemen zorgt, het is wat jullie *over* Mij geloven.

Een van de dingen die jullie over Mij geloven is, dat Ik niet wil dat jullie Mij kennen. Sommigen van jullie geloven zelfs dat je Mijn naam niet mag uitspreken. Anderen menen dat je het woord 'God' niet mag schrijven, maar uit respect 'G-D' moet gebruiken. Weer anderen keuren het goed dat Mijn naam wordt uitgesproken, maar dan wel de *juiste* naam. Wordt de verkeerde naam gebruikt, dan is van godslastering sprake.

Maar of jullie Mij nu Jehovah noemen, of Jahweh, God, Allah of Kareltje, Ik blijf Wie Ik ben, Wat Ik ben en Waar Ik ben, en Ik houd echt niet minder van jullie omdat jullie Mij bij de verkeerde naam noemen, in hemelsnaam, zeg.

Dus jullie kunnen ophouden met ruzie te maken over Mijn naam.

Het is beschamend, nietwaar?

Dat zijn jouw woorden, ze geven jouw oordeel weer. Ik observeer slechts wat er gebeurt.

Zelfs veel van de geloven die *niet* ruziën over Mijn naam, vertellen je dat het onverstandig is om te veel kennis over God te vergaren. En beweren dat God met jou *gesproken* heeft, is ketterij.

Met andere woorden, niet alleen geloof IN God is noodzakelijk, ook het geloof OVER God is van belang.

Daar speelt wilskracht een rol in. Om Mij te kennen is *geloven* in God niet genoeg, je moet ook bereid zijn *Mij werkelijk te kennen*; neem geen genoegen met wat je *denkt* over Mij te weten.

Als jullie ideeën over Mij het onmogelijk maken om Mij te kennen zoals Ik werkelijk ben, dan zal alle geloof in de wereld jullie niet helpen. Dan blijven jullie weten wat je denkt te weten, in plaats van de werkelijkheid te kennen.

Je moet bereid zijn om opzij te zetten wat je over God denkt te weten. Dan pas leer je God kennen.

Daar draait het om, want jullie koesteren veel ideeën over God die in niets op de werkelijkheid lijken.

Hoe kan ik deze bereidwilligheid verwerven?

Die bezit je reeds, anders zou je je tijd niet aan dit boek besteden. Maak daarom nu gebruik van deze ervaring. Stel jezelf open voor nieuwe ideeën, nieuwe mogelijkheden over Mij. Denk je eens in wat je Mij kunt vertellen, wat je van Mij kunt vragen, als ik je beste vriend ben in plaats van je 'vader'!

Om God te kunnen kennen, moet je 'gereed, bereid en in staat' zijn. Geloof in God is het begin. Jouw geloof in een of andere hogere macht, in een of andere Godheid, maakt je 'gereed'.

Je bevattelijkheid voor nieuwe gedachten over God – gedachten die je nooit eerder hebt gehad en die je wellicht van je stuk brengen, zoals 'Onze Vriend die in de hemelen zijt' – tonen aan dat je 'bereid' bent.

Ten slotte moet je 'in staat' zijn. Als je eenvoudigweg niet in staat bent om God te zien op een van de nieuwe manieren waarvoor je jezelf hebt opengesteld, heb je het mechanisme onklaar gemaakt waarmee je de waarachtige God had kunnen leren kennen.

Je moet in staat zijn om een God te omarmen die jou onvoorwaardelijk liefheeft en omhelst. Je moet in staat zijn een God in je leven te verwelkomen die jou in het koninkrijk verwelkomt, zonder vragen te stellen. Je moet jezelf niet langer straffen, door een God te aanvaarden die jou niet straft. En je moet in staat zijn om te praten met een God die nooit is opgehouden met jou te praten.

Dit zijn allemaal radicale ideeën. De kerken spreken inderdaad van ketterij. O, ironie der ironieën, je zult misschien de kerk moeten verlaten om God te leren kennen. In elk geval zul je een aantal leerstellingen van de kerk moeten afwijzen. Want de kerken leren je over een God die je niet kunt kennen en die je niet tot vriend zou kiezen. En wat voor een vriend is dat, die jou iedere fout betaald zet? Welke vriend wordt kwaad als je hem bij de verkeerde naam noemt?

In *Een gesprek met God* zijn mij veel dingen verteld die in tegenspraak waren met alles wat ik over U dacht te weten.

Ik weet dat je in God gelooft, anders had je om te beginnen nooit een gesprek met God kunnen hebben. Je was dus 'gereed' om een vriendschap met Mij te hebben, maar was je ook 'bereid'? Ik begrijp dat je dat was; bereidheid vraagt grote moed en jij hebt die moed getoond, niet alleen door onconventionele gezichtspunten te onderzoeken, maar ook door dat publiekelijk te doen. Jouw gesprekken stelden daardoor niet alleen *jezelf* in staat om dit onderzoek te verrichten, maar miljoenen met jou. Zij deden dat dankzij jou, dankzij jouw drie uitgegeven boeken die wereldwijd gretig gelezen worden; een krachtig signaal dat de meeste mensen eveneens bereid zijn.

Ben je nu 'in staat' om Mij te leren kennen en meer te ervaren dan een gesprek met God, namelijk een vriendschap met God?

Ja. Ik had er weinig moeite mee om mijn oude ideeën over U aan de kant te zetten en te vervangen door de nieuwe gedachten over U die in *Een gesprek met God* tot mij kwamen. Om eerlijk te zijn, veel van die ideeën waren niet nieuw voor mij.

In zekere zin was de trilogie van *Een gesprek met God* niet zozeer een openbaring alswel een bevestiging.

Mijn post van de afgelopen vijf jaar vertelt mij dat dit voor duizenden anderen eveneens opgaat. Dit is wellicht de juiste plaats om te vertellen op welke wijze het boek tot stand is gekomen.

De dialoog in *Een gesprek met God* is niet geschreven om te worden gepubliceerd, in tegenstelling tot hetgeen ik nu schrijf. Toen de dialoog begon, had ik geen idee dat het ooit in boekvorm zou verschijnen. Wat mij betreft maakte ik een persoonlijke ervaring mee die ik nooit met iemand anders zou delen.

Die ervaring begon op een nacht in februari 1992, toen ik op de rand van een chronische depressie balanceerde. Niets in mijn leven ging zoals het moest. Mijn relatie lag in duigen, mijn carrière was vastgelopen en ik sukkelde met mijn gezondheid.

Tot dan toe had ik in mijn leven een probleem tegelijk. Maar nu kwam alles samen. Het hele bouwwerk dreigde in te storten en ik wist niet wat ik er aan kon doen.

Het was niet voor het eerst dat ik hulpeloos moest toezien hoe een relatie, waarvan ik dacht dat die voor altijd zou zijn, voor mijn ogen afbrokkelde.

En ook niet de tweede, derde of vierde keer.

Ik raakte bijzonder gefrustreerd over mijn onmacht om een relatie te behouden, mijn schijnbaar volkomen gebrek aan inzicht hoe je zoiets doet, alsook het feit dat niets wat ik ondernam effect had.

Ik kreeg het gevoel dat mij niet de gave was gegeven om het spel dat leven heet mee te spelen. Dat maakte mij razend.

Met mijn carrière ging het al niet veel beter. Mijn zaken stelden steeds minder voor. Dertig jaar radio en journalistiek hadden mij bitter weinig opgeleverd. Ik was negenenveertig jaar oud en had weinig om trots op te zijn na een halve eeuw op deze planeet.

Niet verrassend was ook mijn gezondheid achteruitgegaan. Een paar jaar daarvoor had ik aan een auto-ongeluk een gebroken nek overgehouden, waarvan ik nooit helemaal hersteld was. Eerder in mijn leven had ik een ingeklapte long meegemaakt, zweren, jicht en ernstige allergieën. Op mijn negenenveertigste leek mijn lichaam uiteen te vallen. Geen wonder dat ik die nacht in februari 1992 met woede in mijn hart wakker werd.

Ik lag te woelen en te draaien, maar mijn frustratie hield mij uit de slaap. Ten slotte wierp ik de dekens af en stampte de slaapkamer uit. Ik ging de weg die ik altijd ga wanneer ik midden in de nacht wijsheid zoek, maar er was niets behoorlijks te vinden in de koelkast dus zocht ik de bank op.

Daar zat ik, in mijn eigen sop gaar te koken.

Opeens zag ik in het maanlicht dat door het raam naar binnen viel een geel schrijfblok liggen op de koffietafel. Ik pakte het op, vond een pen, deed het licht aan en begon een boze brief aan God te schrijven.

Wat is er nodig om een GOED *leven te hebben? Waaraan heb ik dit leven van voortdurende strijd verdiend? Wat zijn de regels eigenlijk? Kan iemand mij de* REGELS *uitleggen? Ik doe mee, maar eerst moet iemand mij de regels uitleggen. En ze dan vervolgens niet veranderen!*

Zo schreef ik maar door, als een wilde bewoog mijn hand over het blok; ik schreef in heel grote letters zoals ik altijd doe wanneer ik boos ben. Mijn pen drukte zo hard, dat je de doordruk vijf pagina's verderop nog kon lezen in het licht.

Uiteindelijk raakte ik leeg. De woede, frustratie en bijna-hysterie waren verdwenen en ik herinner mij nog dat ik dacht: dit moet ik mijn vrienden vertellen. Een geel schrijfblok in het holst van de nacht, het zou best wel eens de ideale therapie kunnen zijn.

Ik strekte mijn arm om de pen weg te leggen, maar mijn hand liet niet los. Dat is gek, dacht ik bij mezelf. Een paar minuten intensief schrijven en je hand is zo verkrampt dat je niet eens de pen los kunt laten.

Ik wachtte tot mijn spieren zich ontspanden, maar in plaats daarvan overviel mij de noodzaak om nog meer te schrijven. Ik keek gefascineerd toe hoe ik mijn pen naar het papier bracht, want ik had geen idee wat ik nog moest schrijven. En toch deed ik alsof er meer te schrijven was.

Zodra mijn pen het schrijfblok raakte, kwam er een gedachte in me op. Deze gedachte werd mij *verteld*, door een *stem*. Het was de zachtste, vriendelijkste, goedaardigste stem die ik ooit had gehoord. Het was alleen geen stem. Het was... wat ik een stemloze stem zou willen noemen... of misschien liever... liever een gevoel dat woorden meebracht.

De woorden die ik op deze manier 'hoorde' waren:

Neale, wil je werkelijk een antwoord op al deze vragen of lucht je gewoon je hart?

Ik herinner mij dat ik dacht: *Ik lucht mijn hart, zeker, maar als er een antwoord is op deze vragen, dan zou ik er door de hel voor gaan ze te horen!* Daarop kreeg ik de volgende reactie:

Je gaat voor een boel dingen door de hel, maar zou het niet prettiger zijn door de hemel te gaan?

En ik merkte dat ik antwoordde: *Wat betekent dat nu weer, hemel en hel?*

Daarop kreeg ik de meest uitzonderlijke gedachten, ideeën, mededelingen, noem ze zoals je wilt, die ik ooit ontvangen heb. De gedachten waren zo opmerkelijk, dat ik ze begon op te schrijven, *en er antwoord op gaf.* De ideeën die aan mij werden gegeven (door mij?) gaven antwoord op mijn vragen, maar brachten ook nieuwe vragen naar voren die ik nooit eerder had gesteld. Daar zat ik dus, ik had een 'dialoog' op papier.

Dit ging drie uur lang door. Plotseling was het half acht in de morgen en kwam het huis tot leven. Ik legde pen en schrijfblok opzij. Het was een interessante belevenis maar ik dacht er verder niet aan terug, tot ik de volgende nacht om 4.20 uur uit een diepe slaap ontwaakte, zo onverwacht alsof iemand de kamer was binnengekomen en het licht had aangedaan. Ik zat overeind in bed, vroeg mij af wat er *nu* aan de hand was en voelde de dringende behoefte om uit bed te stappen en naar het schrijfblok terug te keren.

Mij afvragend wat er aan de hand was, en waarom, stommelde ik door het huis, vond het schrijfblok en zocht mijn 'warme plekje op de bank in de woonkamer weer op. Ik begon weer te schrijven waar ik opgehouden was; ik stelde vragen en kreeg antwoorden.

Ik geloof dat ik tot op de dag van vandaag niet weet waarom ik alles opschreef en het vervolgens bewaarde. Waarschijnlijk dacht ik dat ik een dagboek zou gaan bijhouden of een speciaal notitieboekje. Ik had geen idee dat het op een dag zou worden uitgegeven, en al helemaal niet dat het zou worden gelezen van Tokio tot Toronto, van San Francisco tot Sao Paolo.

Het is waar dat de stem op een gegeven moment zei: 'Dit alles zal op een dag een boek zijn.' Maar ik dacht bij mezelf: *Ja hoor, ik en nog honderd mensen sturen hun middernachtelijke overpeinzingen naar een uitgever en die zegt: 'Maar natuurlijk, wij publiceren dit ONMIDDEL-LIJK.'* Die eerste dialoog ging een jaar lang door; ten minste driemaal per week werd ik in het nachtelijk duister gewekt.

Een van de vragen die me het vaakst gesteld worden is: wanneer besloot je, wanneer begreep je, dat het God was met wie je praatte? In de eerste weken van mijn ervaring wist ik niet wat ik van het gebeurde moest denken. Aanvankelijk had ik de indruk dat ik tegen mezelf praatte. Vervolgens vroeg ik me af of het misschien mijn zogeheten hogere ik was – daar had ik ooit eens van gehoord – dat mij de antwoorden op mijn vragen verschafte. Maar ten slotte moest ik deze veroordeling van mijzelf, en ook mijn angst voor gek te staan, laten varen. Ik moest het noemen wat het leek te zijn: een gesprek met God.

Dit overviel mij in de nacht dat ik de volgende uitspraak hoorde: 'De tien geboden of iets soortgelijks bestaan niet.'

Vrijwel de helft van wat uiteindelijk een boek zou worden had ik al geschreven toen deze spectaculaire bewering werd gedaan. Ik onderzocht de vraag over de weg naar God en welke de 'juiste' was. Verdienen wij de toegang tot de hemel door 'goed' te zijn, wilde ik weten, of staat het ons vrij te leven zoals wij willen, zonder door God te worden gestraft?

'Wat is de juiste weg?' vroeg ik. 'Strikte, morele richtlijnen of doen wat je wilt? Traditionele waarden of doen wat dat moment in je opkomt? De tien geboden of de zeven stappen op weg naar verlichting?'

Toen het antwoord luidde dat de tien geboden niet bestaan, was ik verbijsterd. Nog verbijsterender evenwel was de toelichting bij deze uitspraak.

O ja, er waren ooit tien uitspraken en ze waren aan Mozes overhandigd, zeker, maar het waren geen 'geboden'. Het waren, zo werd mij verteld, 'beloftes' gedaan door God aan het menselijk ras. Zij hielpen ons te begrijpen dat wij op de weg terug naar God waren.

Tot dat moment had ik in onze dialoog niets vergelijkbaars gehoord. Deze informatie betekende een doorbraak. Sommige zaken die ik in ons gesprek opving, had ik eerder vernomen, van andere leermeesters of uit andere bronnen, of misschien had ik ze ergens gelezen. Maar zo'n verbazingwekkende uitspraak als over de tien geboden had ik nog *nooit* gehoord. Daar kwam bij dat deze ideeën lijnrecht stonden tegenover alles wat ik over het onderwerp had geleerd of dacht.

Jaren later ontving ik een brief van een professor theologie van een grote universiteit aan de Amerikaanse oostkust. Hij schreef dat dit de origineelste nieuwe kijk op de tien geboden was die de laatste driehonderd jaar verschenen was, en hoewel hij niet wist of hij het eens moest zijn met de beweringen van *Een gesprek met God*, boden ze zijn theologieklassen volop discussiemateriaal voor vele trimesters. Op dat moment echter had ik geen brieven van professoren theologie nodig om te begrijpen dat ik iets heel bijzonders gehoord had; en dat het uit een heel bijzondere bron kwam.

Ik begon deze bron te ervaren als God. Niets heeft mij sindsdien van gedachten doen veranderen. Verre van dat, de informatie die ik ontving in de rest van de 800 pagina's omvattende dialoog – waaronder de opmerkelijke berichten over leven van hoogontwikkelde wezens in het heelal, in het derde deel, en de schets voor een nieuwe samenleving op Aarde in het tweede deel – heeft mij alleen maar in mijn overtuiging gesterkt.

Ik ben blij dat te horen. En het is interessant dat je juist naar dit deel van onze dialoog verwijst, want dat was ook de plaats waar Ik voor het laatst sprak over het kennen van God.

Daar zei ik: 'Om God werkelijk te kennen moet je buiten je verstand zijn.'

Kom tot mij via de weg van je hart, zei Ik, niet door je verstand te gebruiken. Je zult Mij nimmer met je verstand vinden.

Met andere woorden, je zult mij niet leren kennen als je te veel over Mij nadenkt. Je gedachten bevatten immers slechts je oude ideeën over God. En de waarheid omtrent Mij zul je niet in je oude ideeën vinden, maar in wat je op dit moment meemaakt.

Bekijk het eens als volgt: je verstand bevat het verleden, je lichaam bevat het heden, je ziel bevat de toekomst.

Anders gezegd, je verstand analyseert en onthoudt, het lichaam ondergaat en voelt, de ziel observeert en weet.

Als je wilt ontdekken wat je je over God herinnert, kijk dan naar je verstand. Wil je ontdekken wat je over God voelt, kijk naar je lichaam. En wil je ontdekken wat je weet over God, kijk dan naar je ziel.

Ik ben er confuus van. Ik dacht dat gevoelens de taal van de ziel waren.

Dat zijn ze ook. Maar je ziel spreekt via je lichaam, zodat je een hier-en-nu ervaring hebt van je waarheid. Als je wilt weten wat je van een onderwerp vindt, maakt niet uit welk, kijk dan naar je gevoel. En je lichaam controleren is de snelste manier om dat te doen.

Ik snap het. Ik noem dat de 'buiktest'. Er is een oud spreekwoord: 'Een buikje spreekt boekdelen.'

En het is waar. Je buik geeft je werkelijk een uitstekende barometer. Dus als je wilt weten wat je ziel over de toekomst weet – waaronder de kans op toekomstige ervaringen met God – luister dan naar je lichaam; luister naar wat je lichaam je op dit moment te vertellen heeft.

Je ziel weet alles: verleden, heden en toekomst. Zij weet Wie jij bent en Wie jij wilt zijn. Zij kent Mij heel goed, want zij is het deel van Mij dat het dichtst bij jou is.

Dat klinkt goed, zeg! 'De ziel is het deel van God dat het dichtst bij jou is.' Wat een fantastische uitspraak!

En het is waar. Om Mij te kennen hoef je slechts oprecht je eigen ziel te kennen.

Om een vriendschap met God te hebben, hoef ik alleen maar een vriendschap met Mijzelf te hebben.

Precies.

Dat klinkt wel heel eenvoudig. Het is bijna te mooi om waar te zijn.

> Het is waar, geloof Mij. Maar het is niet eenvoudig. Als je Zelf kennen, laat staan een vriendschap met je Zelf hebben, eenvoudig was, dan was je daar al lang geleden toe overgegaan.

Kunt U me helpen?

> Dat is waar wij hier mee bezig zijn. Ik breng je terug naar je Zelf... en daarmee leid Ik je terug naar Mij. En op een dag zul jij dit voor anderen doen. Je geeft de mensen terug aan zichzelf, en daarmee terug aan Mij. Want als je je Zelf vindt, vind je Mij. Daar ben Ik altijd geweest en daar zal Ik altijd zijn.

Hoe kan ik vriendschap hebben met mijn Zelf?

> Door te ontdekken Wie je werkelijk bent. En door te begrijpen Wie je niet bent.

Ik dacht dat ik een vriendschap met mijn Zelf *had*. Ik vond mijzelf erg leuk! Misschien een beetje *te* leuk. Zoals ik al zei, als ooit iemand een persoonlijkheidsprobleem heeft gehad, dan was ik dat met mijn ego.

> Een groot ego is niet een teken dat iemand zichzelf leuk vindt, integendeel.
> Als mensen opscheppen en aandacht vragen, rijst de vraag: waarom hebben ze zo'n hekel aan zichzelf dat ze ter compensatie andermans goedkeuring nodig hebben?

Au. Dat doet bijna pijn.

> Een pijnlijke vaststelling bevat vrijwel altijd de waarheid. Je hebt groeipijnen, Mijn zoon. Niets ernstigs aan de hand.

U bedoelt dus dat ik eigenlijk *niet* zoveel van mijzelf houd en dat ik dat tekort aan eigenliefde compenseer met de liefde van anderen?

Alleen jij kunt dat weten. Maar je zei net dat je een ego-probleem had. Ik stel vast dat ware eigenliefde het ego laat verdwijnen, in plaats van het te vergroten. Anders gezegd, hoe beter je begrijpt Wie jij werkelijk bent, des te kleiner je ego. Als je precies weet Wie je werkelijk bent, is je ego volkomen verdwenen.

Maar mijn ego is toch mijn besef van mezelf?

Nee. Je ego is wie jij *denkt* dat jij bent. Het heeft niets te maken met Wie jij werkelijk bent.

Spreekt dat niet een eerdere bewering tegen, dat het in orde is om een ego te hebben?

Het is in orde om een ego te hebben. Het is zelfs meer dan in orde, want je hebt een 'ego' nodig om te ervaren wat jij nu meemaakt, wat op jou overkomt als een afgescheiden entiteit in een relatieve wereld.

Goed, nu begrijp ik er helemaal niets meer van.

Maak je geen zorgen. Verwarring is de eerste stap naar wijsheid. Het is waanzin te denken dat je alle antwoorden hebt.

Kunt U het me dan nog eens uitleggen? Is het goed om een ego te hebben of niet?

Dat is een veelomvattende vraag.
Je bent nu de relatieve wereld binnengetreden – wat ik het rijk van het Relatieve noem – om te ervaren wat je niet in het rijk van het Absolute kunt ervaren. Wat jij wilt ervaren, is Wie jij werkelijk bent. In het rijk van het Absolute kun je dit weten,

maar je kunt het niet ervaren. Je ziel verlangt ernaar om zichzelf *uit ervaring* te kennen. De reden dat je geen enkel onderdeel van Wie jij bent kunt ervaren in het rijk van het Absolute, is dat er hier geen enkel aspect is dat je *niet* bent.

Het Absolute is wat het is, absoluut. Het Al van Alles. De alfa en de omega, en niets ertussenin. Er bestaan geen graden van 'absoluutheid'. Alleen in het Relatieve kom je gradaties tegen.

Het rijk van het Relatieve is geschapen om uit ervaring te ondervinden dat jouw Zelf volmaakt is. In Het rijk van het Absolute is alles volmaakt, dus heeft volmaakt zijn daar geen betekenis. Dat wil zeggen, het kan niet worden ondervonden, het kan niet uit ervaring worden gekend. Je kunt immers niet het volmaakte ervaren als het onvolmaakte ontbreekt. De waarheid is dat je één bent met alles. Dat is het volmaakte. Maar jij kunt de volmaaktheid van één zijn met alles niet kennen wanneer je één bent met alles. Er is immers niets anders, dus betekent één zijn met alles niets. In jouw ervaring ben je eenvoudigweg 'jou' en je ondervindt de volmaaktheid daarvan niet.

De enige manier om de volmaaktheid van één zijn met alles te ervaren is, om in een staat of toestand te verkeren waarin het één zijn met Alles *niet* bestaanbaar is. Maar omdat alles één is in het rijk van het Absolute – en dat is de ultieme werkelijkheid – is het onmogelijk dat iets niet één is met alles.

Wat echter niet onmogelijk is, is de *illusie* van niet-één met alles te zijn. Om deze illusie mogelijk te maken is het rijk van het Relatieve in het leven geroepen. Het is een wereld die doet denken aan *Alice in Wonderland*. De dingen zijn niet wat zij lijken en de dingen lijken wat zij niet zijn.

Je ego is het belangrijkste gereedschap bij het creëren van deze illusie. Het is een instrument om je Zelf voor te stellen als afgescheiden van alle anderen. Het is dat deel van jou dat jezelf als een individu beschouwt.

Je bent *geen* individu, maar je moet worden geïndividualiseerd om de ervaring van het totale te begrijpen en te waarderen. In die zin is het dus 'goed' om een ego te hebben. Gegeven wat je probeert te bereiken is het 'goed'.

Te *veel* ego echter – gegeven wat je wilt bereiken – is 'niet goed'. Je probeert immers de illusie van afscheiding te gebruiken om de ervaring van eenheid, oftewel Wie jij werkelijk bent, beter te doorgronden en waarderen.

Als het ego zo groot wordt dat je niets anders meer dan het afgescheiden Zelf ziet, is iedere kans verkeken om het verenigde Zelf mee te maken. Je bent verloren. Je bent letterlijk de weg kwijtgeraakt in de wereld van je illusie. En je kunt gedurende meerdere levens in die illusie blijven steken, totdat je jouw Zelf er weet uit te halen, of totdat iemand anders – een andere ziel – je eruit haalt. Dit wordt bedoeld met 'je teruggeven aan jezelf'. Dit is wat de christelijke kerken bedoelen met hun concept van de 'heiland'. De enige fout die deze kerken maken, is om zichzelf en hun geloof als de *enige* weg naar redding te presenteren. Daarmee hielden ze de illusie van afscheiding in stand; dezelfde illusie waarvan ze jou willen redden!

Je vraagt Mij of het goed is om een ego te hebben. Dat is een veelomvattende vraag. Het ligt er maar aan wat je wilt bereiken.

Als je het ego gebruikt als instrument om uiteindelijk de enige werkelijkheid te ervaren, dan is het goed. Als het ego jou ervan *weerhoudt* om die ervaring te hebben, dan is het *niet* goed. Voorzover het ego je dus tegenhoudt om te doen wat je hier komt doen, is het 'niet goed'.

Je blijft echter vrij om te kiezen wat je hier verder nog gaat doen. Als je het prettig vindt om je Zelf niet als deel van het geheel te ervaren, dan heb je de keus om die ervaring vooralsnog niet mee te maken. Pas wanneer je genoeg hebt van je onafhankelijkheid, van je illusie, van de eenzaamheid en de pijn, zul je de weg naar huis zoeken. En dan zul je ontdekken dat Ik er ben, dat Ik er *altijd* ben geweest.

Altijd en overal.

Poeh. Stel een vraag, krijg een antwoord.

Vooral wanneer je het aan God vraagt.

Dat snap ik. Ik bedoel, U hoeft over deze zaken niet uitgebreid na te denken.

> Inderdaad, het antwoord ligt op het puntje van Mijn tong. Mag ik daaraan toevoegen dat het ook op het puntje van jouw tong ligt.

Wat bedoelt U daarmee?

> Ik bedoel dat ik deze antwoorden niet voor Mijzelf houd. Dat heb ik nooit gedaan. Alle antwoorden op alle levensvragen liggen, letterlijk, op het puntje van je tong.
> Dat is een andere manier om te zeggen: 'Wat u zegt, zal geschieden.'

Nou, daarvan uitgaande, als ik beweer dat alles wat U zegt onzin is, dan is dus alles wat U me net verteld hebt niet waar.

> Dat is waar.

Nee, het is *niet* waar.

> Dat bedoel Ik, het is waar dat het niet waar is.

Maar als ik beweer dat alles wat U zegt niet waar is, dan *is het niet waar* dat het niet waar is.

> Dat is waar.

Tenzij het niet zo is.

> Tenzij het niet zo is.
> Zie je wel, je creëert je eigen werkelijkheid.

Dat zegt U.

> Dat klopt.

Maar als ik niet geloof wat U zegt...

...dan zul je het niet ervaren als jouw werkelijkheid. Zie je dat hier van een cirkelredenering sprake is? Als je niet gelooft dat je je eigen werkelijkheid creëert, dan zul je je werkelijkheid ervaren als iets wat jij niet geschapen hebt... *wat maar bewijst dat je je eigen werkelijkheid creëert.*

Nee maar, het lijkt wel of ik in het spiegelpaleis verzeild ben.

Dat ben je, Mijn wonderbaarlijke. Op meer manieren dan je kunt weten. Want alles wat je ziet is een reflectie van jezelf. Wanneer de spiegels van het leven je een vervormd beeld tonen, dan is dat de reflectie van je misvormde zelfbeeld.

Daarmee zijn wij terug bij waar ik was voordat wij dit zijpad insloegen.

Er zijn geen zijpaden, Mijn zoon. Er zijn slechts verschillende wegen naar hetzelfde reisdoel.

Ik vroeg U hoe ik een vriendschap met mijzelf kan hebben. U antwoordde dat ik God kan kennen door mijn eigen ziel te kennen; dat ik een vriendschap met God kan hebben als ik een vriendschap met mijzelf heb. En ik vroeg U hoe ik dat bereik. Ik dacht dat ik al vriendschap had gesloten met mijzelf.

Sommige mensen wel, andere mensen niet. Sommige mensen hebben hooguit een wapenstilstand.

Misschien is het waar wat U zei over een groot ego als teken dat ik mezelf niet aardig vind. Daar zal ik eens over nadenken.

Het gaat er niet om dat mensen zichzelf helemaal niet aardig vinden. Sommige aspecten van henzelf staan hun niet aan. Het ego zoekt compensatie door andere mensen hen aardig te laten vinden. Uiteraard tonen zij dit deel van zichzelf niet aan anderen, totdat de groeiende intimiteit van een relatie het onmogelijk maakt. Als zij zich ten slotte tonen en de ander reageert verbaasd, of zelfs negatief, dan kunnen zij er zeker van zijn dat zij gelijk hadden dat dit deel van henzelf niet aangenaam is; en daarmee is de cirkel rond.

Het is een zeer complex proces en je maakt het alle dagen mee.

U had psycholoog moeten worden.

Ik heb de psychologie *uitgevonden*.

Dat weet ik. Ik maakte een grapje.

Dat weet ik. Zie je, mensen maken 'grapjes' als...

Genoeg!

Je hebt gelijk. Genoeg. Ik maakte maar een grapje.

U maakte me aan het lachen, weet U dat?

Ik maak *jou* aan het lachen? Jij maakt Mij aan het lachen.

Daar houd ik wel van, een God met gevoel voor humor.

Lachen is goed voor de ziel.

Helemaal mee eens, maar kunnen wij terugkeren naar de vraag? Hoe krijg ik een vriendschap met mijzelf?

Door helderheid te krijgen over Wie jij werkelijk bent, en Wie je niet bent.

Als jij weet Wie jij werkelijk bent, zul je verliefd worden op jouw Zelf.

Als jij verliefd wordt op jouw Zelf, word je verliefd op Mij.

Hoe krijg ik helderheid over wie ik ben en wie ik niet ben?

Laten wij beginnen met wie je niet bent, want daar ligt het grootste probleem.

Goed, wie ben ik niet?

Je bent niet – daar wil Ik mee beginnen – je bent niet je verleden. Je bent niet wie je gisteren was.
Je bent niet wat je gisteren deed, wat je gisteren zei, wat je gisteren dacht.
Veel mensen willen graag dat je *denkt* dat je bent wie je gisteren was. Sommigen staan er zelfs op dat je dat bent. Dat doen ze, omdat ze er alle belang bij hebben om je blijvend zo te zien. Om wat te noemen, ze hebben 'gelijk' over jou. Bovendien kunnen ze op je 'vertrouwen'.
Als andere mensen je 'slecht' vinden, zien ze je niet graag veranderen, want ze willen graag hun 'gelijk' over jou behouden. Daarmee rechtvaardigen ze *de manier waarop zij jou behandelen.*
Als andere mensen je 'goed' vinden, zien ze je evenmin graag veranderen, want ze willen graag blijvend op je 'vertrouwen'. Daarmee rechtvaardigen *zij hun verwachtingen omtrent jou.*
Jij wordt uitgenodigd om in het heden te leven. Herschep jouw Zelf in het heden.
Daarmee kun je jouw Zelf losweken van je voormalige ideeën over jezelf; een opvallend percentage daarvan is gebaseerd op wat *andere* mensen over *jou* denken.

Hoe kan ik mijn verleden vergeten? Andere mensen baseren hun ideeën over mij, gedeeltelijk althans, op hun ervaringen met mij – op mijn gedrag – in het verleden. Wat moet ik doen, gewoon vergeten wat ik gedaan heb? Pretenderen dat het onbelangrijk was?

Geen van beide.
Probeer niet je verleden te vergeten, probeer je toekomst te veranderen.

Het *ergste* wat je kunt doen, is je verleden vergeten. Vergeet je verleden en je raakt alles kwijt wat het je kan laten zien, het hele geschenk dat het je gegeven heeft.

Pretendeer evenmin dat het onbelangrijk was. Erken liever dat het juist wel belangrijk is; en dat je, juist omdat het belangrijk is, hebt besloten om bepaald gedrag niet te herhalen.

Heb je dat besluit eenmaal genomen, laat het verleden dan met *rust*. Met rust laten is iets anders dan het vergeten. Het betekent dat je je er niet langer aan vastklampt, alsof je zonder je verleden zou verdrinken. Je verdrinkt juist *wegens* je verleden.

Gebruik je verleden niet langer om drijvende te blijven tussen je ideeën over wie je bent. Laat dat oude drijfhout los en zwem naar een nieuwe kust.

Zelfs mensen met een schitterend verleden zijn er niet bij gebaat om daaraan vast te houden, alsof dat bepaalt wie zij zijn. Dit heet 'op je lauweren rusten' en niets houdt groei sneller tegen.

Rust niet op je lauweren, blijf evenmin bij je fouten stilstaan. Begin liever opnieuw; begin opnieuw op elk gouden moment van het nu.

Maar hoe kan ik gedrag veranderen dat een gewoonte is geworden, hoe raak ik diepgewortelde eigenschappen kwijt?

Stel jezelf de volgende eenvoudige vraag: is dit wie Ik ben?

Het is de belangrijkste vraag die je jezelf ooit zult stellen. Je zult er baat bij hebben als je deze vraag stelt voor en na iedere beslissing in je leven, van welke kleren je gaat aantrekken tot welk beroep je moet kiezen, van met wie je zult trouwen tot of je überhaupt moet trouwen. En het is zeker een belangrijke vraag wanneer je gedrag bij jezelf bespeurt dat je zegt kwijt te willen raken.

En daarmee verander je oude gewoonten en eigenschappen?

Probeer het maar.

Goed, dat zal ik doen.

Mooi zo.

Maar nadat ik besloten heb wie ik niet ben en nadat ik me bevrijd heb van de gedachte dat ik mijn verleden ben, hoe ontdek ik dan wie ik *wel* ben?

Het is geen ontdekkingsreis, het is een scheppingsproces. Je kunt niet 'ontdekken' wie je bent, want je zult bij nul beginnen als je dat besluit neemt. Je besluit is niet gebaseerd op ontdekkingen, maar juist op *voorkeuren*.
Wees niet wie je dacht te zijn, wees wie je *wilt zijn*.

Dat is een groot verschil.

Dat is het grootste verschil in je leven. Tot nu toe ben je 'geweest' wie je dacht te zijn. Vanaf nu zul je het product zijn van je diepste wensen.

Kan ik werkelijk zoveel veranderen?

Natuurlijk kun je dat. Maar onthoud: het is niet een kwestie van veranderen om te worden geaccepteerd. Je wordt nu al geaccepteerd door God. Je verandert uitsluitend omdat *jij* wilt veranderen, je kiest een nieuwere versie van jouw Zelf.

De verhevenste versie van de verhevenste visie die ik ooit heb gehad over Wie ik ben.

Precies.

En een eenvoudige vraag als *Is dit wie ik ben?* zal mij daartoe brengen?

Dat zal het, tenzij het niet gebeurt. Maar het is een zeer krachtig instrument. Het kan je volkomen transformeren.

Het is zo krachtig omdat het context geeft aan wat er gebeurt. Het verheldert wat je aan het doen bent. Het valt Mij op dat veel mensen niet weten waar zij mee bezig zijn.

Hoe bedoelt U. Wat *doen* zij dan?

Zij scheppen zichzelf. Veel mensen begrijpen dit niet. Zij zien niet dat dit gebeurt, dat zij hiermee bezig zijn. Zij weten niet dat dit in wezen *het doel is van al het leven.*

Omdat zij dit niet weten, realiseren zij zich niet hoe belangrijk, hoe verstrekkend, iedere beslissing is.

Ieder besluit dat je neemt – *ieder* besluit – is niet een beslissing over wat je moet doen. Het is een beslissing over Wie je *bent.*

Als je dit doorziet en begrijpt, zal alles anders zijn. Je kijkt op een nieuwe manier naar het leven. Alle gebeurtenissen, verschijnselen en situaties veranderen in mogelijkheden om te doen waarvoor je hier gekomen bent.

Aha, wij zijn hier dus toch met een doel...

O, zeker. Twijfel daar niet aan. Het is het doel van je ziel om aan te kondigen en te verklaren, om te zijn en uit te drukken, om te ervaren en te vervullen Wie je werkelijk bent.

En wie is dat?

Wie je maar *zegt* dat je bent! Het leven dat je leeft, is jouw verklaring. Je keuzes bepalen wie jij bent.

Iedere daad is een daad van zelf-definiëring.

Dus ja, een eenvoudige vraag van vijf woorden kan je leven veranderen. Want die vraag, als je onthoudt om haar te stellen, plaatst alles wat er gebeurt in een nieuwe context, in een veel grotere context.

Vooral als je de vraag stelt wanneer er een beslissing moet worden genomen.

Er moet altijd een beslissing worden genomen. Je neemt altijd beslissingen, de hele tijd door. Er bestaat geen moment dat je niet een beslissing neemt. Zelfs in je slaap neem je beslissingen. (Sommige van je belangrijkste beslissingen worden genomen terwijl je slaapt. En sommige mensen slapen zelfs wanneer ze wakker lijken te zijn.)

Iemand zei ooit dat wij een planeet van slaapwandelaars zijn.

Hij zat niet ver bezijden de waarheid.

Dus dat is de magische vraag, hè?

Dat is de magische vraag. De magische vraag van vijf woorden.
Eigenlijk zijn er twee magische vragen van vijf woorden. Deze vragen, op het juiste moment gesteld, kunnen je in je eigen ontwikkeling voortstuwen met een snelheid die je nimmer voor mogelijk had gehouden. Deze vragen zijn:
Is dit wie ik ben?
Wat zou liefde nu doen?
Met jouw besluit om deze vragen op elk moment te stellen en te beantwoorden zul je promoveren van student tot leraar van het nieuwe evangelie.

Het nieuwe evangelie? Wat is dat?

Alles op zijn tijd, Mijn vriend, alles op zijn tijd. Er moet nog veel worden besproken voor wij daaraan toekomen.

Kan ik dan nog een keer terugkomen op schuld? Hoe zit het met mensen die zulke vreselijke dingen hebben gedaan – moordenaars bijvoorbeeld, verkrachters, kindermishandelaars – dat ze zichzelf onmogelijk kunnen vergeven?

Wat ze in het verleden hebben gedaan, Ik zeg het nogmaals, is niet wie ze zijn. Het kan zijn dat *anderen* zo over ze denken, het kan zelfs zijn dat zij zo over *zichzelf* denken, maar dat is niet Wie zij werkelijk zijn.

Veel mensen zullen dat niet geloven. Zij worden verteerd door hun schuldgevoel, of misschien zijn zij verbitterd om wat het lot voor ze in petto had. Sommigen zijn zelfs bang in herhaling te vallen. Zij beschouwen hun leven als hopeloos, als zinloos.

Geen enkel leven is zinloos! En Ik zeg je dat geen enkel leven hopeloos is.
Angst en schuld zijn de enige vijanden van de mens.

Dat hebt U al verteld.

En Ik vertel het jullie weer. Angst en schuld zijn jullie enige vijanden.
Als jij angst loslaat, zal angst jou loslaten. Als jij schuld laat gaan, zal schuld jou laten gaan.

Hoe doen wij dat? Hoe laten wij onze angst en schuld los?

Door dat te besluiten. Het is een arbitraire beslissing, genomen op basis van persoonlijke voorkeur. Je verandert van gedachten over jezelf en over hoe je je wilt voelen.
Het is zoals jullie Harry Palmer zegt: *Om van gedachten te veranderen is slechts een besluit nodig.*
Zelfs een moordenaar kan van gedachten veranderen. Zelfs een verkrachter kan zichzelf opnieuw scheppen. Zelfs een kindermishandelaar kan verlost worden. Het enige wat daarvoor nodig is, is een besluit uit de grond van het hart, de ziel en het verstand: *dit is niet Wie ik ben.*

En dat geldt voor ons allen, welke grotere of kleinere misdaden wij ook begaan hebben?

Dat geldt voor ieder van jullie.

Maar hoe kan ik mezelf vergeven wanneer ik het onvergeeflijke gedaan heb?

Er bestaat niet zoiets als het onvergeeflijke. Geen wandaad is zo gruwelijk dat Ik weiger die te vergeven. Zelfs de strengste religies onderwijzen dat.

Ze zijn het misschien niet eens over de *manier* van verzoening, ze zijn het misschien niet eens over de weg, maar ze zijn het er allemaal over eens *dat* er een manier is, een weg.

Wat *is* die weg? Hoe kan ik verzoening krijgen als ik mijn wanda-den *zelf* als onvergeeflijk beschouw?

De gelegenheid tot verzoening komt vanzelf op het moment dat jullie de dood noemen.

Je moet de betekenis van 'verzoening' letterlijk nemen. Verzoening heft tegenstellingen op. Het is de ontdekking dat jij en alle anderen één zijn. Het is de ontdekking dat jullie één zijn met alles en iedereen; onder anderen met Mij.

Deze ervaring – zoals je je zult herinneren – zul je meteen na je dood hebben, nadat je je lichaam verlaat.

Alle zielen ervaren hun verzoening op een hoogst interessante wijze. Zij krijgen de gelegenheid om nog eens ieder moment van hun zojuist voltooide leven mee te maken; en dit keer niet alleen vanuit hun eigen gezichtspunt, maar ook vanuit het perspectief van iedereen die erbij betrokken was. Zij herden-ken iedere gedachte, zeggen elk woord opnieuw, doen al hun daden over en voelen de gevolgen ervan voor de andere per-soon, alsof ze die ander zijn; wat ook zo *is*.

Zij zullen deze waarheid proefondervindelijk vaststellen. Op dat moment is de uitspraak 'Wij zijn allen één' niet langer een gedachte, maar een ervaring.

Dat kon wel eens erger uitpakken dan de hel. Ik dacht dat u in *Een gesprek met God* had verteld dat er geen hel bestaat.

Er is geen oord van eeuwig lijden en verdoemenis, zoals jullie dat in je wijsheid hebben bedacht. Maar ieder van jullie zal het effect, het gevolg en het resultaat van al zijn keuzes en beslissingen doorvoelen. Maar dit heeft met groei te maken, niet met 'rechtspraak'. Het is een kwestie van evolutie, niet van Gods 'straf'.

En tijdens deze 'bespreking van je leven', zoals sommigen het noemen, zul je door niemand worden beoordeeld. Je krijgt simpelweg de kans om mee te maken wat 'jullie tezamen' hebben meegemaakt, in plaats van wat het filiaal van 'jullie' dat in jouw lichaam zat, op elk moment in het leven heeft beleefd.

Dat klinkt nog steeds alsof het pijnlijk kan zijn.

Dat is het niet. Je zult geen pijn ervaren, alleen bewustwording. Je zult je volkomen bewust zijn van de totaliteit van elk moment en van zijn betekenis. Dit zal echter niet pijnlijk zijn, eerder verhelderend.

Niet 'oei, ik groei' maar een 'Aha-erlebnis'?

Precies.

Maar als er geen pijn is, hoe zit het dan met het 'terugbetalen' van de pijn die wij hebben veroorzaakt, de schade die wij hebben toegebracht?

God heeft er geen belang bij om jullie ook maar iets 'betaald te zetten'. God wil jullie *vooruit* helpen.

Je bent op het pad van de evolutie, niet op de weg naar de hel.

Het doel is *bewustzijn*, niet vergelding.

God is niet geïnteresseerd in 'betaald zetten'. Wij hoeven voor onze scholing niet te betalen!

Niet slecht bedacht. Lang niet slecht.

Het lijkt me van belang om luchthartig te blijven. Ik heb jaren met mijn schuldgevoel aangemodderd. Sommige mensen menen dat je voor altijd aan je schuldgevoel moet vasthouden. Maar schuld en spijt zijn niet hetzelfde. Dat ik me niet langer over sommige dingen schuldig voel, betekent niet dat ik er geen spijt meer van heb. Spijt kan leerzaam zijn, schuldgevoel stompt alleen maar af.

Dat klopt precies. Dat heb je goed gezegd.

Als wij vrij van schuld zijn, kunnen wij verder met ons leven, zoals U het noemt. Wij kunnen ons leven waardevol maken.
Wij kunnen weer vrienden worden met onszelf; en vervolgens worden wij vrienden met U.

Dat kan zeker. Je wordt weer vrienden met je Zelf, je wordt verliefd op je Zelf, wanneer je weet en eindelijk erkent Wie je werkelijk bent.
En wanneer je jouw Zelf kent, zul je Mij kennen.

En daarmee is stap één naar een echte, bruikbare vriendschap met God gezet.

Ja.

Ik zou willen dat het zo simpel is als U het doet klinken.

Dat is het. Vertrouw Mij.

Zes

Dat is stap twee, toch?

Dat is stap twee en het is een reuzenstap.

De stap is zo groot, omdat ik niet weet of ik U *kan* vertrouwen.

Dank je voor je eerlijkheid.

Het spijt mij oprecht.

Schaam je niet. Schaam je nimmer voor je eerlijkheid.

Ik schaam me niet voor wat ik zei. Het spijt me dat ik U pijn deed.

Je kunt Mij geen pijn doen. Dat is het hem juist.

Ik kan U geen pijn doen?

Nee.

Ook niet als ik iets afschuwelijks doe?

Ook niet als je iets afschuwelijks doet.

U wordt niet boos en zult mij niet straffen?

Nee.

Dus ik kan nu naar buiten gaan en doen wat ik wil.

Dat heb je altijd al gekund.

Jawel, maar ik wilde het niet. De angst voor mijn straf in het hiernamaals hield mij tegen.

Heb je angst voor God nodig om geen 'slechte' dingen te doen?

Soms wel. Soms, als de verleiding erg groot is, heb ik angst nodig voor wat er na mijn dood zal gebeuren – angst voor mijn onsterfelijke ziel – als drijfveer om mij ergens van te weerhouden.

Echt waar? Je bedoelt dat je zulke vreselijke dingen wilde doen dat je dacht je onsterfelijke ziel te verliezen als je ze deed?

Ik kan een voorbeeld uit mijn eigen leven geven.

En dat is?

Nu? Wilt U dat ik dat nu vertel, in aanwezigheid van God en iedereen?

Leuk.
Ja, ga je gang. Biechten is goed voor de ziel.

Goed, als U het werkelijk wilt weten: zelfmoord.

Jij wilde zelfmoord plegen?

Ik heb er ooit zeer ernstig over nagedacht. En doet U niet zo verbaasd. U weet er alles van. U hebt mij tegengehouden.

Met liefde, niet met angst.

Er kwam ook een beetje angst bij kijken.

O ja?

Ik was bang voor wat er zou gebeuren als ik mij mijn eigen leven benam.

Daar begon ons gesprek mee.

Ja.

En nu, na drie delen van *Een gesprek met God*, ben jij nog steeds bang voor Mij?

Nee.

Goed zo.

Behalve dan wanneer ik het wel ben.

En wanneer is dat?

Wanneer ik U niet vertrouw. Wanneer ik er niet zeker van ben dat U het bent die met me praat, laat staan dat ik Uw fantastische beloftes geloof.

Je gelooft nog steeds niet dat God met je praat? Tjonge, dat zullen je lezers interessant nieuws vinden.

Wat, dat ik menselijk ben? Ik denk dat zij wel weten dat ik menselijk ben.

Ja, maar Ik denk dat ze ervan uitgaan dat je zeker bent van sommige zaken; dat je er in elk geval van overtuigd bent dat je een gesprek met God hebt.

Daar ben ik van overtuigd.

Dat klinkt al beter.

Behalve dan wanneer ik het niet ben.

En wanneer is dat?

Wanneer ik het gevoel heb dat ik niet kan vertrouwen op wat U me vertelt.

En wanneer is dat?

Wanneer het te mooi klinkt om waar te zijn.

Juist ja.

Ik word bang. Stel dat het *niet* waar is? Stel dat ik alles verzin? Stel dat ik een God creëer die alles zegt wat ik wil dat Hij zegt? Stel dat U zegt wat ik graag hoor, zodat ik rechtvaardiging vind om op de oude weg voort te gaan? Ik bedoel, uitgaande van wat U mij vertelt, kan ik straffeloos alles doen wat ik wil. Ik hoef me nergens druk om te maken. In het hiernamaals worden geen rekeningen vereffend. Nee maar, wie wil er nou niet *zo'n* soort God?

Jij blijkbaar niet.

Dat wil ik *wel*, behalve wanneer ik het niet wil.

En wanneer is dat?

Wanneer ik bang ben. Wanneer ik U niet durf te vertrouwen.

Wat denk je dan dat er met je zal gebeuren?

U bedoelt, wanneer ik geloof wat U zegt en uiteindelijk blijkt dat U toch niet God bent?

Ja.

Ik vrees dat God mij in dat geval in de hel zal smijten.

Waarom? Omdat je in het ergste geval een fantasievol gesprek hebt gehad?

Omdat ik de enig ware God heb geloochend en omdat ik anderen heb aangemoedigd hetzelfde te doen. Omdat ik anderen verteld heb dat hun gedrag geen gevolgen zal hebben, waardoor sommige mensen niet langer bang voor U zijn en wellicht dingen doen die ze anders zouden nalaten.

Denk je werkelijk dat je zoveel macht hebt?

Nee, maar ik denk wel dat andere mensen gemakkelijk te beïnvloeden zijn.

Waarom zijn zij dan niet voldoende beïnvloed door hen die zeggen dat Ik gevreesd moet worden, zodat er een einde komt aan hun zelfdestructief gedrag?

Pardon?

Het geloof verkondigt al eeuwen dat Ik mensen naar de hel zend die niet op de een of andere manier in Mij geloven en die niet met bepaald gedrag ophouden.

Dat weet ik. Dat weet ik.

Zie jij soms dat er een einde komt aan dit gedrag?

Nee, niet echt. De mens vermoordt zijn eigen soort, zoals hij altijd al heeft gedaan.

Sneller zelfs dan ooit tevoren, want jullie beschikken tegenwoordig over massavernietigingswapens.

En wij zijn niet minder wreed tegen elkaar dan wij ooit tevoren waren.

Zo kijk Ik er ook tegenaan. Dus waarom denk jij dat jij, na eeuwen – millennia zelfs – van religies die mensen niet konden overtuigen, hen opeens wel eenvoudig van gedachten kan doen veranderen en dat je dan ook nog eens persoonlijk verantwoordelijk bent voor hun daden?

Ik weet het niet. Ik geloof dat ik dat zo nu en dan moet denken om niet al te uitbundig te worden.

Waarom? Waar ben je bang voor als je jezelf niet in bedwang houdt?

Ik zou van de hoogste daken schreeuwen dat ik eindelijk een God gevonden heb van wie ik kan houden! Ik zou iedereen uitnodigen om mijn God te ontmoeten en om Hem te leren kennen zoals ik doe! Ik zou alles wat ik over U weet delen met iedereen met wie ik in aanraking kom! Ik zou mensen bevrijden van hun angst voor U, en daarmee van hun angst voor elkaar! Ik zou ze bevrijden van hun angst voor de dood!

En voor dat alles, denk je, zal God je straffen?

Nou ja, als ik me vergis in U, dan zult U of Hij of Het mij straffen, weet ik veel.

Welnee. Neale toch, Neale, Neale... Als je grootste zonde is dat je God te lieflijk afschildert, dan zal het je wel vergeven worden, denk Ik; ervan uitgaande dat je blijft geloven in een God die beloont en straft.

En wanneer andere mensen door mij slechte dingen doen, zoals moorden, verkrachten of liegen?

Dan moet iedere wijsgeer vanaf het begin der tijden die tegen het heersende geloof in heeft gesproken of geschreven, verantwoordelijk worden gehouden voor alle daden van de mensheid.

Misschien zijn ze dat ook wel.

Is dat de God in wie jij wilt geloven? Is dat de God die jij verkiest?

Het is geen kwestie van *kiezen*. Wij zijn niet in een God-super-
markt. Wij krijgen niet de kans om te kiezen. God is God en dat
kunnen wij maar beter goed begrijpen, anders gaan wij rechtstreeks naar de hel.

Geloof je dat?

Nee, behalve dan wanneer ik het wel geloof.

En wanneer is dat?

Wanneer ik U niet vertrouw. Wanneer ik niet geloof in de goedheid van God en in de onvoorwaardelijke liefde van God.
Wanneer ik ons allen hier op Aarde zie als kinderen van een mindere God.

Is dat vaak zo? Heb je dat gevoel vaak?

Nee. Ik moet zeggen dat ik dat niet vaak heb. Dat was trouwens
wel anders! Maar sinds het begin van onze gesprekken niet meer.
Ik ben over veel zaken van mening veranderd. Goed, niet werkelijk van mening *veranderd*. Wat eigenlijk is gebeurd, is dat ik mijzelf heb toegestaan om te geloven wat ik in mijn hart altijd heb
geweten, en wilde geloven, over God.

En is je dat zo slecht bevallen?

Slecht? Nee, het is *goed* geweest. Mijn hele leven is veranderd. Ik
ben weer in staat om in Uw goedheid te geloven en zodoende ben
ik weer in staat om in *mijn* goedheid te geloven. Omdat ik in staat
ben om te geloven dat U mij al mijn daden zult vergeven, ben ik
in staat om *mijzelf* te vergeven. Omdat ik niet langer geloof dat ik

op een dag, hoe dan ook, waar dan ook, door God word gestraft, straf ik mijzelf niet langer.

Nu zijn er mensen die zeggen dat het *slecht* is om niet in een straffende God te geloven. Maar ik zie daar geen kwaad in, want als ik ooit iets zinvols wil doen – al zou ik in de gevangenis zitten en weet ik een medegevangene te overtuigen om een ander geen pijn te doen, of zichzelf nog langer pijn te doen – dan zal ik mijzelf moeten vergeven en mijzelf niet langer straffen.

Uitstekend. Je begrijpt het.

Ik begrijp het echt. Ik begrijp het werkelijk. En ik heb *niet* alles verworpen wat mij in onze gesprekken verteld is. Ik heb alleen behoefte aan een instrument. Een instrument waarmee ik eindelijk een echte vriendschap met U kan creëren.

Ik zal je die instrumenten nu in handen geven.

Ja, doet U dat. Zelfs voordat ik de vraag stel, geeft U al antwoord.

Zoals gewoonlijk.

Zoals gewoonlijk. Dus zeg mij, hoe kan ik leren U te vertrouwen?

Doordat je dat niet hoeft.

Ik kan leren vertrouwen door niet te hoeven vertrouwen?

Dat klopt.

Leg me dat eens uit.

Als Ik niets van jou wens of van jou nodig heb, moet Ik jou dan ergens om vertrouwen?

Ik neem aan van niet.

Dat heb je goed gezien.

Dus de hoogste vorm van vertrouwen is niet *hoeven* vertrouwen?

Alweer goed gezien.

Maar hoe kom ik in een situatie waarin ik niets van U wens of van U nodig heb?

Door te begrijpen dat je het al bezit. Alles wat je maar nodig hebt, is al van jou. Voordat je een vraag kunt stellen, heb Ik het antwoord al gegeven. Met andere woorden, vragen is niet noodzakelijk.

Want ik hoef niet te vragen wat ik al bezit.

Precies.

Maar als ik het al heb, waarom *denk* ik dan dat ik het nodig heb?

Omdat je niet *weet* dat je het al hebt. Dat is een kwestie van begrijpen.

Bedoelt U dat ik iets nodig heb wanneer ik *denk* het nodig te hebben?

Dat zul je inderdaad *denken*.

Maar als ik denk dat God al mijn behoeftes vervult, dan denk ik dus *niets* 'nodig te hebben'.

Dat klopt. Daarom is het geloof zo krachtig. Als je gelooft dat al je behoeftes altijd zullen worden vervuld, dan heb je technisch gesproken geen behoeftes. Dit is natuurlijk de *waarheid* en dit zal jouw ervaring zijn en daarmee is je geloof 'gerechtvaardigd'. Het enige wat je gedaan hebt, is je standpunt veranderen.

Wat ik verwacht is wat ik krijg?

> Ongeveer zoiets, inderdaad. De ware Meester leeft echter buiten het bereik van verwachtingen. Hij verwacht niets en verlangt niets meer dan wat 'zich voordoet'.

Waarom?

> Omdat hij weet dat hij alles al heeft. En daarom accepteert hij in tevredenheid dat stukje Alles dat zich op enig moment aan hem voordoet.
> Hij weet dat dit volmaakt is, dat het leven volmaakt is en dat alles zo blijft tot het einde.
> Onder deze omstandigheden is er geen vertrouwen nodig.

Om het anders te zeggen, 'vertrouwen' wordt 'weten'.

> Ja. Er bestaan drie niveaus van bewustzijn rondom alles. Deze zijn: hoop, geloof en weten.
> Als je ergens op 'hoopt', dan wens je dat het waar is of zal gebeuren. Je bent er niet zeker van, op geen enkele wijze.
> Als je ergens in 'gelooft', dan denk je dat het waar is of zal gebeuren. Je bent er niet zeker van, maar je *denkt* er zeker van te zijn. En je zult dat blijven denken totdat er iets gebeurt wat niet met je geloof overeenstemt.
> Als je iets 'weet', dan is het je duidelijk dat het waar is of zal gebeuren. Je bent er zeker van, in elke betekenis van het woord, en je *blijft er zeker van*, zelfs als er iets gebeurt wat daarmee niet overeenstemt. Je oordeelt niet op uiterlijkheden, want je *weet* hoe het zit.

Dus ik kan leren U te vertrouwen door te weten dat ik U niet *hoef* te vertrouwen!

> Dat klopt. Je hebt de wetenschap bereikt dat het volmaakte ding staat te gebeuren.
> Niet dat zomaar *iets* staat te gebeuren, maar dat het *volmaak-*

te staat te gebeuren. Niet wat *jij* graag wilt staat te gebeuren, maar dat wat volmaakt is staat te gebeuren. En als je in de richting van het meesterschap beweegt, zullen beide zaken één worden. Er gebeurt iets, en jij verlangt geen andere gebeurtenis dan wat er gebeurt. En omdat jij de voorkeur geeft aan dat wat er gebeurt, verkrijgt die gebeurtenis zijn volmaaktheid. Dit heet 'loslaten en God laten'.
De Meester geeft altijd de voorkeur aan wat er gebeurt. Ook jij zult het meesterschap bereikt hebben als je altijd de voorkeur geeft aan dat wat er gebeurt.

Maar... maar... dat is hetzelfde als geen enkele voorkeur hebben! Ik meende dat U altijd zei: 'Je leven spruit voort uit de bedoelingen die je ermee hebt.' Hoe kan dit kloppen als je geen enkel verlangen hebt?

Heb bedoelingen, maar heb geen verwachtingen en al helemaal geen behoeftes. Raak niet verslaafd aan een bepaald resultaat. Geef zelfs niet ergens de voorkeur aan. Verhef je behoeftes tot voorkeuren en verhef je voorkeuren tot accepta-ties.
Dat is de weg naar vrede. Dat is de weg naar meesterschap.

Een uitstekend leermeester en schrijver, Ken Keyes jr., heeft over deze gedachte geschreven in een uitzonderlijk boek, getiteld *A Handbook to Higher Consciousness* (Handleiding tot een hoger bewustzijn).

Inderdaad. Zijn uitspraken in dat boek waren zeer belangrijk en openden veel mensen de ogen.

Hij had het over het veranderen van behoeftes in voorkeuren. Hij moest dat in zijn eigen leven leren, want hij zat het grootste deel daarvan in een rolstoel, vanaf zijn borst verlamd. Had hij 'behoefte' gehad aan meer bewegingsvrijheid, dan zou hij nooit gelukkig zijn geweest. Maar hij realiseerde zich dat het niet de uiterlijke omstandigheden zijn die ons geluk verschaffen, maar juist onze innerlijke beslissingen over hoe wij die omstandigheden ervaren. Dit was de kern van zijn geschriften, ook al kwamen zijn fysieke uitdagingen in de meeste van zijn boeken niet ter sprake. Als hij gevraagd werd een lezing te geven, toonden mensen zich vaak geschokt om hem vrijwel onbeweeglijk in zijn rolstoel te zien. Hij schreef met zoveel plezier over liefde en het leven, dat men dacht dat hij wel alles moest hebben wat hij begeerde.

> Hij *had* ook alles wat hij begeerde! Maar die laatste woorden bevatten een groot geheim. Het geheim van het leven is niet om alles te bezitten wat je begeert, maar om *alles te begeren wat je hebt.*

Om maar een andere uitstekende schrijver, John Gray, te citeren.

> John is inderdaad een uitstekend schrijver, maar wie 'citeert' wie, denk je? Ik gaf hem die gedachten, net zoals Ik Ken Keyes inspireerde.

Die nu bij U is.

> Inderdaad, en zonder zijn rolstoel, zou Ik eraan willen toevoegen.

Daar ben ik blij om! Het is zielig dat hij zo'n groot deel van zijn leven in een rolstoel moest doorbrengen.

> Het is *niet* zielig! Het is een zegen! Ken Keyes veranderde het leven van miljoenen juist omdat hij in die rolstoel zat. Miljoenen levens. Laat daar geen misverstand over bestaan. Kens leven was een zegen, net als iedere omstandigheid in zijn leven. Het leverde precies de juiste mensen, situaties en gebeurtenissen op om de ziel die zich destijds Ken noemde de ervaringen en de expressie te geven waaraan die ziel behoefte had, en die deze ziel zo had bedoeld.
> En dit geldt voor *ieders* leven. Er bestaat niet zoiets als pech, niets gebeurt per ongeluk, er is geen toeval, God maakt geen fouten.

Anders gezegd, alles is volmaakt, precies zoals het is.

Dat is juist.

Zelfs als de dingen niet volmaakt lijken.

Vooral als de dingen niet volmaakt lijken. Dat is een zeker teken dat iets belangrijk genoeg is om te onthouden.

Dus U zegt dat wij *dankbaar* zouden moeten zijn voor de ergste dingen die ons overkomen?

Dankbaarheid is de snelste manier om te genezen.
Wat je weerstaat, zal blijven bestaan. Waar je dankbaar voor bent, zal je dienen, zoals de bedoeling was.
Ik heb je verteld:
Ik heb jullie niets dan engelen gezonden.
Daar voeg ik nu aan toe:
Ik heb jullie niets dan wonderen gegeven.

Oorlogen zijn wonderen? Misdaad is een wonder? Ziekte en ongemak zijn wonderen?

Wat denk jij? Als jij nu eens een antwoord gaf in plaats van steeds vragen te stellen, wat zou jij dan zeggen?

U bedoelt, wat zou ik zeggen als ik U was?

Ja.

Ik zou zeggen... Iedere gebeurtenis in het leven is een wonder, net als het leven zelf. Het leven is ontworpen om je ziel te voorzien van de volmaakte instrumenten, de volmaakte gebeurtenissen, de volmaakte omstandigheden, om te begrijpen en te ervaren, aan te kondigen en te verklaren, te vervullen en te worden Wie jij werkelijk bent. Oordeel daarom niet en veroordeel evenmin. Houd van je vijanden, bid voor je vervolgers, omhels elk moment en iedere gebeurtenis in het leven als een schat; het volmaakte geschenk van een volmaakte Schepper.

Ik zou zeggen... Zoek resultaten en gevolgen, maar verzoek ze niet.

> Je zou mooi gesproken hebben, Mijn vriend. Je begint een boodschapper te worden, zoals Ken Keyes was. Maar nu gaan wij een stap verder dan Ken Keyes' lessen. Want Ken doceerde ons: verhef je behoeftes tot het niveau van voorkeuren. Jij gaat nu doceren: heb zelfs geen voorkeuren.

Ga ik dat doen?

> Ja.

Wanneer?

> Nu. Ga je gang, doceer het. Wat zou je zeggen als je dit moest uitleggen?

U bedoelt, wat zou ik zeggen als ik U was?

> Ja.

Ik zou zeggen... Als je een bepaald resultaat nodig hebt om gelukkig te zijn, heb je een *behoefte*. Als je simpelweg een bepaald resultaat verlangt, heb je een *voorkeur*. Als je in het geheel geen voorkeuren hebt, heb je *acceptatie*. Je hebt meesterschap bereikt.

> Goed. Dat is uitstekend.

Ik heb toch een vraag. Is het hebben van bedoelingen niet hetzelfde als het verkondigen van voorkeuren?

> In het geheel niet. Het kan je bedoeling zijn dat iets gebeurt, zonder dat het je voorkeur heeft. Een voorkeur hebben is namelijk een verklaring aan het universum dat *alternatieve*

resultaten mogelijk zijn. God stelt zich dergelijke dingen niet voor, God heeft geen voorkeuren.

U bedoelt dat God de bedoeling had dat alles wat op Aarde gebeurt zou gebeuren?

Hoe had het anders kunnen gebeuren? Verbeeld jij je dat *er ook maar iets* kan gebeuren tegen Gods wil?

Als U het zo zegt, moet het antwoord wel nee zijn. Maar als ik kijk naar alle vreselijke dingen die in de wereldgeschiedenis zijn gebeurd, vind ik het moeilijk te geloven dat God de *bedoeling* had dat die dingen moesten gebeuren.

Het is mijn bedoeling om jullie je eigen resultaten te laten kiezen, om je eigen werkelijkheid te scheppen en te ervaren. Jullie geschiedenis is een verslag van wat jullie bedoeld hebben. En wat *jullie* bedoelden, bedoelde *Ik*, want er is geen onderscheid tussen ons.

Ik heb niet het gevoel dat alles wat in de menselijke geschiedenis is gebeurd – of zelfs maar alles wat in mijn eigen leven is gebeurd – altijd de bedoeling is geweest. Ik heb het gevoel dat er hier en daar nogal wat onbedoelde resultaten zijn geweest.

Geen enkel resultaat is onbedoeld, al zijn er vele niet voorzien.

Hoe kan iets onvoorzien zijn wanneer het bedoeld is? En andersom, hoe kan iets bedoeld zijn dat niet is voorzien?

Het is altijd de bedoeling van je ziel om een resultaat te produceren dat de volmaakte reflectie is van je huidige staat van ontwikkeling, opdat je kunt ervaren Wie jij bent.
Dit is eveneens het resultaat dat volmaakt geschikt is om de stap naar een hogere staat mogelijk te maken, opdat je zult worden Wie jij wilt zijn.
Onthoud dat het doel van het leven is om jezelf opnieuw te

scheppen in de verhevenste versie van de verhevenste visie die je ooit hebt gehad van Wie jij bent.

Ik wed dat ik dat in mijn slaap kan opdreunen.

Dat is goed nieuws, want als je dat in je slaap kunt herhalen, is dat een teken dat je *eindelijk wakker* bent.

Dat is slim. Dat is een leuke wending.

Dat is alles in het leven, Mijn vriend. Heel het leven.
Wat hebben wij hier dus geleerd? Wat heb je hieruit kunnen afleiden als herinnering?

Wat ik bedoel, is altijd wat er gebeurt, maar wat er gebeurt, is niet altijd wat ik had voorzien. Hoe is dat mogelijk?

Dat gebeurt wanneer je niet goed weet wat je bedoelingen zijn.

U zegt dat ik *denk* dat ik het ene bedoel, terwijl ik feitelijk het andere bedoel?

Precies. Op fysiek niveau denk je een bepaalde uitkomst uit te lokken, maar op het niveau van de ziel lok je een andere uit- komst uit.

Dat is om gek van te worden! Hoe kan ik weten wat te verwach- ten als ik mijn werkelijkheid creëer op een bewustzijnsniveau waarmee ik geen contact heb?

Dat kun je niet. Daarom luidt het adagium: 'Leef je leven zon- der verwachtingen.' Daarom is jou ook verteld om in iedere omstandigheid of situatie en in ieder resultaat of gevolg 'de volmaaktheid te zien'.

Dat hebt U al eens gezegd in *Een gesprek met God*.

Laten wij daarom nu, voor een vollediger begrip, kort praten over de drie niveaus van ervaring: hoger bewustzijn, het bewustzijn en het onderbewustzijn.

Het hoger bewuste niveau is het ervaringsgebied waar je je eigen werkelijkheid kent en creëert in het volle bewustzijn van je daden. Dit is het niveau van de ziel. De meesten van jullie herkennen je hoger bewuste bedoelingen niet op bewust niveau, sommigen wel.

Het bewuste niveau is het ervaringsgebied waar je je eigen werkelijkheid kent en creëert in een gedeeltelijk bewustzijn van je daden. Hoe groot dat bewustzijn is, hangt af van je 'bewustzijnsniveau'. Dit is het fysieke niveau. Als je de spirituele weg bent toegedaan, zul je tijdens je leven voortdurend trachten je bewustzijn te verhogen of de ervaring van je fysieke werkelijkheid te vergroten, zodat deze meer gaat omvatten dan wat je al weet.

Het onderbewuste niveau is het ervaringsgebied waar je je eigen werkelijkheid onbewust creëert. Onbewust wil zeggen dat je nauwelijks beseft dat je dit doet, laat staan waarom. Dit is geen minderwaardig ervaringsniveau, veroordeel het dus niet. Het is een gave, want het staat je toe dingen automatisch te doen, zoals je haar laten groeien, met je ogen knipperen of je hart laten slaan; of een onmiddellijke oplossing voor een probleem te vinden. Echter, als je niet weet welke onderdelen je van je leven hebt verkozen om automatisch te creëren, zou je de indruk kunnen krijgen dat het leven jou creëert in plaats van andersom. Je zou je zelfs slachtoffer kunnen gaan voelen. Daarom is het belangrijk om te weten wat je hebt verkozen onbewust te doen.

Aan het eind van ons gesprek zal Ik terugkomen op het bewustzijn en de verschillende niveaus van bewustzijn die de ervaring produceren die door sommigen van jullie verlichting wordt genoemd.

Is er een manier om op een en hetzelfde moment dezelfde intenties te hebben op het bewuste, het hoger bewuste en het onderbewuste niveau?

Jazeker. Dit drie-in-een niveau van bewustzijn zou je *boven*bewustzijn kunnen noemen. Sommigen van jullie noemen het ook wel 'Christus-bewustzijn' of 'verlicht bewustzijn'. Het is een volledig geïntegreerd bewustzijn.

Als je je in deze toestand bevindt, ben je volkomen creatief. De drie niveaus van bewustzijn zijn één geworden. Men zegt dan wel dat je ze 'op een rijtje' hebt. Maar feitelijk is het meer dan dat, want zoals met alles is het geheel groter dan de som van de delen.

Bovenbewustzijn is niet simpelweg een mix van hoger bewustzijn, bewustzijn en onderbewustzijn. Het ontstaat wanneer de elementen zijn vermengd en vervolgens de waarneming ontstijgen. Je begeeft je dan in het zuivere *Zijn*. Dit *Zijn* is de ultieme scheppingsbron binnen in jezelf.

En dus zijn voor iemand met een 'verhoogd bewustzijn' gevolgen en resultaten *altijd* bedoeld en *nooit* onverwacht?

Zeker, dat klopt.

En dus geeft de mate waarin een resultaat onverwacht lijkt een directe indicatie voor het bewustzijnsniveau waarop de ervaring is genoten.

Dat klopt precies.

Oftewel, de Meester is iemand die altijd met resultaten instemt, ook wanneer ze niet prettig schijnen, want hij weet dat hij ze op een of ander niveau toch bedoeld moet hebben.

Je begrijpt het nu. Je begint iets te doorgronden dat zeer complex is.

En daarom beschouwt de Meester alles als volmaakt!

Geweldig! Je snapt het!

Wat de Meester niet altijd ziet, is op welk niveau het resultaat was bedoeld. Maar zij twijfelt er niet aan dat zij *op een of ander niveau verantwoordelijk is voor het resultaat.*

Precies.

En daarom zal de Meester een andere persoon, een omstandigheid of een ding nimmer veroordelen. De Meester weet dat hij het *daar heeft neergezet.* Hij is zich ervan bewust dat hij op enig niveau heeft gecreëerd wat hij meemaakt.

Ja.

En als hem niet bevalt wat hij heeft gemaakt, dan is het aan hem om het te veranderen.

Ja.

En voor veroordeling is geen plaats in dit proces. Inderdaad, dat wat je veroordeelt, laat je onveranderd.

Dit alles gaat heel diep en is zeer complex. Je begrijpt het volkomen.

Het zou trouwens evengoed volmaakt zijn als ik het *niet* begreep.

Inderdaad.

Wij allen zijn precies daar waar wij volmaakt op onze plaats zijn, altijd.

Precies, anders zou je er niet zijn.

En wij hebben voor onze ontwikkeling niets meer nodig dan precies dat wat wij al hebben en ervaren, op dit moment.

Je hebt het opnieuw goed.

En als wij niets *nodig* hebben, hoeven wij God ook niet te vertrouwen.

Dat is wat Ik al zei, inderdaad.

En als wij God niet *hoeven* te vertrouwen, dan *kunnen* wij Hem vertrouwen. Want vertrouwen betekent immers dat wij niet een bepaald resultaat nodig hebben. Wij weten dat ieder *willekeurig* resultaat voor ons eigen bestwil is.

Je hebt de cirkel rond gekregen. Bravo!

Het mooie van dit alles is dat als je een bepaald resultaat niet nodig hebt, je het onderbewuste bevrijdt van allerlei gedachten over *waarom* je niet dat bepaalde resultaat krijgt. Daarmee is de weg vrij voor het bepaalde resultaat dat bewust bedoeld was.

Ja! Je kunt dan meer dingen automatisch doen. Als je voor een uitdaging gesteld bent, neem je automatisch aan dat alles goed zal gaan. Als je moeilijkheden ziet, weet je automatisch dat ze geregeld worden. Als je een probleem hebt, begrijp je automatisch dat het al voor je is opgelost, *automatisch.*

Je hebt deze resultaten *onbewust* zelf gecreëerd. De dingen gaan opeens vanzelf, schijnbaar zonder enige bemoeienis van jouw kant. Het leven loopt op rolletjes. Dingen komen op je af in plaats van dat jij ze moet najagen.

Deze verandering vindt plaats zonder bewuste inspanning. Net zoals jij al je negatieve, zelfvernederende, zelfontkennende gedachten over Wie jij werkelijk bent en wat je kunt zijn, doen en hebben onderbewust hebt *verkregen*, zo raak je ze ook onbewust weer kwijt.

Je weet niet hoe of wanneer je die ideeën hebt opgepikt en je zult evenmin weten hoe of waar je ze los hebt gelaten. Het leven zal plotseling voor jou veranderen. De tijd tussen een bewuste gedachte en het moment waarop deze manifest wordt in je werkelijkheid, zal slinken. Uiteindelijk zal die tijd geheel verdwijnen, je zult instantresultaten creëren.

Eigenlijk creëer ik helemaal geen resultaten, ik realiseer mij eenvoudigweg dat ze er al zijn. Alles is al gecreëerd. Ik ervaar de resultaten die ik bij machte ben te kiezen, afhankelijk van mijn kennis en inzicht.

Ik zie dat je nu een boodschapper bent. Jij bent iemand die een boodschap brengt, niet iemand die een boodschap zoekt. Je bent nu in staat de gehele kosmologie onder woorden te brengen. Je hebt in je laatste uitspraak zelfs de waarheid omtrent tijd weten te verwerken.

Ja. Tijd zoals wij die kennen bestaat niet. Er is maar één moment, het eeuwige nu. Alles wat er ooit is gebeurd, wat er nu gebeurt en wat ooit zal gebeuren, gebeurt op dit moment. Zoals u uitlegde in het derde boek van *Een gesprek met God* moeten wij denken aan een reusachtige cd-rom. Iedere mogelijke uitkomst is reeds voorgeprogrammeerd. Wij ervaren de resultaten die wij produceren als gevolg van onze keuzes; het is als schaken tegen de computer. Alle zetten van de computer bestaan al. Welk resultaat jij ervaart, hangt af van de zet die *jij* doet.

Dat is een uitstekend voorbeeld, want het maakt een snel begrip mogelijk. Er zit echter een nadeel aan.

En dat is?

Je vergelijkt het leven met een spelletje. Dat klinkt alsof Ik een spelletje met jullie zit te spelen.

Ik heb inderdaad brieven gekregen van lezers die zich daar boos over maakten. Zij schreven diep teleurgesteld te zijn als wat in *Een gesprek met God* over gebeurtenissen en tijd wordt gezegd inderdaad waar is. Als puntje bij paaltje komt zijn wij slechts pionnen die over het schaakbord des levens worden geschoven door een God die zich een beetje vermaakt. Dat vonden ze niet erg leuk.

Denk jij dat Ik zo'n soort God ben? Want, zoals je weet, als je dat denkt, dan zie je Mij zo. Mensen hebben al duizenden jaren hun gedachten over God, en vervolgens zien ze Mij als zodanig. Dit is immers het grootste geheim over God:
Ik zal aan jullie verschijnen zoals jullie Mij zien.

Wauw.

Ja, inderdaad, wauw. God zal lijken te zijn wat jij denkt te zien. Dus, hoe zie *jij* Mij nu?

Ik zie U als een God die mij de macht geeft om iedere ervaring die ik verkies te creëren, en die mij de instrumenten in handen geeft om dat uit te voeren.

En een van de krachtigste van die instrumenten is je vriendschap met God. Vertrouw Mij in dezen.

Dat doe ik. Ik vertrouw U. Want ik heb geleerd dat ik U niet hoef te vertrouwen. Het leven is wat het is. Vertrouwen is niet nodig, slechts weten.

Precies.

Zeven

Zo is het niet altijd geweest met mij. Ik bedoel, de dingen hoefden mij niet altijd zo uitputtend te worden uitgelegd voordat ik vertrouwen kreeg. Sterker nog, toen ik jong was, rekende ik er altijd op dat alles goed zou gaan.

Ik was iemand met een ongebreideld optimisme. Je mag zelfs zeggen een roekeloos optimisme. Gegeven het feit dat ik opgroeide met angst voor God, mag deze gemoedstoestand dubbel roekeloos lijken. Maar goed, zo was ik nu eenmaal. Als kind 'wist' ik altijd dat ik zou krijgen wat ik wilde; en dat gebeurde ook. En meestal zonder veel moeite, mag ik eraan toevoegen. Dat zat mijn broer niet lekker. Hij klaagde gewoonlijk luidkeels dat 'Neale altijd geluk heeft'. Ooit ving ik mijn vaders reactie op deze klacht op. 'Neale,' zei hij, 'maakt zelf zijn geluk.'

Hij had gelijk. En mijn ouders waren daar gedeeltelijk verantwoordelijk voor. Mijn moeder bezielde mij met liefde voor het leven en voor creativiteit, en mijn vader zegende mij met zelfvertrouwen. Voor welke opgave ik ook stond, altijd vroeg hij mij: 'Hoe wil je dat bereiken als je het niet probeert?'

Hij vertelde mij ook iets, toen ik ongeveer vijftien jaar oud was, wat ik altijd heb onthouden. 'Zoon,' zei hij, 'er bestaat geen goede methode om iets te doen. Er is alleen maar jouw manier. Zorg dus dat jouw manier de goede manier is.'

'Hoe doe ik dat?' vroeg ik. Waarop hij antwoordde: 'Door te zorgen dat het lukt.' Vijfendertig jaar later perste de firma Nike deze heldere filosofie in een slogan van drie woorden.

Just do it.

Zoals ik al eerder zei, als nieuweling op de middelbare school werd ik overal lid van. Die extra activiteiten slokten veel tijd op, evenals de lessen die ik leuk vond: Engels, welsprekendheid, politieke wetenschappen, muziek en buitenlandse talen. Ik moet toegeven dat ik de 'saaie' vakken als biologie, algebra en meetkunde maar nauwelijks haalde. Desondanks accepteerde de universiteit van Wisconsin in Milwaukee mijn aanmelding... voorwaardelijk.

Ik hield het er niet lang uit. Al na drie semesters verzocht de decaan mij om mijn studieplaats op te geven. Ik was er niet rouwig om. Ik was ongeduldig en vol leven, want ik wilde *radio* maken, liefst meteen.

Nadat ik gesjeesd was, zei mijn vader: 'Okay, zoon, nu sta je er alleen voor. Ik heb voor je gedaan wat ik kon, maar jij wil het op je eigen manier doen.'

Voor een deel was ik doodsbang en voor een deel kon ik mijn opwinding haast niet verbergen. Ik had al wat airplay achter mijn naam staan als onbezoldigd medewerker van een klein, nieuw FM-station. Dus toen pa mij de wacht aanzei, liep ik de directeurskamer binnen van een ander FM-station met iets meer naam en vertelde de directeur ronduit dat hij me moest inhuren.

Larry LaRue gooide zijn hoofd in de nek en lachte. 'En waarom zou ik dat doen?'

Mijn hart klopte in mijn keel.

'Omdat ik beter ben dan iedereen die nu voor u werkt.'

Larry hield op met lachen, maar verloor niet zijn grijns.

'Jongen,' zei hij, 'ik mag jou wel. Je hebt *gotspe*.' (Ik wist toen niet wat dat woord betekende. Ik weet nog dat ik dacht: *Is dat goed?*)

'Ik heb een idee.' Hij keerde zich naar mij toe in zijn draaistoel. 'Kom vanavond om acht uur terug, dan zal de avondpresentator je de kneepjes uitleggen. Om negen uur ben jij aan de beurt. Ik zal luisteren. Heb ik je om half tien nog niet gebeld, dan verdwijn je weer en wil ik je hier nooit meer zien.'

Zijn grijns werd kwaadaardig.

'Klinkt redelijk,' zei ik vrolijk en ik boog me voorover om zijn hand te schudden. 'Ik hoor van u vanavond,' voegde ik eraan toe. Ik liep naar buiten... en moest op de parkeerplaats bijna overgeven.

Mijn maag draaide nog eens om toen ik die avond de microfoon overnam. Ik deed een voorzichtige aankondiging en ging meteen over naar de muziek. Een paar songs later was het 9.28 uur. Nog geen telefoontje. Ik voelde me afgewezen toen ik me voorbereidde om de microfoon weer over te geven aan de normale presentator.

Juist terwijl ik mijn spullen bij elkaar zocht, stak die zijn hoofd om de deur.

'De baas aan de lijn,' zei hij en ging weg. Ik nam de hoorn op.

'Je bent aangenomen,' gromde Larry. 'Ga door tot elf uur en wees morgen om negen uur in mijn kantoor.'

Ik heb nooit vergeten dat Larry LaRue me die kans gaf. Een andere persoon had mij misschien zijn zaak uitgegooid. Jaren later, toen ik programmaregisseur van een radiostation in Baltimore was, deed ik mijn best om de gunst door te spelen. Ik gebruikte wat ik de *LaRue Regel* noemde: geef een nieuweling altijd een kans.

Tal van jongelui klopten op mijn deur in de hoop het te maken. Ik kon ze helaas niet zomaar in de studio neerpoten en ze in de lucht laten gaan zoals Larry had gedaan – onze zender was te belangrijk en ons bereik te groot om dat zomaar te doen – maar ik nodigde ze altijd bij mij uit en ik luisterde serieus naar hun auditie-tapes. Ik gaf ze ook tips voor verbeteringen die mijns inziens nodig waren. Maar ik heb nooit een van hen aangenomen. Die tijden waren toen voorbij bij de radio, denk ik. Dat zijn ze tegenwoordig zeker. Er is geen plek meer waar je je sporen kunt verdienen. Je moet tegenwoordig een vliegende start maken. Mijn generatie was waarschijnlijk de laatste die via de achterdeur binnenkwam. En dat is jammer. Wij hebben meer plekken nodig waar jongelui werkervaring kunnen opdoen. De druk om te slagen die twintig- en vijfentwintigjarigen tegenwoordig opgelegd krijgen is immens.

En om de zaak nog erger te maken, zijn velen tegenwoordig slechter toegerust dan ooit. Daar wil ik het graag even over hebben. De scholing die ik op South Division High School kreeg, was van hetzelfde niveau als tegenwoordig een gemiddeld college aanbiedt, als je geluk hebt.

Jullie moeten je scholingssysteem verbeteren. Steek het vuur van het onderzoek weer aan. Breng het plezier in het leren terug op jullie scholen. Ik heb je een paar uitstekende ideeën aan de hand gedaan in het tweede deel van *Een gesprek met God*. Die zal Ik hier niet herhalen. Ik nodig je liever uit om ze te bespreken en in de praktijk te brengen.

Ze in de praktijk te brengen?

> Het leven is een proces van re-creëren. Je bent uitgenodigd
> om de wereld de kracht te geven om de ervaring 'school' te
> re-creëren in de volgende verhevenste versie van de verheven-
> ste visie die je ooit over school hebt gehad.

School herscheppen is niet alles wat ons te doen staat. Wij moeten duidelijk maken dat wij het denkproces nooit weer aan de
gang krijgen, de belangstelling voor onafhankelijk onderzoek
nooit weer aanwakkeren, zolang wij onze kinderen toestaan twintig uur per week televisie te kijken en vervolgens twintig uur
videospelletjes te doen. Daar zullen kinderen niet veel van leren.

> Integendeel, ze leren er heel veel van. Zij leren hoe ze instant-
> bevrediging moeten zoeken, hoe ze mogen verwachten dat
> alle problemen van het leven in 28 $\frac{1}{2}$ minuut worden opgelost,
> en hoe ze hun frustraties over problemen die niet meteen
> worden opgelost, kunnen uiten met geweld.

De bazen van de entertainmentindustrie ontkennen dat tv, film
en videobeelden, hoe gewelddadig ook, verantwoordelijk zijn
voor het agressieve gedrag van jonge mensen.

> Zijn dat dezelfde personen die bij de Super Bowl tv-reclames
> verkopen voor een half miljoen dollar per stuk, omdat ze
> beweren binnen zestig seconden ieders gedrag te kunnen
> beïnvloeden?

Tja, inderdaad.

> Kijk aan.

Maar het zijn natuurlijk niet alleen videospelletjes die kinderen
afstompen voor dood en geweld. Kinderen weten dat het 'maar
een spelletje' is.

Weet jij wat op sommige politiescholen en militaire academies wordt gebruikt om vakmensen een snelle oog-hand-coördinatie te leren en te leren doden zonder emotie?

Videospelletjes?

Ik vroeg het maar. Het antwoord mag je zelf invullen. Maar kun jij je een snellere, effectievere leermethode indenken?

Och heden, ik had hier niet over moeten beginnen.

Waarom niet?

De mensen willen geen maatschappijkritiek van mij, en ze willen het al helemaal niet van U. Dit is een boek over God en God wordt niet geacht een mening te hebben over hedendaagse sociale problemen.

Je bedoelt over het echte leven?

Ik heb het over politieke en sociale onderwerpen. U wordt geacht zich tot spirituele zaken te beperken, en ik ook.

Is er een spiritueler onderwerp dan hoe je voorkomt dat jullie kinderen elkaar vermoorden? Hoe vaak moet de moordpartij op Columbine High School worden herhaald voordat jullie begrijpen dat dit een serieus probleem is?

Wij weten dat wij een probleem hebben. Wij weten alleen niet hoe wij het moeten oplossen.

Je weet wel hoe je het moet aanpakken. Je hebt alleen de moed nog niet verzameld om het te doen.
Besteed om te beginnen meer tijd aan je kinderen. Wek niet langer de indruk dat zij het vanaf hun elfde maar zelf moeten uitzoeken. Jullie moeten een deel van hun leven worden en dat blijven. Praat met hun onderwijzers. Word vrienden met

hun vrienden. Oefen invloed uit. Wees aanwezig in hun leven. Laat ze niet uit je vingers glippen.

Ten tweede, spreek je duidelijk uit tegen geweld en gewelddadige idolen in hun leven. Beelden leren *wel degelijk*. Beelden leren sneller en beklijven beter dan woorden.

Sta erop dat de verantwoordelijken voor de overdracht van jullie culturele waarden (filmmakers, tv-producenten, ontwerpers van videospelletjes en andere scheppers van beeldverhalen, van strips tot spaarplaatjes) een *nieuwe* cultuur uitdragen, met een nieuwe ethiek, een *geweldloze* ethiek.

Ten derde, doe wat nodig is om wapens en andere geweldsvoorwerpen uit handen van je kinderen en tieners te houden. Voorkom gemakkelijke toegang en moeiteloze aanschaf.

En het belangrijkste, ban het geweld uit je *eigen* leven. Jullie zijn het grootste voorbeeld voor je kinderen. Als zij jullie geweld zien gebruiken, zullen zij zelf ook geweld gebruiken.

U bedoelt dat wij onze kinderen niet moeten slaan?

Is er geen andere manier denkbaar om hen van wie je zoveel houdt op te voeden? Kun je niets anders bedenken om ze iets te leren dan afschrikken, bang maken en pijn doen?

Jouw cultuur gebruikt al heel lang fysieke pijn als straf tegen ongewenst gedrag. Niet alleen bij kinderen, maar ook bij volwassenen. Jullie doden mensen om te zorgen dat mensen geen mensen doden.

Het is waanzin om de energie die een probleem creëert te gebruiken om te proberen dat probleem op te lossen.

Het is waanzin om het gedrag waaraan je een eind wil maken, te herhalen om er een eind aan te maken.

Het is waanzin om in alle lagen van de samenleving een voorbeeld te geven waarvan je niet wilt dat je kinderen het navolgen.

En het is de grootste waanzin om te doen alsof er niets aan de hand is en je vervolgens af te vragen waarom je kinderen waanzinnig gedrag vertonen.

Zegt U soms dat wij allemaal gek zijn?

Ik geef een definitie van waanzin. Het is aan jullie om te beslissen wat je bent. Die beslissing neem je iedere dag.
Iedere daad is een daad van zelf-definiëring.

U heeft hier stevige taal gebruikt.

Daar heb je vrienden voor. Wil je weten wat het is om een vriendschap met God te hebben? Hier lijkt het dus op.
Vrienden vertellen je de waarheid. Vrienden zeggen waar het op staat. Vrienden zijn niet beleefd, zij vertellen je niet wat jij volgens hen graag hoort.
Maar vrienden laten je niet in de steek nadat ze je de waarheid hebben gezegd. Zij zijn er altijd voor jou, bieden altijd hulp, ondersteuning en onvoorwaardelijke liefde aan.
Dat is wat God doet. Dat is waar deze voortdurende dialoog over gaat.

Hoe lang gaat deze dialoog nog duren? Ik dacht dat die zou zijn afgelopen na de trilogie van *Een gesprek met God*.

Hij gaat net zo lang door als jij dat wilt.

Dus er komt hierna nog een boek?

Er komt hierna beslist nog een boek. Dat heb ik jaren geleden al aangegeven, maar het zal geen boek in dialoogvorm zijn.

O nee?

Nee.

Wat voor boek wordt het dan wel?

Een boek dat met één stem spreekt.

Uw stem.

Onze stem.

Onze stem?

Je gesprekken met God hebben geleid tot een vriendschap met God. Je vriendschap met God zal leiden tot gemeenschap met God.
Wij zullen met één stem spreken in het volgende boek. Dat wordt een uitzonderlijk document.

Alle *met God*-boeken zijn uitzonderlijk geweest.

Dat is waar.

Maar zullen er nog meer dialoog-boeken zijn, waarin U en ik gewoon praten?

Als jij dat wilt, zullen die er zijn.

Ik geniet enorm van onze gesprekken, want ze zetten mij echt aan het denken. Eerlijk gezegd verbaast het mij soms dat U zo'n uitgesproken mening hebt. Voor een God zonder voorkeuren lijkt U er toch heel wat kenbaar te maken.

Aanwijzingen geven is niet hetzelfde als voorkeuren uitspreken.
Als jij zegt dat je naar Maassluis wilt gaan en je bent op weg naar Rijssen en je stopt om de weg te vragen, spreek Ik dan een voorkeur uit als Ik zeg dat je de verkeerde kant oprijdt, dat je een afslag hebt gemist? Heb Ik een uitgesproken mening als Ik vertel hoe je op je bestemming kunt komen?

Die analogie heeft U eerder gebruikt. Dit heeft U eerder tegen mij gezegd.

En Ik zal het blijven zeggen, steeds weer, zolang jij probeert van Mij een God te maken die iets van jullie nodig heeft.

Ik zeg je dit: Ik heb niets van jullie nodig. Stel jij Mij als zo'n machteloze God voor dat ik iets van jullie nodig heb zonder het te kunnen krijgen? Denk jij dat er iets is dat Ik graag zie gebeuren en dat Ik het niet voor elkaar krijg?

Als Ik wilde dat jij naar Scheveningen ging, denk je dat het Mij dan niet zou lukken om jou zo ver te krijgen?

Nee, zo werkt het niet. Het werkt als volgt. Jij zegt Mij waarheen jij wilt gaan en Ik zeg jou hoe daar te komen.

Mensen vertellen God al duizenden jaren wat voor leven ze graag zouden hebben. Jullie hebben aan Mij verklaard, en aan elkaar, dat jullie een lang en vreedzaam leven willen, in harmonie, goede gezondheid en welvaart. Ik op mijn beurt heb jullie al die duizenden jaren verteld hoe je dat kunt bereiken.

En Ik vertel het jullie op deze plaats nogmaals. Dus zij die oren hebben om te horen, luister goed.

Ja, maar zoals ik al zei willen sommige mensen dat niet horen. Sommige mensen ergerden zich aan die delen van ons gesprek waar U politiek bespreekt of controversiële sociale vraagstukken aansnijdt. En het is niet alleen God van wie wij dat niet willen horen. Dat ontdekte ik toen ik voor de media werkte. Ik moest mijn eigen ideeën temperen toen ik op de radio kwam. Larry LaRue was de eerste van vele bazen die mij dat vertelde.

Ik werkte acht maanden voor Larry en toen hielp het toeval mij opnieuw een handje. Overigens zou ik vandaag de dag niet meer over 'toeval' spreken. Ik weet inmiddels dat er niet zoiets als 'geluk' bestaat. Het leven is het gevolg van je bedoelingen ermee.

Prima. Dat is belangrijk. Als je een vriendschap met God wilt hebben – een echte, *bruikbare* vriendschap – is het belangrijk om te weten *hoe God werkt*.

Mensen danken de voorspoed in hun leven altijd aan geluk, toeval, mazzel, het lot, er een neus voor hebben, noem maar op. In tegenslag – stormen, overstromingen, aardbevingen, sterfgevallen – zien zij daarentegen de hand van God.

Geen wonder dat jullie meenden bang voor Mij te moeten zijn. Jullie hele cultuur is van dat idee doortrokken. Het wordt weerspiegeld in alles wat jullie zeggen en de manier waarop jullie het zeggen. Het zit in jullie taalgebruik gebakken.

Ik vertel je hier dat *ook* wat jullie *voorspoed* noemen, aan God te danken is. Geen twee mensen komen elkaar bij toeval tegen, niets gebeurt per ongeluk.

Denk je werkelijk dat Larry daar *bij toeval* zat, net de juiste persoon op net het juiste moment en in net de juiste stemming?

Overweeg eens de mogelijkheid dat Larry en jij elkaar *niet toevallig* tegenkwamen, op dat tijdstip, op die dag. Hij stond als een figurant in de coulissen op zijn beurt te wachten, hij stapte het toneel op, hij zei zijn zinnen en hij verdween weer. En het stuk, jouw toneelstuk, ging door. Het gaat altijd door; ook nu gaat het door, jij schrijft het script met iedere gedachte aan morgen die je hebt. Jij regisseert de scènes met iedere woordelijke aanwijzing. En jij speelt de hoofdrol met alles wat je doet.

Dat is wreed, zeg. Dat zou een prachtige beschrijving kunnen zijn van hoe het werkelijk is.

Zou kunnen?

Zoals ik zei, het is een prachtige beschrijving van hoe het werkelijk is. En nu weet ik dat, natuurlijk. Na mijn gesprekken met God werd mij dit alles duidelijk. Maar destijds dacht ik dat het een gelukje was dat een van onze betere presentatoren, iemand die Johnny Walker heette, twee maanden nadat ik bij de zender was komen werken, een baan in Richmond, Virginia kon krijgen. Niet veel later vertrok Johnny's baas in Richmond naar een bedrijf dat een klein AM-station had gekocht in Annapolis, Maryland. Johnny Walker wilde niet weg uit Richmond, maar hij sprak van een nieuw, jong talent dat Dean kon helpen om de zender in Annapolis een nieuw image en een goede sound te geven. Dat nieuwe, jonge talent was ik.

Ik vertrok ogenblikkelijk naar de oostkust. Handenwringend smeekte mijn moeder mijn vader mij tegen te houden. Vader zei: 'Laat die jongen gaan. Hij is er klaar voor.'

'Maar als het nu een vergissing is?' vroeg ma.

'Dan is het een vergissing,' antwoordde mijn vader eenvoudig. 'Hij weet ons te vinden.'

Ik arriveerde in Annapolis in augustus 1963, een maand voor mijn twintigste verjaardag. Mijn beginsalaris was 50 dollar per week, maar goed, ik was op de *echte radio!* Dit was geen FM, dit was AM. De golflengte die *autoradio's* gebruikten. Die in de kleine draagbare radiootjes op het *strand* werd beluisterd. Op mijn een-entwintigste was ik de productieleider van het station en vervaardigde ik alle reclameboodschappen.

Ik vertel hier al deze verhalen, en met name dit ene verhaal, omdat ik wil dat je begrijpt hoe God ingrijpt in ons leven. Hoe wij een 'vriendschap met God' hebben, ook al weten wij het niet. Ik wil laten zien hoe God mensen, situaties en gebeurtenissen gebruikt om ons op weg te helpen. Of beter gezegd, hoe Hij ons kansen geeft door ons de scheppingskracht te schenken waarmee wij de werkelijkheid van ons leven kunnen bepalen (al zou ik het destijds niet zo hebben omschreven).

In 1966 had ik mij opgewerkt tot productieleider van een radio-zender in een stad in het diepe zuiden. Ik noem hier de naam van die stad niet, want ik wil haar huidige bewoners niet boos maken of in verlegenheid brengen. Het is er nu anders, weet ik zeker, maar in 1966 dacht ik een vergissing te hebben begaan door erheen te gaan. *Dat er geen vergissingen zijn in Gods wereld*, wist ik toen nog niet. Pas nu begrijp ik dat alles wat er gebeurde onder-deel was van mijn opleiding, een voorbereiding op het grootsere werk dat mij in deze wereld te wachten stond.

De *gedachte* dat het verkeerd was om naar een zuidelijke stad af te reizen, ontstond uit het rassendenken dat ik er aantrof. Wij waren toen halverwege de jaren zestig en de nieuwe wet over burger-rechten was net door president Johnson ondertekend. De wet was er gekomen uit pure noodzaak (net zoals tegenwoordig wetgeving tegen *zinloos geweld* nodig is) en nergens was dat duidelijker te zien dan in sommige bastions van hardnekkige raciale vooroordelen hier en daar in het diepe zuiden. Ik zat op zo'n plek en het beviel me niet. Ik wilde weg. Ik haatte het.

Toen ik voor het eerst de stad binnenreed, had ik benzine nodig. Ik was geschokt toen ik bij het benzinestation op iedere pomp een kartonnen bordje zag hangen met de tekst: ALLEEN BLANKEN. 'Gekleurden' konden hun benzine aan de achterkant halen. Restaurants, bars, hotels, theaters, het busstation en andere openbare plaatsen, allemaal waren ze op dezelfde wijze gesegregeerd.

Ik was opgegroeid in Milwaukee en had zoiets nog nooit gezien. Niet dat in Milwaukee, of iedere andere noordelijke stad, geen raciale vooroordelen bestonden. Ik had alleen nog nooit meegemaakt dat een groep mensen zo openlijk als tweederangs burgers werd afgeschilderd. Ik had nooit ergens gewoond waar men het erover eens was dat het in orde was om dit te doen.

Het ging van kwaad tot erger. Ik was voor het diner uitgenodigd door nieuwe kennissen en ik maakte de vergissing om een vraag te stellen over de rassenscheiding waarmee ik overal werd geconfronteerd. Ik dacht dat mijn gastheer en gastvrouw, een elegant stel van overduidelijk goede komaf, me daar inzicht over konden verschaffen.

Ik verkreeg inzicht, inderdaad, maar niet zoals ik verwachtte.

Terwijl hij zijn wijnglas ophield om het te laten bijvullen door een oudere zwarte bediende die Thomas heette, plooide mijn gastheer zijn gezicht in een glimlach en sprak lijzig: 'Nou most eens goud luustern, jonkie. Most ons nait veroordeeln. Wie mainen 't joa best mit onze zwaart'n. Joa zeker wel. Zie binn'n bie ons gewoon femilie.' Hij wendde zich tot Thomas. 'Zo is 't toch, jong?'

Ik huiverde. De man had geen idee van wat hij deed.

Thomas had het echter wel in de gaten. Hij fluisterde: 'Da's een feit, kapitein, dat is een feit.' Stilletjes verliet hij de kamer.

Als ik tegenwoordig schaamteloos onrecht zie, is mijn eerste reactie niet om weg te lopen maar juist om dichterbij te komen. Ik wil begrijpen wat erachter steekt, ik wil zien of ik kan helpen het op te heffen. Maar in die dagen was ik jong en mijn hart leerde nog maar net de waarheid kennen. Aan daden was ik nog niet toe. En dus wilde ik eenvoudig weg. Hoe dan ook. Ik had geen begrip

voor intolerantie. Ik begreep niets van die enorme bevooroor-
deeldheid, ik begreep niets van wat wij tegenwoordig de 'zwarte
beleving' zouden noemen; ik wilde er gewoon niks mee te maken
hebben.

Ik riep God aan: 'Haal mij hier vandaan.' Ik had echter geen idee
hoe ik er snel weer vandoor kon gaan. Radio maken is een specia-
listisch beroep en de banen liggen niet voor het opscheppen. Ik
mocht allang blij zijn dat ik ergens werkte.

Uiteraard had ik niet gerekend op de vriendschap van God. In die
dagen dacht ik nog aan God als iemand die soms mijn gebeden
verhoorde, die vaker mijn gebeden negeerde en die mij voor eeuwig zou straffen als ik met zonden op mijn geweten zou sterven.
Tegenwoordig weet ik dat God alle gebeden verhoort, en ik weet
ook dat alles wat wij denken, zeggen en doen een gebed is, en dat
het een reactie van God voortbrengt. Zo'n trouwe vriend is Hij!
Maar in de vroege jaren zestig wist ik dat niet, dus rekende ik niet
direct op een wonder.

Stel je mijn verbazing voor toen zich wel een wonder voltrok.

Ik kreeg zomaar een telefoontje van een volslagen vreemde. Een
man die zich Tom Feldman noemde belde op. 'Je kent mij niet,
maar ik kreeg je naam van Marvin Mervis in Annapolis (de eigenaar van de zender waar ik voor werkte). Ik zoek een programmaregisseur voor ons radiostation in Baltimore. Marvin beweert dat
jij talent hebt. Heb je misschien zin om hierheen te komen voor
een sollicitatie?'

Ik kon mijn oren niet geloven. *Maak je een grapje?* galmde het in
mijn hoofd. 'Ik denk dat ik daar wel tijd voor kan vrijmaken,' zei
ik tegen Tom Feldman.

'Je moet echter een ding weten,' vervolgde hij. 'Dit is een zwart
radiostation.'

Ja, dat herinner Ik mij. Dat was slim bedacht, nietwaar?

Slim? Het was ronduit samenzweerderig. Want nadat ik was aangenomen (wat een verrassing) bij WEBB in Baltimore, leerde ik uit
de eerste hand wat discriminatie betekende en hoe *zwarten* dat
ervoeren, zelfs in een zogenaamd ruimdenkende grote stad.

Ik leerde ook een hoop over mijn eigen zelfingenomenheid en dat ik dacht dat onze grootstedelijke mentaliteit beter was dan die van het plattelandsvolk in het zuiden. Ik merkte dat onze houding geen steek beter was, maar ik moest eerst *ondergedompeld worden in de 'zwarte beleving'* om dat te doorzien. Buiten het diepe zuiden uiten wij onze vooroordelen eenvoudigweg anders, voornamelijk hypocrieter.

Ik raakte een hoop van mijn verkeerde en arrogante ideeën kwijt tijdens mijn aanstelling bij wat toen een 'Rhythm 'n' Blues'-zender heette. En ik leerde het nodige over de zwarte cultuur. De samenwerking met zwarte collega's en mijn dagelijkse omgang met de zwarte gemeenschap bracht mij inzichten die ik op geen andere wijze had kunnen vergaren.

Toen ik geleerd had wat ik hier kwam leren, kwam God opnieuw tussenbeide om me een volgende uitgelezen kans te bieden, die mij moest voorbereiden op mijn uiteindelijke taak in de wereld.

> Stop even. Je begrijpt toch wel dat jij dat deed, niet Ik? Je begrijpt toch wel, hoop Ik, dat Ik geen programma voor je heb, anders dan het programma dat jij zelf hebt samengesteld?

Nu weet ik dat, ja. Maar indertijd verkeerde ik nog in de veronderstelling dat God wilde dat ik iets deed, en dat God de omstandigheden en gebeurtenissen in mijn leven controleerde en veroorzaakte.

> Goed dan, om even te herhalen, wie controleert en veroorzaakt de omstandigheden in je leven?

Dat doe ik.

> En hoe doe jij dat?

Met alles wat ik denk, zeg en doe.

Goed, dat moest even worden verduidelijkt. Iemand mocht eens de indruk krijgen dat Ik de oorzaak van je ervaringen was.

U genoot toch even bij de gedachte hoe slim het van U was om mij bij dat zwarte radiostation te plaatsen.

Het was slim hoe Ik de voorwaarden schiep voor wat jij wilde doen. Zo werkt je vriendschap met God. Eerst bedenk jij wat je wilt, vervolgens maak Ik het mogelijk.

Ik besloot dus dat ik bij een zwart radiostation wilde werken?

Nee. Je besloot dat je beter wilde begrijpen waar discriminatie en zelfingenomenheid om draaien. Je besloot dit op hoog niveau, op het niveau van de ziel. Je wilde je Zelf iets leren. Je wilde je Zelf iets in herinnering brengen. Je wilde je Zelf naar een hoger bewustzijn stuwen.
Je onderbewuste gedachte was om te vluchten, om daar weg te wezen. Je hoger bewuste gedachte was om op bewust niveau meer te begrijpen van raciaal gedrag en intolerantie, waaronder dat van je zelf. Je gehoorzaamde *al deze impulsen* onmiddellijk.

En U, de vriend van mijn ziel, zult het me altijd mogelijk maken om dat te doen?

Jazeker. Ik geef je de instrumenten in handen om de ervaring van je keuze te modelleren, zodat je op een steeds hoger niveau van bewustzijn raakt. Aan jou de keus om deze instrumenten te gebruiken of niet.

Wat dwingt mij dan voor het een of het ander te kiezen?

De mate waarin je begrijpt waarom datgene gebeurt wat er op dit moment in je leven gebeurt.

Later zal Ik met je praten over niveaus van bewustzijn en over niveauverschillen binnen die niveaus.

Ik was mij altijd veel bewuster van gebeurtenissen *nadat* ze hadden plaatsgevonden dan op het moment dat ze plaatsvonden. Op dit moment begrijp ik uitstekend waarom de volgende gebeurtenis in mijn leven plaatsvond, maar destijds vervloekte ik U er om.

Dat is niet ongewoon.

Dat weet ik, maar ik schaam me ervoor omdat ik twee zaken begrijp die ik toen niet doorzag. Ten eerste begrijp ik dat ik die volgende gebeurtenis zelf had gerealiseerd en ten tweede begrijp ik dat het voor mijn eigen bestwil was.

Uitgaande van wat je volgens eigen zeggen wilde ervaren.

Ja, uitgaande van wat ik naar eigen zeggen wilde ervaren. Ik heb ontdekt dat ik er altijd al voor heb gekozen om een leraar te zijn, iemand die het bewustzijn van de mensen verhoogt, en dat mijn hele leven daarop een voorbereiding is geweest.

Dat is zeker waar.

Maar ik was boos op U over de dingen die ik zelf had veroorzaakt. Ik begreep niet dat U mij slechts de instrumenten aanreikte – de juiste en volmaakte mensen, omstandigheden en gebeurtenissen – om mij voor te bereiden op de ervaring van mijn keuze.

Dat geeft niet, maak je daar niet druk om. Zoals Ik al zei, dat is normaal. Nu weet je het wel. Dus wees nu niet langer boos over je leven; over *niets* in je leven. Beschouw alles als volmaakt.

Denkt U dat me dat lukt?

Denk *jij* dat het je lukt?

Ik denk het wel.

Dan kun je het.

Maar het was handig geweest als ik destijds al had geweten wat ik nu weet.

Je weet het nu. Neem daar genoegen mee.

Mijn vader zei altijd: 'Al heel vroeg oud, maar nog lang niet wijs.'

Die zal ik onthouden.

Denkt U dat ik dat te serieus heb genomen?

Wat denk je zelf?

Ik denk het wel, maar ik zet het nu van mij af.

Prima. Ga dan even terug naar waar 'Ik tussenbeide kwam', zoals je zei, en je de kans gaf om je steeds beter voor te bereiden op de taak die je zelf al gekozen had in deze wereld.

Goed. Nadat ik ervaren had wat ik bij het radiostation wilde meemaken, plaatste ik mezelf prompt ergens anders. Het ging allemaal heel snel. Op een dag werd me gevraagd mijn baan als programmaregisseur op te geven en zendtijdverkoper te worden. Ik denk dat de eigenaren vonden dat ik niet zo'n goede regisseur was als zij gehoopt hadden, maar dat zij mij niet zonder meer wilden ontslaan en mij de kans boden om te blijven werken.
Nou geloof ik dat er geen zwaardere baan is dan verkoper van zendtijd voor een radio- of televisiezender. Ik bedelde voortdurend om wat kostbare tijd van een zakenman om mijn zegje te doen en vervolgens deed ik mijn uiterste best om hem te overreden iets te doen waar hij geen zin in had. En had ik hem eenmaal

zo ver dat hij een paar dollars wilde spenderen aan een radiorecla-
me, dan moest ik dubbel zo hard werken om hem met een scherp,
effectief tekstje te verblijden. En ten slotte maakte ik me voortdurend zorgen of het wel werkte en of hij zou blijven adverteren.

Ik werkte op commissiebasis met een gegarandeerd minimum,
zoals de meeste zendtijdverkopers, en iedere week waarin ik mijn
minimum niet verdiende, voelde ik me schuldig dat ik betaald
kreeg zonder voldoende te presteren. Ik vreesde te zullen worden
ontslagen. Ik ging daardoor niet bepaald met plezier naar mijn
werk 's ochtends.

Ik herinner mij hoe ik op een dag in mijn auto zat op de parkeerplaats van een winkelcentrum waar ik een onaangekondigd
bezoek wilde brengen. Ik haatte onaangekondigde bezoeken, ik
haatte mijn nieuwe baan en ik haatte mijzelf omdat ik hier in
gerold was, ook al leek ik weinig keus gehad te hebben. Vlak voordat ik naar het zuiden vertrok, was ik getrouwd en inmiddels was
ons eerste kind onderweg. Woedend en diep ongelukkig zat ik in
mijn auto en sloeg met mijn handen op het stuurwiel, terwijl ik
God weer eens aanriep (deze keer werkelijk luid schreeuwend):
'Haal me hier uit!'

Er liep iemand voorbij de auto, die verbaasd naar binnen keek en
het portier opende. 'Wat is er aan de hand. Had je jezelf ingeslo-
ten?' Ik glimlachte schaapachtig, herpakte mijzelf en wandelde de
winkel binnen. Ik vroeg of ik de eigenaar of manager kon spreken, waarop de wedervraag kwam of ik vertegenwoordiger was.
Toen ik *ja* zei, werd me verteld: 'Hij kan je nu niet ontvangen.'

Dit gebeurde vaak en ik begon een hekel te krijgen aan de woorden *ik ben vertegenwoordiger*. Ik sleepte mijzelf terug naar de auto
en reed rechtstreeks naar huis, in plaats van naar de volgende
afspraak. Ik kon er geen dag langer tegen, maar ik ontbeerde de
moed om op te stappen.

De volgende morgen, toen de wekker zijn naargeestig gezoem liet
horen, sprong ik overeind om met een boze klap het knopje in te
drukken. Op dat moment sloeg de pijn toe. Het leek alsof iemand
mij in de rug stak. Ik kon geen centimeter bewegen zonder helse
pijn.

Mijn vrouw belde onze huisdokter en gaf mij de telefoon. De

assistente vroeg of ik naar de praktijk kon komen. 'Ik denk het niet,' steunde ik. 'Ik kan niet bewegen.' En dus, geloof het of niet, kwam de dokter bij mij thuis.

Ik had een hernia, zei de dokter. Mijn herstel zou zeker acht tot twaalf weken in beslag nemen. In die tijd moest ik zo min mogelijk lopen. Vermoedelijk had ik een steunverband nodig. Ik belde mijn baas om het te vertellen. De volgende dag was ik ontslagen. 'Het spijt me,' veroorloofde Tom zich te zeggen. 'Maar wij kunnen je niet drie maanden je minimumloon doorbetalen. Het zou je minstens een jaar kosten om die achterstand in commissie weg te werken. Het is hard, maar wij zullen je moeten laten gaan.'

'Ja,' galmde ik, 'het is hard.' Maar ik kon een glimlach nauwelijks verbergen.

Ik had een gerechtvaardigde reden gevonden om mijn baan op te geven! Het is een wrede wereld, maar zo stuitert het balletje soms. Zo was mijn kijk op de zaken, de mythe waarmee ik opgroeide. Het kwam nooit bij me op dat ik dit alles zelf had geschapen; dat die 'wrede wereld' een door mij geconstrueerde wereld was. Deze ontdekking – sommigen zouden het wellicht *zelf-ontdekking* noemen – kwam pas veel later.

Al na vijf weken voelde ik mij een stuk opgeknapt (wat een verrassing). De dokter zei dat ik sneller herstelde dan verwacht en gaf mij, met de waarschuwing dat ik rustig aan moest doen, toestemming om zo nu en dan het huis te verlaten. Dat was geen moment te vroeg. Wij leefden zo zuinig mogelijk van het salaris dat mijn vrouw verdiende als fysiotherapeut, maar het was duidelijk dat ik binnen niet al te lange tijd weer een inkomstenbron moest aanboren. Maar wat kon ik dan? Er waren geen banen bij de radio beschikbaar in Baltimore of in het goede oude Annapolis. En ik had nooit iets anders gedaan...

Okay, lang geleden in Milwaukee had ik wel eens wat voor de schoolkrant geschreven, maar dat leek mij nauwelijks aanbeveling genoeg voor een baan bij een krant.

Maar opnieuw word ik eraan herinnerd hoe God als onze beste vriend optreedt; hoe hij ons steunt op de weg die wij zeggen te willen gaan, hoe hij ons de instrumenten aanreikt waarmee wij de ervaringen scheppen die ons helpen een steeds hoger bewustzijn te bereiken en die ons, uiteindelijk, in staat stellen om uit te drukken Wie wij werkelijk zijn.

Op goed geluk wandelde ik de burelen binnen van *The Evening Capital*, het dagblad van Annapolis. Ik vroeg Jay Jackson, de hoofdredacteur, te spreken en – hoe anders dan bij Larry LaRue – smeekte hem om een baan.

Gelukkig was ik geen volslagen onbekende voor Jay. Mijn dagen bij de radio in Annapolis hadden me enige bekendheid gegeven. Ik vertelde hem dat ik wegens gezondheidsproblemen mijn baan in Baltimore kwijt was geraakt, deelde mee dat mijn vrouw zwanger was en zei: 'Mijnheer Jackson, de waarheid is dat ik werk moet hebben. Maakt niet uit wat. Ik poets de vloeren, ik word kopijdrager, alles is goed.'

Jay hoorde mij vanachter zijn bureau rustig aan. Hij zei niets toen ik uitgesproken was. Ik stelde me voor hoe hij op een smoes broedde om me eruit te werken, maar in plaats daarvan vroeg hij ten slotte: 'Kun je schrijven?'

'Ik schreef voor de schoolkrant en heb een bijvak journalistiek gevolgd op de hogere school,' antwoordde ik hoopvol. 'Ik kan wel een paar zinnen achter mekaar zetten.'

Na nog een pauze zei Jay: 'Okay, je kunt morgen beginnen. Je komt op de nieuwsredactie te zitten. Je gaat overlijdensberichten schrijven, kerknieuws, verenigingsnieuws, zaken waar je weinig aan kunt verknallen. Ik lees je werk. Wij zullen het een aantal weken aanzien. Lukt het niet, dan is er niks verloren en heb jij in elk geval een paar dollar verdiend. Laat je wat zien, dan hebben wij er een journalist bij. Wij komen toevallig een man tekort op het moment.'

(Wat een verrassing.)

Niets geeft je sneller een vrije opvoeding dan het werk van dagbladverslaggever. Vooral wanneer je bij de plaatselijke krant in een kleine stad werkt, want je doet alles. *Alles*. De ene dag interview je de gouverneur, de volgende dag schrijf je een verhaal over de nieuwe coach van het jeugdvoetbalteam. Let nu eens op het verband. Ontdek de schoonheid van het ontwerp.

Ik wilde altijd al een boodschapper zijn van Gods liefde. Aanvankelijk was ik in de war en later raakte ik het verlangen kwijt als gevolg van alle lessen over een God die je moet vrezen. Ik wist dat dit niet de echte God kon zijn en ik verlangde er zielsveel naar om de mensen te vertellen wat ik in mijn hart voelde.

Op een of ander niveau moet ik hebben geweten dat dit mijn roeping was, en ik moet ook precies hebben geweten wat daarvoor nodig was. Een deel van mij (mijn ziel?) moet hebben geweten dat ik te maken zou krijgen met mensen van velerlei achtergrond en ervaring, en dat ik op zeer persoonlijk niveau met hen zou omgaan. Daarvoor zijn uitstekende communicatieve vaardigheden nodig, alsmede rijkelijke blootstelling aan mensen van allerlei slag.

Het verbaast me niet – nu – dat ik in het begin van mijn loopbaan juist deze vaardigheden heb ontwikkeld. Mijn radiowerk bracht mij naar het zuiden, waar ik aan mij nog onbekende vooroordelen werd blootgesteld, vervolgens kwam ik terecht in een omgeving waar ik de gevolgen van discriminatie van dichtbij meemaakte, en ten slotte zorgde mijn rugprobleem ervoor dat ik een nieuwe carrière begon die me met van alles confronteerde, van onaangename politiezaakjes tot de overtuigingen van de nieuwe dominee van de presbyteriaanse kerk van de stad.

Toen ik al deze gebeurtenissen meemaakte, noemde ik sommige goed geluk en andere tegenslag. Maar nu, vanuit mijn huidige gezichtspunt, begrijp ik dat alles onderdeel was van hetzelfde proces, namelijk van het levensproces dat mijn ontwikkeling bepaalde.

Ik heb geleerd om niet te oordelen, noch te veroordelen, maar om alle ervaringen in mijn leven gelijkmoedig te aanvaarden in de wetenschap dat alles op zijn eigen volmaakte wijze gebeurt, op het volmaakte moment.

Ik weet niet meer wanneer ik tijdens mijn eerste maand bij de krant officieel werd aangenomen. Ik was te druk met het schrijven van overlijdensberichten en kerknieuws of met het redigeren van persberichtjes van de padvinderij, de plaatselijke theaters, de Lion's Club en andere organisaties. Maar op een ochtend vond ik een handgeschreven briefje op mijn bureau, dat in vette rode viltstiftletters zei: *Aanvaard alsjeblieft een weeksalaris van $50 – Jay.*

Ik was een vaste kracht! Iedereen op de nieuwsredactie keek om toen ik nogal luid zei: *te gek!* Een paar oudgedienden glimlachten. Zij moesten geraden hebben of misschien waren ze van tevoren op de hoogte gebracht dat ik nu een van hen was.

Het had me weinig tijd gekost om mij te herinneren hoe leuk ik op de middelbare school het schrijven van nieuwsberichtjes vond. En nu zat ik hier op een heuse nieuwsredactie met ratelende typemachines (ja, handmatige typemachines) en overal de geur van drukinkt en krantenpapier. Vijf maanden nadat ik begonnen was kreeg ik mijn eerste echte klus, de berichtgeving over de lokale politiek, die me al gauw mijn eerste berichtje op de voorpagina opleverde. Wat een opwindende, gelukzalige ervaring! Ik denk dat alleen een dagbladjournalist kan begrijpen hoe ik mij in die dagen voelde, een voortdurend gevoel van opwinding. Sindsdien heeft niets daaraan kunnen tippen, uitgezonderd het moment dat ik voor het eerst mijn naam op de omslag van een boek zag staan.

Sommige vrienden hebben me aangeraden om daarover niets te vermelden op deze bladzijden. Zij zeggen dat de mensen mij minder waarderen, en dat mijn boodschap aan waarde zal verliezen, als ik toegeef dat ik opgewonden raak wanneer ik mijn naam op het kaft van een uitgegeven boek gedrukt zie.

Ik word waarschijnlijk geacht om blasé te doen over dit soort zaken, dat het me in het geheel niets doet, dat ik daar boven sta; als een geestelijk leraar zou ik dat *moeten*. Maar ik geloof niet dat ik als geestelijk leraar niet blij mag zijn met wat ik doe, dat ik niet in vreugde mag uitbarsten omdat het zo goed gaat. Het komt mij voor dat spirituele verlichting niet wordt afgemeten aan hoe onaangedaan wij blijven onder de strelingen van het ego, maar juist aan onze *afhankelijkheid* ervan voor vrede en geluk.

Er is niets mis met het ego; wel met een overtrokken ego. Wij doen er goed aan te waken voor een ego dat ons in zijn macht heeft, maar wij mogen blij zijn met een ego dat ons energie geeft.

In het leven stuwen wij onszelf voortdurend voort naar onze volgende beste prestatie. Het ego is een geschenk van God aan ons, net als al het andere in het leven. God heeft ons niets gegeven dat niet de moeite waard is, en of iets in onze ervaring op die manier aan het daglicht treedt, hangt af van wat wij ermee doen.

Ik ben ervan overtuigd dat het ego – net als geld – een slechte naam heeft. Het heeft een kwalijke roep gekregen. Maar ego of geld of macht of ongebreidelde seksuele genoegens zijn niet slecht. Het is het verkeerde gebruik ervan dat ons geen goed doet, dat geen uitdrukking geeft aan Wie wij werkelijk zijn. Als deze zaken van zichzelf slecht zouden zijn, waarom heeft God ze dan geschapen?

Ik heb er dan ook geen enkele moeite mee om toe te geven dat ik verheugd was om mijn eerste berichtje op de voorpagina van *The Evening Capital*. En even zo gemakkelijk geef ik toe dat ik nog steeds opgewonden raak als ik mijn naam op de omslag van een nieuw boek zie; zelfs al blijf ik zeggen dat deze boeken niet door mij zijn *geschreven* maar zijn *doorgegeven.*

Jij hebt deze boeken geschreven en er is niets mis mee om dat te zeggen. Niemand, ook jij niet, hoeft zijn licht onder de korenmaat te stellen. Dat heb Ik al eerder verklaard. Pas als je jezelf leert danken voor Wie jij bent en voor wat je gedaan hebt, kun je anderen erkentelijk zijn voor Wie zij zijn en wat zij gedaan hebben.

Het is waar dat je door Mij bent geïnspireerd om deze principes op schrift te stellen. Het is waar dat Ik je de woorden in de pen heb gelegd. Is het daarmee niet langer jouw prestatie? Als dat zo is, dan moet je Thomas Jefferson niet langer eren voor het schrijven van de Onafhankelijkheidsverklaring, Albert Einstein voor het uitschrijven van de relativiteitstheorie, madame Curie, Mozart, Rembrandt, Martin Luther King, moeder Teresa, of ieder ander die iets bijzonders heeft gepresteerd in de menselijke geschiedenis. *Ik heb hen allemaal geïnspireerd.*

Mijn zoon, Ik kan je niet zeggen hoeveel mensen aan wie Ik de prachtigste woorden heb gegeven om op te schrijven, daar geen gebruik van hebben gemaakt. Ik kan je niet zeggen hoeveel mensen aan wie Ik de prachtigste liederen om te zingen heb gegeven, nooit één lied hebben gezongen. Wil je de lijst van mensen hebben die nimmer gebruik hebben gemaakt van de gaven die Ik ze geschonken heb?

Jij hebt de gaven *gebruikt* die Ik je heb gegeven, en als je daar niet blij om mag zijn, dan weet Ik het niet meer.

U heeft de gave om mensen zich goed te laten voelen over zichzelf, vooral wanneer zij net tot sombere gedachten worden verleid.

> Alleen zij die luisteren, Mijn vriend, alleen zij die luisteren. Het zal je verbazen hoeveel mensen gevangenzitten in de valstrik van ik-mag-niet-tevreden-zijn-over-mezelf, of in het geloof in ik-heb-geen-recht-op-waardering.
>
> De kunst is om wat je doet niet te doen om erkenning te krijgen, maar juist als uitdrukking van Wie jij bent. Dat men erkentelijk is voor Wie jij bent, maakt het niet minder waardevol; het maakt je slechts hongerig naar meer.
>
> De ware Meester weet dit. Daarom zal de ware Meester iedereen erkentelijk zijn voor Wie zij werkelijk zijn en zal hij anderen aanmoedigen om zichzelf erkentelijk te zijn en om nimmer uit naam van bescheidenheid de prachtigste aspecten van het Zelf te ontkennen.
>
> Jezus kondigde zichzelf aan en sprak zich ondubbelzinnig uit tegenover allen die Hem konden horen. En dat heeft iedere Meester gedaan die ooit op jullie planeet rondliep.
>
> Met andere woorden, kondig jezelf aan. Spreek je uit. Wijd je vervolgens geheel aan het zijn van dat wat je hebt uitgesproken.
>
> Herschep je Zelf opnieuw, op ieder moment van het nu, in de fraaiste versie van de prachtigste visie die je ooit hebt gehad over Wie jij bent. Daarin zal Ik worden verheerlijkt, want de glorie van God is de glorie van *jou*, op wonderbaarlijke wijze tot uitdrukking gebracht.

Weet je wat ik prettig vind van U? U geeft mensen toestemming om de emoties te voelen die ze altijd al hadden willen voelen. *U geeft de mensen terug aan zichzelf.*

> Daar heb je vrienden voor.

Hoe kunnen mensen niet optimistisch zijn – over zichzelf en over de wereld – met iemand als U in de buurt?

Daar zul je van opkijken.

Ik ben altijd een optimist geweest, ook voordat ik U kende zoals ik U nu ken. Zelfs toen ik dacht dat God een vertoornde, straffende God was, leek Hij toch aan mijn zijde te staan. Ik groeide op met die *gedachte*, omdat mij dat werd *geleerd*. Ik was tenslotte zowel katholiek als Amerikaan. Wie kon daar tegenop? Als kinderen werd ons verteld dat de katholieke Kerk de enig ware kerk was. En ons werd ook verteld dat God met bijzondere goedgunstigheid naar de Verenigde Staten van Amerika keek. Wij graveerden 'God zij met ons' op onze munten en in de eed van trouw aan onze vlag spraken wij onszelf uit als '...één natie, onder God...'

Ik beschouwde mijzelf als een geluksvogel, geboren in het beste geloof en in het beste land. Hoe kon ook maar iets wat ik zou ondernemen ooit verkeerd gaan?

Maar het is juist dit aanleren van superioriteitsgevoelens dat zoveel leed veroorzaakt in jullie wereld. De diep in de mensen ingebakken gedachte dat ze op een of andere wijze 'beter' zijn dan anderen mag ze wat extra vertrouwen schenken, maar het zorgt er ook vaak voor dat 'hoe kan iets wat wij doen fout *gaan*' wordt begrepen als 'hoe kan iets wat wij doen fout *zijn*?'

Dit heeft niets met zelfvertrouwen van doen. Het is gevaarlijke nonsens die een complete bevolking kan doen geloven het gelijk aan haar zijde te hebben, wat men ook zegt of doet.

Mensen van vele geloven en volken hebben dit door de jaren heen geloofd en onderwezen. Dat leverde zo'n grote zelfingenomenheid op dat ze ongevoelig werden voor alle andere ervaringen, zelfs voor onmenselijk lijden om hen heen.

Als er één element is dat jullie voor je eigen bestwil zouden moeten verwijderen uit jullie talloze culturele mythes, dan is het wel de gedachte dat jullie dankzij een of andere magische eigenschap 'beter' zijn dan andere mensen; dat jullie ras superieur is, dat jullie geloof superieur is, jullie land of jullie politieke systeem het beste is, dat jullie het hoogste goed nastreven.

Ik zeg je dit: de dag dat jullie erin slagen jullie cultuur te relativeren, is de dag waarop de wereld verandert.

Het woord 'beter' is een van de gevaarlijkste woorden in jullie woordenboek, alleen overtroffen door het woord gelijk. Zij zijn met elkaar verbonden, want omdat jullie denken beter te zijn, denken jullie gelijk te hebben. Maar er bestaat geen etnische of culturele groep mensen die Ik heb uitverkoren. Er is geen weg tot Mij die de enig ware weg is. Evenmin heb Ik enig land of geloof speciale gunsten geschonken, noch heb ik enig geslacht of ras superieur aan het andere gemaakt.

O, mijn God, *kunt U dat alstublieft herhalen?* Wilt U dat alstublieft *nog eens zeggen?*

Er bestaat geen etnische of culturele groep mensen die Ik heb uitverkoren. Er is geen weg tot Mij die de enig ware weg is. Evenmin heb Ik enig land of geloof speciale gunsten geschonken, noch heb ik enig geslacht of ras superieur aan het andere gemaakt.

Bij deze daag Ik iedere dominee, iedere priester, iedere rabbi, iedere leraar, iedere goeroe, iedere Meester, iedere president, iedere premier, iedere koning, iedere koningin, iedere leider, ieder land, iedere politieke partij uit om de uitspraak te doen die de wereld zal genezen:

WIJ VOLGEN NIET EEN BETERE WEG, WIJ VOLGEN SLECHTS EEN ANDERE WEG.

Dat kunnen leiders nooit zeggen. Dat kunnen partijen nooit verkondigen. De paus, in hemelsnaam, *zou dat nimmer kunnen verkondigen.* Dat zou het fundament onder de rooms-katholieke Kerk wegvagen!

Niet alleen onder die kerk, maar onder alle geloven, Mijn zoon. Zoals Ik al eerder heb opgemerkt, baseren de meeste religies hun bestaansreden op de gedachte dat hun weg de 'enig ware weg' is, en dat geloof in een andere weg het risico van eeuwige verdoemenis meebrengt. Met andere woorden, religies gebruiken angst in plaats van liefde om zich aan je te verkopen. Maar angst is wel de laatste reden waarom Ik jullie tot Mij zou laten komen.

Denkt U dat religies dat ooit kunnen toegeven? Denkt U dat nationale staten dat ooit kunnen verklaren? Denkt U dat politieke partijen die uitspraak ooit in hun programma zullen opnemen?

Ik zeg nogmaals: het zou de wereld in één klap veranderen als ze het wel deden.

Misschien zouden wij dan kunnen stoppen met elkaar uitmoorden. Misschien kunnen wij dan stoppen met elkaar haten. Misschien kunnen wij dan een einde maken aan herhalingen van Auschwitz en Kosovo, de voortslepende godsdiensttoorlogen in Ierland, de bittere rassenstrijd in Amerika, de vooroordelen op grond van ras, klasse en cultuur overal in de wereld, die zoveel wreedheid en ellende meebrengen.

Misschien zouden jullie dat dan kunnen.

Misschien zouden wij dan kunnen zorgen dat er nooit meer een Matthew Shepard zal zijn. Die werd in Wyoming meedogenloos in elkaar geslagen en voor dood aan een prikkeldraad vastgebonden, omdat hij homo was.
Kunt U niet iets zeggen over homoseksuelen? Het is mij telkens weer gevraagd, bij lezingen en bijeenkomsten overal ter wereld: kunt U niet iets zeggen dat voor eens en altijd een einde maakt aan het geweld en de wreedheid en de discriminatie van homoseksuele mannen en vrouwen? Zoveel wordt in Uw naam gedaan. Zoveel wordt gerechtvaardigd door Uw woord en Uw wet.

Ik heb het eerder gezegd en Ik zeg het weer: er is geen vorm en er is geen manier die voor het uitdrukken van zuivere en oprechte liefde ongeschikt is.
Ik kan niet ondubbelzinniger zijn dan dat.

Maar hoe definieert U liefde die zuiver en oprecht is?

Dat is liefde die niemand wil beschadigen of pijn doen. Liefde die probeert de kans te vermijden dat iemand wordt beschadigd of pijn gedaan.

Hoe kunnen wij zelfs maar weten of iemand anders wellicht pijn voelt bij een uiting van liefde?

Dat kun je niet altijd weten. En wanneer je het niet kunt weten, kun je het niet weten. Je motieven zijn zuiver. Je bedoelingen zijn goed. Je liefde is oprecht.
Maar meestal kun je het wel weten, en meestal weet je het ook.
Op die momenten is je duidelijk hoe een uiting van liefde er de oorzaak van is dat een ander pijn voelt. Op die momenten moet je je afvragen:
Wat zou liefde nu doen?
Niet alleen liefde voor het huidige object van je genegenheid, maar liefde voor iedereen.

Maar zo'n 'basisregel' kan ons ervan weerhouden om van wie dan ook te houden! Er is altijd wel iemand die kan beweren pijn te voelen door iets wat een ander uit naam van de liefde doet.

Inderdaad. Niets heeft meer leed veroorzaakt onder jullie soort dan het instrument dat bedoeld was om pijn te verzachten.

Hoe kan dat?

Jullie weten niet wat liefde is.

Wat is dat dan?

Liefde is alles wat onvoorwaardelijk is, zonder beperkingen en zonder noden.
Omdat het onvoorwaardelijk is, is er niets nodig om er uitdrukking aan te kunnen geven. Het vraagt geen tegenprestatie. Het neemt niets terug.

Omdat het onbeperkt is, stelt het geen beperkingen aan een ander. Het kent geen einde, het gaat altijd door. Het ervaart geen grenzen of blokkades.

Omdat het geen noden kent, zal het niets nemen dat niet vrijwillig is gegeven. Het zal niets omvatten dat niet omvat wil worden. Het zal niet iets proberen te geven dat niet in vreugde wordt aanvaard.

En het is vrij. Liefde is dat wat vrij is, want vrijheid is de essentie van wat God is. Liefde is God tot expressie gebracht.

Dat is de mooiste definitie die ik ooit heb gehoord.

Als mensen dat begrepen en ernaar leefden, zou alles anders worden. Aan jou de gelegenheid om hen te helpen dat te begrijpen en daarnaar te leven.

Dan kan ik het beter zelf eerst begrijpen. Wat bedoelt U wanneer U zegt dat liefde vrijheid is? Vrijheid om wat te doen?

Vrijheid om tot expressie te brengen wat het vreugdevolste deel is van Wie jij werkelijk bent.

En dat is?

Het deel van jou dat weet dat jij één bent met alles en iedereen.

Dit is de waarheid omtrent jouw wezen. En het is dit aspect van je Zelf dat je het dringendst en meest oprecht wenst te ervaren.

Het is waar, wij willen dat ervaren, telkens wanneer wij contact zoeken met iemand met wie we die eenheid voelen. En het probleem is dat wij die eenheid met meerdere personen kunnen voelen.

Zeker. Een hoogontwikkeld wezen voelt het voor iedereen, altijd.

Hoe komen ze daarmee weg?

Laat Mij eens zien of Ik die vraag begrijp. Hoe komen zij weg met het gevoel één te zijn met iedereen, altijd?

Ja. Hoe slagen zij daarin zonder in de problemen te raken?

Wat voor problemen?

Alle problemen die je maar bedenken kunt! Onbeantwoorde liefde, onvervulde verwachtingen, jaloerse partners; U zegt het maar.

Je brengt nu een onderwerp ter sprake dat de voornaamste reden verklaart waarom er zoveel pijn en verdriet is op jullie planeet met betrekking tot de ervaring die 'liefde' heet, de voornaamste reden waarom het jullie zo zwaar valt van elkaar te houden, de voornaamste reden waarom het jullie zo zwaar valt om van God te houden.
Het is volmaakt dat je dit juist nu ter sprake brengt, want stap drie op weg naar een oprechte en blijvende vriendschap met God luidt: houd van God.

Acht

Dus, om even samen te vatten, de eerste drie stappen naar God zijn: ken God, vertrouw God, hou van God.

Juist.

Iedereen houdt van God! Die laatste stap hoeft niet moeilijk te zijn!

Als die stap zo gemakkelijk is, waarom hebben zovelen van jullie het daar dan zo moeilijk mee?

Omdat wij niet weten wat het inhoudt om van U te houden.

En dat komt doordat jullie niet weten wat het inhoudt om *van elkaar* te houden.
De derde stap is wellicht niet zo gemakkelijk op een planeet waar het ongewoon is om van iemand te houden zonder behoeftes, waar onvoorwaardelijk liefhebben zelden in praktijk wordt gebracht, waar van iedereen houden zonder enige beperking als 'verkeerd' wordt beschouwd.
Mensen hebben een levensstijl geschapen waarin de permanente ervaring van eenheid met iedereen 'problemen' oplevert. En jij hebt net de hoofdoorzaak van al die problemen genoemd. Je zou ze de grote dempers van de liefde kunnen noemen:
1. Behoeftigheid
2. Verwachting
3. Jaloezie
Je kunt niet werkelijk van iemand houden als een van deze drie in het spel is. En je kunt beslist niet van een God houden die zich aan een van deze drie overgeeft, laat staan aan alle-

drie. Niettemin is dat exact het type God in wie jullie geloven. En aangezien jullie het goed genoeg voor God achten, achten jullie het ook goed genoeg voor jezelf. Dit is dus de context waarbinnen jullie proberen jullie liefde voor elkaar te vinden en in stand te houden.

Jullie zijn onderwezen over een God die jaloers is, die enorme verwachtingen koestert en die zo behoeftig is dat jullie worden gestraft met eeuwige verdoemenis als jullie Zijn liefde beschamen. Deze uitgangspunten vormen een onderdeel van jullie culturele geschiedenis. Ze zijn dusdanig in jullie psyche ingebed dat ze bijna niet kunnen worden uitgevlakt. Maar zolang jullie ze niet uitvlakken, kunnen jullie geen ware liefde voor elkaar voelen en ook niet voor Mij.

Wat kunnen wij daaraan doen?

Om dit probleem op te lossen, moet je het eerst begrijpen. Laten wij stap voor stap dit specifieke probleem bekijken.

Behoeftigheid is de krachtigste demper van de liefde, die ooit heeft bestaan. Nochtans kennen de meesten van jullie soort niet het onderscheid tussen liefde en behoeftigheid en daardoor halen jullie die dingen tot op heden door elkaar.

'Behoeftigheid' is als je je inbeeldt dat er iets buiten jezelf bestaat wat je nu niet bezit en dat je moet hebben om gelukkig te kunnen zijn. Omdat je gelooft dat je dit nodig hebt, ben je bereid bijna alles te doen om het te krijgen.

Je zult proberen te krijgen wat je denkt dat je nodig hebt.

De meeste mensen verwerven wat zij denken nodig te hebben door te handelen. Zij verhandelen wat zij bezitten in ruil voor wat zij wensen te verwerven.

En dat proces noemen zij dan 'liefde'.

Ja, wij hebben deze discussie al eerder gevoerd.

Inderdaad, dat is zo. Maar laten wij deze keer een stapje verder doen, omdat het belangrijk is te begrijpen hoe jullie tot dit idee van liefde zijn gekomen.

Jullie stellen je voor dat dit de manier is waarop jullie elkaar je liefde betonen, omdat jullie hebben geleerd dat dit de manier is waarop God jullie zijn liefde betoont.

God heeft met jullie een koehandel gesloten: als jullie van Mij houden, laat Ik jullie in de hemel toe. Als jullie niet van Mij houden, blijft de poort gesloten.

Iemand heeft jullie verteld dat God op deze manier in elkaar steekt en jullie hebben dit klakkeloos aangenomen.

Het is zoals U zei: wat goed genoeg is voor God, moet ook goed genoeg voor mij zijn.

Precies. Aldus hebben jullie in je mythologie een verhaal gecreëerd dat jullie elke dag in de praktijk brengen: liefde is voorwaardelijk. Maar dit is geen waarheid, dit is een mythe. Het maakt deel uit van jullie culturele verhaal, maar het is geen deel van Gods realiteit. In werkelijkheid heeft God niets nodig en dus verlangt God ook niets van jullie.

Hoe zou het kunnen zijn dat God iets nodig heeft? God is het Al-in-Al, het Alles, de onbewogen beweger, de bron van alles wat jullie je maar kunnen voorstellen dat God nodig heeft.

Pas als je begrijpt dat Ik alles heb, alles ben en niets nodig heb, ken je Mij.

De eerste stap naar een vriendschap met God.

Ja. Als je Mij eenmaal werkelijk kent, zul je de mythe over Mij weten te demystificeren. Je verandert je gedachten over Wie Ik ben en hoe Ik ben. En als je eenmaal je gedachten hebt aangepast over wie Ik ben, begin je je gedachten te veranderen over hoe *jij* moet zijn. Dat is het begin van de transformatie. Dat doet vriendschap met God voor jou. Zij transformeert je.

Ik raak hier zo opgewonden over! Niemand heeft mij deze dingen ooit zo eenvoudig, zo helder uitgelegd.

Luister dan zorgvuldig, want nu volgt de grootste helderheid van alle tijden.

Jullie zijn gemaakt naar het beeld en de gelijkenis van God. Nu hebben jullie dit altijd al begrepen, want jullie hebben dit ook onderwezen gekregen. Maar jullie vergissen je over wat Mijn beeld en Mijn gelijkenis *zijn*. En aldus vergissen jullie je ook over wat jullie beeld en gelijkenis kunnen zijn.

Jullie stellen je voor dat Ik een God ben die behoeftes heeft, bijvoorbeeld dat jullie van Mij moeten houden. (Sommige kerken hebben geprobeerd dit niet als een behoefte te omschrijven maar slechts als een verlangen. Het is gewoon Mijn verlangen, beweren zij, dat jullie van Mij houden, maar Ik zal jullie nooit daartoe verplichten. Is een 'verlangen' dan geen 'behoefte' als Ik ertoe bereid zou zijn jullie tot het einde van de tijden te martelen als Ik jullie liefde niet ontvang? Wat voor een soort verlangen is dat?)

En daarom zijn jullie, die naar Mijn beeld en gelijkenis zijn geschapen, het normaal gaan vinden om hetzelfde soort verlangen te ervaren. Aldus hebben jullie je fatale attracties gecreëerd.

Maar nu vertel Ik jullie dat Ik *geen behoeftes* ken. Alles wat Ik vanuit Mijn Zelf ben, is alles wat Ik nodig heb om tot expressie te brengen wat ik buiten Mijn Zelf ben. Dit is Gods ware aard. Dit is het beeld en de gelijkenis waarnaar jullie zijn geschapen. Begrijp je het wonderlijke daarvan? En zie je de consequenties ervan in?

Jullie zijn *ook* zonder behoeftes. Jullie hebben niets nodig om volmaakt gelukkig te zijn. Jullie denken alleen maar dat zoiets bestaat. Jullie diepste, meest volmaakte geluk zullen jullie in jezelf vinden, en als jullie het eenmaal hebben gevonden binnenin, kan niets buiten jullie Zelf daar tegenop, laat staan het vernietigen.

O jongen, het oude geluk zit in de preek. Excuseer mij, maar hoe komt het dat ik dat niet ervaar?

Omdat je daar niet naar streeft. Jij streeft ernaar het verhevenste deel van je Zelf buiten je Zelf te vinden. Je probeert door anderen te ervaren Wie jij bent in plaats van anderen toe te laten te ervaren Wie zij zijn door jou.

Wat zei U daar? Kunt U dat nog eens zeggen?

Ik zei: je probeert door anderen te ervaren Wie jij bent in plaats van anderen toe te laten te ervaren Wie zij zijn door jou.

Dat is misschien wel het belangrijkste wat U ooit tegen Mij heeft gezegd.

Het is nogal een intuïtieve uitspraak.

Wat betekent *dat* nu weer? Ik weet niet wat dat betekent.

Vele van de belangrijkste beslissingen in het leven zijn intuïtief. Je weet dat ze waar zijn voordat je weet hoe of waarom. Zij komen voort vanuit een dieper begrip dat bewijslast, ervaringen, logica en redeneringen overstijgt, net als alle andere instrumenten waarmee je probeert te bepalen of iets waar is of niet, en aldus of iets belangrijk is of niet. Soms weet je dat iets belangrijk is gewoon door hoe het aanvoelt, hoe het klinkt. Het heeft de 'klank van waarheid'.

Heel mijn leven heb ik geloof gehecht aan wat anderen over mij zeiden. Ik heb mijn gedrag aangepast, veranderd wie ik ben, teneinde te kunnen veranderen wat anderen over mij zeiden, en te kunnen veranderen wat zij mij over mijzelf vertelden. Ik ervoer mijzelf letterlijk door anderen, net zoals U het beschreef.

De meeste mensen doen dat. Maar als je het meesterschap bereikt, zul je anderen toestaan te ervaren Wie zij zijn door jou. Op deze manier kun je een Meester herkennen als je er eentje tegenkomt: de Meester is degene die *jou* ziet.
De Meester geeft jou terug aan jouw Zelf, want de Meester

herkent jou. Dat wil zeggen, de Meester her-kent jou, kent jou weer. En op die manier her-ken jij opnieuw jouw Zelf. Je weet weer dat jouw Zelf is Wie jij werkelijk bent. Vervolgens geef je dit door aan anderen. *Jij* bent nu een Meester en je streeft er niet langer naar jouw Zelf door anderen te leren kennen, maar je kiest ervoor dat anderen hun Zelf door jou leren kennen.
Ik heb gezegd dat een Meester niet de persoon met de meeste studenten is, maar degene die de meeste Meesters creëert.

Hoe kan ik deze waarheid ondervinden? Hoe kan ik een punt zetten achter affirmatie van buitenaf en voortaan alles wat ik nodig heb binnen in mijzelf vinden?

Ga naar binnen. Om te vinden wat binnenin is, moet je naar binnen treden. En als je niet naar binnen treedt, treed dan naar buiten.

Ook dat heeft U al eens eerder op die manier geuit.

Inderdaad, al deze zaken heb Ik al eerder met jullie gedeeld. Al deze wijsheid is jullie al gegeven. Meen jij soms dat Ik ermee zou wachten om jullie de grootste waarheden te verkondigen? Waarom zou Ik deze zaken geheimhouden?
Niet alleen heb je deze dingen eerder gehoord in je eerdere gesprekken met God, maar je hebt ze ook al elders gehoord. Hier worden geen onthullingen gedaan, behalve de onthulling dat alles al is onthuld.
Zelfs jij bent al onthuld voor jouw Zelf. En die onthulling, die jou is geschonken, ligt diep binnen in je ziel.
Als je daar eenmaal een glimp van opvangt, als je daar eenmaal een korte ervaring van hebt gehad, zal het je geheel duidelijk zijn dat niets buiten jou kan worden vergeleken met wat binnen in jou is; geen enkel gevoel dat je van enigerlei stimulus of bron buiten jezelf krijgt, is te vergelijken met de totale gelukzaligheid van de gemeenschap binnenin.
Ik zeg je nogmaals, binnen in jezelf zul je die gelukzaligheid vinden. Daar zul je je weer herinneren Wie jij bent en daar zul

je nogmaals ervaren dat je geen behoefte naar iets buiten jouw Zelf hebt.

Daar zul je het beeld van jou zien in de gelijkenis van Mij.

En op die dag zal jouw behoefte voor wat dan ook eindigen en zul je eindelijk in staat zijn werkelijk te beminnen en lief te hebben.

U spreekt zo krachtig en toch zo elegant, zo welbespraakt. U beneemt mij regelmatig de adem. Maar vertelt U mij nogmaals hoe ik naar binnen treed. Hoe kan ik mijzelf leren kennen als degene die niets buiten zichzelf behoeft?

Wees gewoon stil. Zoek jouw Zelf op in de stilte. Doe dat vaak. Doe het dagelijks. Zelfs elk uur in kleine doses als je dat kunt.

Stop gewoon. Stop met al je gedoe. Stop met al je denken. 'Wees', 'ben', voor een poosje. Zelfs alleen voor een momentje. Het kan alles veranderen.

Reserveer dagelijks een uur in de schemering en schenk dat aan jouw Zelf.

Ontmoet jouw Zelf daar, in het heilige moment. Ga daarna verder met je dag. Je zult een ander mens zijn.

U heeft het over meditatie.

Raak niet verstrikt in etiketten of manieren waarop dingen worden gedaan. Dat heeft de religie gedaan. Daar streeft het dogma naar. Creëer geen etiketten of een stel regels daarover.

Wat jij meditatie noemt, is niets anders dan met jouw Zelf zijn, en aldus uiteindelijk jouw Zelf *zijn*.

Je kunt dit op velerlei manieren doen. Voor sommigen lijkt het misschien op 'meditatie' ofwel rustig zitten. Voor anderen komt het misschien neer op alleen gaan wandelen door de natuur. Een stenen vloer schrobben op je handen en knieën kan ook een vorm van meditatie zijn, zoals al veel monniken hebben ontdekt. Anderen, buitenstaanders, komen naar het klooster en zien dit werk en denken: o, wat een hard bestaan.

Maar de monnik is uiterst gelukkig, geheel ontspannen. Hij probeert niet van het vloeren schrobben af te komen, hij probeert nog meer vloeren te vinden die hij kan schrobben! Geef mij nog een vloer! Geef mij nog een borstel! Geef mij nog een uur op mijn handen en knieën, mijn neus twintig centimeter boven de kasseien. Ik geef je de schoonste vloer die je ooit zult hebben gezien! En mijn ziel zal in dit proces ook geschrobd worden. Gezuiverd van alle gedachten dat geluk dingen buiten zichzelf vereist.

Dienstbaarheid kan een diepe vorm van meditatie zijn.

Okay, laten wij zeggen dat ik heb ontdekt dat ik niets nodig heb van wie dan ook om waarachtig gelukkig te zijn. Maakt mij dat niet asociaal?

Integendeel, het maakt je socialer dan ooit, want nu zie je helder dat je niets hebt te verliezen! *Niets belemmert jullie liefde voor elkaar meer dan de gedachte dat jullie iets te verliezen hebben.*

Het is om dezelfde redenen dat jullie het moeilijk, en angstaanjagend, vinden om van Mij te houden. Jullie is verteld dat Ik boos word als jullie niet van Mij houden op de juiste manier, op de juiste tijd, op de juiste plek, om de juiste redenen. Want Ik ben een jaloerse God, is jullie verteld, en Ik zal jullie liefde niet aanvaarden als zij in een andere vorm wordt aangeboden dan Ik het verlang.

Niets staat verder van de waarheid, maar de waarheid heeft nooit verder van jullie bewustzijn gestaan.

Ik heb niets *van jullie* nodig en daarom verlang, wil, eis, vraag Ik niets *van jullie*. Mijn liefde voor jullie is onvoorwaardelijk en onbegrensd. Jullie zullen terugkeren naar de hemel, ongeacht of jullie op de juiste manier van Mij hebben gehouden of niet. Jullie kunnen de hemel op geen enkele manier mislopen, want er is geen andere plek om naartoe te gaan. Jullie eeuwige leven is dus verzekerd en jullie eeuwige beloning staat vast.

U zei in *Een gesprek met God* dat zelfs vrijen en seksuele extase beleven een vorm van meditatie kan zijn.

Dat is correct.

Maar dat is niet hetzelfde als samen met het Zelf zijn. Dat voelt aan als samen met een ander zijn.

Dan weet jij kennelijk niet wat het betekent om waarlijk verliefd te zijn. Want als je echt verliefd bent, is er maar eentje van jullie in de ruimte. Wat begint als samenzijn met een ander, ontpopt zich als een ervaring van één zijn, van samen met het Zelf zijn. Dat is feitelijk de bedoeling van seksuele expressie en van iedere andere vorm van liefde.

U weet ook overal een antwoord op!

Dat hoop Ik dan maar.

En hoe zit het nu met die twee andere dempers van liefde, verwachting en jaloezie?

Zelfs als het jullie lukt om behoefte uit jullie onderlinge relaties te bannen, en jullie relatie met Mij, zul je misschien moeten worstelen met verwachting. Dit is een staat waarin je het idee hebt dat anderen in jouw leven op een bepaalde manier zullen optreden, zich zullen voordoen zoals jij denkt of verwacht dat zij zijn.
Net als behoefte is verwachting dodelijk. Verwachting reduceert vrijheid en vrijheid is de essentie van liefde.
Als je van mensen houdt, schenk je ze totale vrijheid om te zijn wie zij zijn, want dat is de grootste gave die je hun kunt geven, en liefde geeft altijd de grootste gave.
Het is de gave die Ik jullie geef, maar jullie kunnen je niet voorstellen dat Ik jullie dat schenk, omdat jullie je niet zo'n grote liefde kunnen voorstellen. Dus hebben jullie besloten dat Ik jullie de vrijheid wel zal hebben gegeven om alleen de dingen te doen die Ik wil dat jullie doen.

Ja, jullie religies zeggen dat Ik jullie de vrijheid geef om alles te doen wat jullie willen, elke keuze te maken die jullie wensen. Nochtans vraag Ik je: als Ik jullie eindeloos martel en eeuwig verdoem voor het maken van keuzes die Ik jullie verbied, heb Ik jullie dan vrijheid gegeven? Nee, Ik heb jullie ergens toe in staat gesteld. Jullie zijn in *staat* gesteld elke keuze te maken die jullie willen, maar die *vrijheid* genieten jullie niet. Niet als je geeft om het resultaat. En natuurlijk geven jullie daar allemaal om.

Jullie hebben het volgende dus bedacht: in ruil voor een beloning in de hemel verwacht Ik dat jullie de dingen op Mijn manier doen. En dit noemen jullie Gods liefde. Vervolgens koesteren jullie dezelfde verwachting van elkaar en noemen *dat* liefde. Maar in geen van beide gevallen is het liefde, want liefde verwacht niets anders dan wat vrijheid kan bieden, en vrijheid kent geen verwachtingen.

Als je niet verlangt dat een persoon zich voordoet zoals jij dat van hem verlangt, dan kun je je verwachtingen laten vallen. Verwachtingen gaan het raam uit. Dan houd je van hen precies zoals zij zijn. Maar dit kan alleen plaatsgrijpen als jij van jouw Zelf houdt zoals jij bent. En *dat* kan uitsluitend gebeuren als jij van *Mij* houdt exact zoals Ik ben.

Om dat te kunnen, moet je Mij kennen zoals Ik ben, niet zoals jullie je inbeelden dat Ik ben.

Daarom is God kennen de eerste stap naar een vriendschap met God. De tweede stap is de God die jij kent te vertrouwen. De derde stap is te houden van de God die jij kent en vertrouwt. Je doet dat door God te behandelen als *iemand die je kent en vertrouwt*.

Kun je God onvoorwaardelijk beminnen? Dat is de hamvraag. Misschien heb je al die tijd gedacht dat de vraag was: kan God onvoorwaardelijk van *jou* houden, maar de hamvraag was: kun jij onvoorwaardelijk van *God* houden? Want je kunt Mijn liefde alleen ontvangen op de manier waarop jij Mij jouw liefde schenkt.

Houd me vast, dat is een ontzagwekkende uitspraak. Ik ga U weer vragen om die te herhalen. Ik kan die opmerking niet zomaar voorbij laten gaan.

Je kunt Gods liefde alleen ontvangen op de manier waarop jij God jouw liefde geeft.

Ik neem aan dat dit ook voor relaties tussen mensen geldt.

Allicht. Je kunt de liefde van een ander alleen ontvangen op de manier waarop jij jouw liefde geeft. Zij kunnen zolang als zij willen op hun manier van jou houden. Jij kunt het alleen op jouw manier ontvangen.

Je kunt niet ervaren wat je anderen niet toestaat te ervaren.

En dat brengt ons bij het laatste element in dit antwoord, jaloezie.

Uit jullie beslissing op jaloerse wijze van God te houden hebben jullie de mythe gecreëerd van een God die op jaloerse wijze liefheeft.

Wacht eens even. U beweert dat wij jaloers zijn op U?

Waar dacht jij dan dat het idee van een jaloerse God vandaan kwam?

Jullie hebben de grootste moeite gedaan om Mijn liefde in te lijven. Jullie hebben geprobeerd de enige eigenaar te worden. Jullie hebben op bijna boosaardige wijze beslag gelegd op Mij. Jullie hebben verklaard dat Ik van jullie houd en *alleen* van jullie. *Jullie* zijn het uitverkoren volk, *jullie* zijn Gods natie, *jullie* zijn de ene ware kerk! En jullie waken vol nijd op deze status die jullie jezelf hebben toegedicht. Als iemand beweert dat God gelijkelijk van alle mensen houdt, alle geloven accepteert, alle naties omhelst, noemen jullie dat godslastering. Jullie zeggen dat het blasfemie is als God op een andere manier liefheeft dan *jullie* beweren dat God liefheeft.

George Bernard Shaw zei dat alle grote waarheden als blasfemie beginnen.

Hij had gelijk.
Deze door jaloezie gedreven soort van liefhebben is niet de manier waarop Ik liefheb, maar het is de wijze waarop jullie Mijn liefde hebben waargenomen, omdat het de wijze is waarop jullie Mij hebben liefgehad.
Dit is ook de manier waarop jullie elkaar liefhebben en het helpt jullie om zeep. Ik bedoel dat letterlijk. Iedereen weet dat jullie elkaar om zeep helpen, of jezelf, uit jaloezie.
Als je van iemand houdt, vertel je ze dat zij alleen en alleen van jou mogen houden. Als zij ook van iemand anders houden, word je groen van jaloezie. En dat is het begin noch het einde. Want jullie zijn niet alleen jaloers op andere mensen, maar ook op baantjes, hobby's, kinderen, op alles wat de aandacht van je geliefde van jou weg leidt. Sommigen zijn zelfs jaloers op een hond of op golfballetjes.
Jaloezie kent vele vormen. Zij heeft vele gezichten. Geen enkel daarvan is fraai.

Ik weet het. Ooit ervoer ik heftige jaloezie over een vrouw die Dawn heette en op wie ik hevig verliefd was; ik vertelde haar dat, en zij zei mij heel rustig: 'Neale, dat is een minder aantrekkelijk deel van jou.'
Ik heb dat nooit vergeten. Zij stelde het zo eenvoudig, bijna zonder emotie. Het was gewoon een feit. Zij wilde niet discussiëren over wat ik net had gezegd of over wat zij had gezegd. Zij plaatste die gedachte gewoon tussen ons in. Dat was nogal onthutsend.

Dawn gaf je een groot geschenk.

Ja, dat deed zij. Maar ik heb nog altijd moeite mijn jaloezie te overwinnen. Net wanneer ik denk ervan af te zijn, steekt zij weer de kop op. Het lijkt net alsof zij zich *verstopt* en dan weet ik niet eens dat zij er is. Ik durf dan zelfs te zweren dat zij er niet meer is. En dan: *boem*, is zij weer terug.

Ik denk dat ik het nu minder ervaar, maar ik zou liegen als ik zei dat ik ervan genezen was.

Je werkt eraan, dat volstaat. Je herkent het voor wat het is en dat is goed.

Maar hoe kan ik ervan afkomen? Ik ken enkele mensen die er helemaal van zijn genezen. Hoe doen zij dat? Ik wil dat ook!

Je bedoelt dat je jaloers bent op mensen die nooit jaloers zijn? Dat is nogal lachwekkend.

Geestig. U bent geestig, wist U dat?

Vanzelfsprekend. Wat denk je dat Mij aan de gang houdt?

Okay, wat is het antwoord dan?

Laat het idee los dat geluk afhangt van iets buiten jezelf en je zult verlost zijn van je jaloezie. Laat het idee los dat liefde gaat over wat je *krijgt* in plaats van wat je geeft en je zult verlost zijn van je jaloezie. Laat je aanspraak op de tijd, energie, hulpbronnen of liefde van anderen los en je zult verlost zijn van je jaloezie.

Ja, maar hoe doe ik dat?

Leef je leven voor een nieuwe reden. Begrijp dat het doel ervan niets te maken heeft met wat je eruit haalt, maar dat het alles te maken heeft met wat je erin stopt. Dit geldt ook voor relaties.
De bedoeling van het leven is jouw Zelf opnieuw te creëren in de volgende verhevenste versie van de verhevenste visie die je ooit hebt gehad over Wie jij bent. Je moet jouw ware Zelf verkondigen en worden, uitdrukken en vervullen, ervaren en kennen.
Dit vergt niets van de andere mensen in jouw leven of van

iemand in het bijzonder. Daarom kun jij van anderen houden zonder iets van hen te verlangen.

Het idee dat je jaloers bent op de tijd die jouw geliefde besteedt aan golfen, werken of knuffelen met een ander, kan alleen bij jou opkomen als jij je inbeeldt dat je eigen geluk tekort wordt gedaan als jouw geliefde gelukkig is.

Of dat jouw geluk ervan afhangt dat je geliefde altijd bij jou is in plaats van anderen op te zoeken of iets anders te gaan doen.

Exact.

Maar wacht eens even. Bedoelt U dat wij zelfs niet jaloers mogen zijn als onze geliefde in de armen van een ander ligt? Bedoelt U dat ontrouw okay is?

Okay of niet okay, die dingen bestaan niet. Dit zijn maatstaven die jij aanlegt. Jij creëert ze en past ze gaandeweg aan.

Sommigen zeggen dat dit het grote probleem van de hedendaagse samenleving is, het feit dat wij spiritueel en maatschappelijk onverantwoordelijk zijn. Wij veranderen onze waarden op elk moment om onze doelen na te jagen.

Allicht doen jullie dat. Zo is het leven. Als jullie dat niet deden, kwam het leven niet verder. Jullie zouden geen enkele vooruitgang boeken. Wil jij werkelijk voor altijd aan jullie oude waarden blijven vasthouden?

Sommigen doen dat.

Zij willen vrouwen op de brink verbranden, die zij heksen noemen, net zoals jullie een paar generaties geleden nog deden? Zij willen dat hun kerk soldaten op kruistocht uitzendt om de duizenden heidenen een kopje kleiner te maken die niet het ware geloof aanhangen?

Maar U gebruikt historische voorbeelden van gedrag dat ontsproot aan misplaatste waarden en niet zozeer aan oude waarden. Wij staan nu boven dergelijk gedrag.

Is dat zo? Heb je recent nog rondgekeken in de wereld? Maar dat is een heel ander onderwerp. Laten wij bij de les blijven. Veranderende waarden zijn een teken van een volwassen wordende samenleving. Jullie groeien naar een uitgebreidere versie van jezelf toe. Jullie veranderen de hele tijd jullie waarden als jullie nieuwe informatie inzamelen, als jullie nieuwe ervaringen aandragen, als jullie nieuwe ideeën overwegen en nieuwe manieren ontdekken hoe je naar de dingen kunt kijken, als jullie herdefiniëren Wie jij bent.
Dat is een teken van groei, niet van onverantwoordelijkheid.

Laat mij dit eens op een rijtje zetten. Het is een teken van groei als je het okay vindt dat je geliefde feestviert in de armen van een ander?

Het is een teken van groei als je je rust niet door zoiets laat wegnemen. Als je je leven daar niet door laat verstoren. Als je je leven niet daarom beëindigt. Als je niet een ander daarvoor om zeep brengt. Al die dingen zijn door mensen gedaan. Zelfs nu nog vermoorden sommigen van jullie anderen om die reden, en de meesten van jullie helpen om die reden hun liefde om zeep.

Nu ja, ik keur doden niet goed, vanzelfsprekend niet, maar hoe kan het niet je liefde voor iemand om zeep helpen als zij van iemand anders houden op hetzelfde moment dat zij zeggen van jou te houden?

Als zij van een ander houden, betekent dat dan dat zij niet van jou houden? Mogen zij alleen van jou houden, wil er sprake zijn van ware liefde? Wil je het zo hebben?

Ja, verdraaid! Veel mensen zouden iets dergelijks antwoorden. *Ja, verdraaid!*

Geen wonder dat jullie zoveel moeite hebben om een God te aanvaarden die evenveel van iedereen houdt.

Tja, wij kunnen niet allemaal goden zijn. Veel mensen hebben een bepaald niveau van emotionele zekerheid nodig. En zonder dat, zonder een partner die je dat biedt, kan liefde sterven, of je dat nu wilt of niet.

Nee, het is niet de liefde die sterft. Het is de behoefte. Je besluit dat je die persoon verder niet meer nodig hebt. In feite *wil* je die persoon niet nodig hebben, omdat het te veel pijn doet. Dus neem je een besluit: ik heb er geen behoefte meer aan dat jij van mij houdt. Vertrek en houd van wie je maar wilt. Ik ben vertrokken.

Dat gebeurt. Je doodt de behoefte. Je doodt niet de liefde. Sommigen van jullie dragen de liefde voor eeuwig. Vrienden zeggen dat je nog steeds een toorts draagt. En dat doe je! Het is het licht van je liefde, de vlam van je hartstocht, die nog steeds in je binnenste brandt en zo helder schijnt dat anderen hem kunnen zien. Maar dit is niet slecht. Dit is hoe het zou moeten zijn; gegeven wie en wat je zegt dat je bent en wat je verklaart dat je verkiest te zijn.

Je wordt verondersteld niet op iemand anders verliefd te kunnen worden omdat je een toorts voor iemand draagt?

Waarom moet je je liefde voor die persoon laten gaan zodat je van een ander kunt houden? Kun je niet van meer dan een persoon tegelijk houden?

Veel mensen kunnen dat niet, niet op die manier.

Je bedoelt seksueel?

Ik bedoel romantisch. Ik bedoel als een partner voor het leven. Sommige mensen hebben een partner voor het leven nodig. De meesten hebben dat nodig.

De moeilijkheid is dat de meeste mensen liefde verwarren met behoefte. Zij denken dat de twee woorden, en de twee ervaringen, uitwisselbaar zijn. Dat zijn ze niet. Van iemand houden heeft niets te maken met iemand nodig hebben.

Je kunt van iemand houden en ze terzelfdertijd nodig hebben, maar je houdt niet van ze *omdat* je ze nodig hebt. Als je van hen houdt omdat je hen nodig hebt, heb je helemaal niet van ze gehouden, maar alleen van datgene wat zij jou hebben gegeven.

Als je van iemand anders houdt om wie zij zijn, of zij jou nu geven wat je nodig hebt of niet, dan houd jij waarachtig van hen. Als er niets is wat jij nodig hebt, dan *kun* je waarachtig van hen houden.

Onthoud, liefde is zonder voorwaarde, zonder begrenzing en zonder behoeftes. Ik houd op deze wijze van jullie. Maar dit is een liefde die je je niet kunt voorstellen te ontvangen, omdat het een liefde is die jij je niet kunt voorstellen tot uitdrukking te brengen. En dat is de droefenis van heel de wereld.

Welnu, gegeven het feit dat je beweert een hoogontwikkeld wezen te willen worden, is ontrouw, zoals jullie het noemen, niet okay. De reden hiervoor is dat het niet werkt. Het brengt je niet daar waar je zegt naartoe te willen gaan. En dat is omdat ontrouw inhoudt dat je niet eerlijk bent, en ergens diep binnen in je ziel weet en begrijp je dat hoogontwikkelde wezens leven en ademen in eerlijkheid, van begin tot eind, door en door. Zij spreken niet de waarheid, zij zijn de waarheid.

Om een hoogontwikkeld wezen te zijn moet je altijd de waarheid spreken. Eerst moet je eerlijk zijn tegenover jezelf, dan tegenover een ander, dan tegenover alle anderen. En als je oneerlijk bent tegenover jezelf, kun je tegenover niemand eerlijk zijn. Als je dus van iemand anders houdt dan van de personen die wensen dat jij alleen van hen houdt, dan moet je dat open, eerlijk, rechtstreeks, helder en meteen zeggen.

En dat zou dan acceptabel zijn?

Van niemand wordt geëist dat hij iets accepteert. In hoogont-wikkelde relaties tussen hoogontwikkelde wezens brengt iedereen gewoon zijn waarheid in de praktijk; en iedereen spreekt de waarheid die hij in de praktijk brengt. Als er iets met iemand gebeurt, dan wordt dat gewoon erkend. Als iemand iets onaanvaardbaar vindt, dan wordt dat gewoon uit-gesproken. De waarheid over alles wordt altijd met iedereen gedeeld. Dit wordt als celebratie gedaan, niet als bekentenis.

De waarheid moet iets zijn om te vieren, niet om toe te geven.

Maar je kunt geen waarheid celebreren waarover jou is verteld dat jij je ervoor moet schamen. En jullie is verteld dat jullie je moeten schamen alleen voor dat waarvan jullie is verteld dat jullie je ervoor moeten schamen, namelijk voor wie en hoe en wanneer en waarom jullie liefhebben.

Jullie is verteld dat jullie je moeten schamen voor je verlangens en jullie hartstochten en jullie liefde voor alles, van dansen en slagroom tot andere mensen.

Bovenal is jullie verteld dat jullie je moeten schamen voor jullie diepste Zelf. Maar hoe kunnen jullie ooit een ander beminnen als het niet is toegestaan om te houden van degene die wordt verondersteld te beminnen?

Dit is precies het dilemma waarmee jullie worden geconfron-teerd met God.

Hoe kunnen jullie van Mij houden als het verboden is om te houden van de essentie van Wie je bent? En hoe kunnen jullie Mijn glorie zien en verkondigen als jullie niet je eigen glorie zien en verkondigen?

Ik zeg jullie nogmaals dit: alle ware Meesters hebben hun glo-rie verkondigd en zij hebben anderen aangemoedigd hetzelf-de te doen.

Je begint aan de weg naar je eigen glorie als je begint aan de weg naar je eigen waarheid. Dit pad wordt ingeslagen zodra je verklaart voortaan altijd de waarheid over alles en iedereen te spreken. En dat je jouw waarheid zult *leven*.

Door jezelf deze verplichting op te leggen is er voor ontrouw geen plaats meer. Iemand vertellen dat je van een ander houdt is dan geen ontrouw. Dat is oprechtheid. En oprechtheid is de hoogste vorm van liefde.

O, mijn God. U heeft het weer geflikt. Weer zo'n uitspraak voor op de koelkast. Kunt U hem nog eens herhalen?

Oprechtheid is de hoogste vorm van liefde.

Ik zou willen dat ik dat kon onthouden.

Plak het op je koelkast.

Ha! Maar U lijkt dus te zeggen dat het in orde is om in de armen van een ander te gaan liggen, zolang je er maar oprecht over bent. Heb ik dat goed?

Je brengt het terug tot wel heel erg vluchtige begrippen.

Ja, daar houden wij mensen van. Wij houden ervan grote waarheden bij de hoorns te vatten en ze tot de meest simplistische conclusies te herleiden. Daarna kunnen wij er een echt goede discussie over houden.

Ik vat hem. En is dat wat je wilt? Wens je met Mij een discussie te houden?

Nee. Ik probeer echt wat wijsheid te vinden hier, op mijn eigen strompelende wijze.

Dan kan het je baat brengen om naar alles te luisteren wat Ik hier zeg en al Mijn woorden in die grotere context te plaatsen in plaats van betekenis te ontlenen aan slechts een paar van Mijn woorden.

Ik zal mij verbeteren.

Je hoeft je niet te verbeteren. Neem het advies over. Ik vermaan je niet omdat je straf verdient. Ik geef je een advies omdat je een richtlijn zoekt.
God geeft richting, geen verplichting; aanbeveling, geen veroordeling.

Tjoe. O jongen...

Ik weet het, Ik weet het. Leuke tekst voor een bumpersticker.

O jongen, dit is echt een goede kreet.

Je mag zoveel bumperstickers maken als je wilt. T-shirts ook. Verspreid het woord. Laat je door niets tegenhouden. Maak een film. Ga op televisie. Wees schaamteloos!
En als je toch al bezig bent, wees dan ook schaamteloos over de liefde. Haal de schaamte eruit en vervang die door celebratie.
Misschien willen jullie wel hetzelfde doen met seks.

Laten wij daar nu niet op ingaan, want anders krijg ik nooit een antwoord op mijn vraag. Zegt U dat het okay is om in de armen van een ander te belanden zolang je er maar eerlijk over bent?

Ik zeg dat iets okay of niet okay is afhankelijk van wat jij erover besluit. Ik zeg dat mensen binnen relaties niet kunnen weten of zij iets okay vinden als zij niet weten dat het gebeurt.
Ik zeg dat liegen over wat dan ook niet werkt binnen hoogontwikkelde relaties. Ik zeg dat liegen liegen is, of het nu bij volmacht of uit verzuim gebeurt. En Ik zeg dat als de hele waarheid eenmaal is verteld, jouw beslissing of je van iemand kunt houden die van een ander heeft gehouden of houdt, uiteindelijk is gebaseerd op wat jij als jouw meest geschikte en comfortabele relatievorm beschouwt; die zal in de meeste gevallen gebaseerd zijn op wat jij je inbeeldt van een ander nodig te hebben om gelukkig te zijn.
Ik zeg dat je een ander onvoorwaardelijk kunt beminnen, zon-

der enigerlei beperking, als jij niets nodig hebt. Jij verleent de anderen totale vrijheid.

Ja, maar dan zou je geen levenslang partnerschap met ze hebben.

Dat heb je dan niet, tenzij je het wel hebt. Meesterschap bereik je als dit een beslissing en keuze wordt die is gebaseerd op wat waar is voor jou, in plaats van wat iemand jou heeft verteld wat waar is, of wat de samenleving als conventie heeft vastgelegd over levenslang partnerschap, of wat jij meent dat anderen over jou denken.

Meesters geven zichzelf de vrijheid elke keuze te maken die zij willen en zij geven hun geliefden dezelfde vrijheid.

Vrijheid is het basisconcept en de constructie van het leven overal, omdat vrijheid de basale aard van God is. Alle systemen die vrijheid reduceren, beperkingen opleggen of op enigerlei wijze elimineren, zijn systemen die contraproductief zijn voor het leven.

Vrijheid is niet het *doel* van de ziel, maar haar wezenlijke natuur. De ziel is *van nature* vrij. Gebrek aan vrijheid is dan ook een inbreuk op de wezenlijke natuur van de ziel. In waarlijk verlichte samenlevingen wordt vrijheid niet als een recht maar als een feitelijkheid beschouwd. Vrijheid *is* en wordt niet zozeer *verleend*.

Vrijheid wordt niet gegeven, maar als een gegeven beschouwd. Opmerkelijk in verlichte samenlevingen is dat alle wezens vrij zijn om van elkaar te houden en om die liefde tegenover elkaar uit te drukken en te bewijzen op iedere manier die authentiek, waarachtig en gepast is voor de onderhavige situatie.

De mensen die beslissen wat gepast is voor het moment zijn de mensen die de liefde bedrijven. Er zijn geen regeringswetten, maatschappelijke taboes, religieuze beperkingen, psychologische barrières, stamgewoonten of onuitgesproken regels en voorschriften over wie, wanneer, waar en hoe iemand de liefde mag bedrijven of over wie, wanneer, waar en hoe dat niet mag. Maar hier is de sleutel die ertoe bijdraagt dat dit werkt in hoogontwikkelde samenlevingen. *Alle* betrokken partijen die verliefd zijn, moeten beslissen wat liefde nu zou doen. Een partij kan niet beslissen iets te doen omdat zij denkt dat dat liefhebben is, als er geen fiat van de andere partij of partijen is. Alle partijen moeten volwassen, gerijpt en capabel genoeg zijn om dergelijke beslissingen voor zichzelf te nemen.

Dit elimineert alle vragen die jij net in je hoofd had over kindermisbruik, verkrachting en overige vormen van persoonlijke aanranding.

Hoe zit het als ik de derde partij ben en vind dat wat de andere twee hebben besloten niet bepaald van liefde getuigt voor mij?

Dan vertel je aan die andere partijen hoe jij je voelt, wat jouw waarheid is. En afhankelijk van hoe zij op jouw waarheid reageren, kun jij besluiten welke veranderingen jij eventueel wenst door te voeren in jouw relatievorm met hen.

Maar hoe gaat het als dat absoluut niet gemakkelijk is? Als ik hen nodig heb?

Hoe minder je iemand nodig hebt, des te meer kun je van hen houden.

Hoe kun je niet iets nodig hebben van degene van wie je houdt?

Door gewoon van hen te houden om wie zij zijn en niet om wat zij jou kunnen geven.

Maar dan gebruiken ze je misschien als hun voetveeg!

Van iemand houden houdt niet in dat je niet langer van jezelf moet houden.

Als je anderen volledige vrijheid verleent, geef je ze niet het recht om jou te misbruiken. Het houdt evenmin in dat jij jezelf veroordeelt tot een gevangenis naar eigen ontwerp, waarin jij een leven moet leiden dat jij niet voor jezelf zou kiezen, opdat zij de bloemetjes kunnen buitenzetten. Want volledige vrijheid verlenen betekent dat je elkaar geen enkele beperking oplegt.

Wacht eens even. Hoe kun je voorkomen dat iemand jou als voetveeg gebruikt als je die persoon geen enkele beperking kunt opleggen?

Jij legt *hun* geen beperkingen op, je legt *jezelf* beperkingen op. Je beperkt wat *jij* kiest te ervaren, niet wat een *ander* wordt toegestaan om te ervaren.

Deze beperking geschiedt vrijwillig en is dan ook in zeer reële zin helemaal geen beperking. Het is een verklaring van Wie jij bent. Het is een creatie. Een definitie.

Niemand en niets wordt beperkt in Gods koninkrijk. En liefde kent niets buiten vrijheid. Hetzelfde geldt voor de ziel. Hetzelfde geldt voor God. En deze woorden zijn alle uitwisselbaar. Liefde. Vrijheid. Ziel. God. Alle dragen aspecten van de ander in zich. Alle zijn de ander.

Jij bent vrij om te verkondigen en te verklaren Wie jij bent op elk moment van het nu. Je doet dat in feite zonder het zelfs door te hebben. Jij bent echter niet vrij om te verklaren wie iemand anders is of wie zij moeten zijn. Liefde zou dat nooit doen. En God evenmin, want die is de essentie van liefde in hoogst eigen persoon.

Als jij wenst te verkondigen en te verklaren dat jij iemand met behoeftes bent, dat jij de exclusieve liefde van een ander nodig hebt om je gelukkig, comfortabel, geschikt en veilig te voelen, dan staat het jou vrij om dat te verkondigen. Je zult het bij elke gebeurtenis door je daden laten zien; zij zijn jouw verkondiging.

Als je wenst te verkondigen en te verklaren dat jij iemand bent die het grootste deel van de tijd, energie en aandacht van een ander behoeft om je gelukkig, comfortabel, geschikt en veilig te voelen, dan staat het jou vrij om ook dat te verkondigen. Maar Ik zeg je dit: als jij toestaat dat jouw verklaring van Zelf zich vertaalt in afgunst op een ander, op diens vrienden, hobby's en overige interesses, dan zal jouw nijd jouw liefde smoren en eventueel ook de liefde van die ander voor jou.

Het goede nieuws is dat het definiëren van wie jij bent en wie jij verkiest te zijn, zich niet hoeft te vertalen in afgunst op een ander of in controle over hen. Het stelt simpel en liefdevol vast wie jij bent en hoe jij wilt dat jouw leven zal zijn. Jouw liefde voor de ander gaat door, zelfs als je liefdevol en hartstochtelijk alle eventuele verschillen tussen jullie beiden verwerkt, zelfs als de aard van jullie relatie verandert ten gevolge van eventuele verschillen.

Je hoeft een relatie niet af te breken om haar te kunnen veranderen. Eigenlijk kun je relaties niet beëindigen, maar ze hooguit veranderen. Je hebt altijd een relatie met iedereen. De vraag is niet óf je een relatie hebt, maar wat voor soort relatie je hebt.

Jouw antwoord op die vraag zal jouw leven voor altijd beïnvloeden en kan inderdaad het aangezicht van de wereld doen veranderen.

Negen

Ik heb tijdens mijn gesprekken met U geleerd dat al mijn relaties gewijd zijn. Zij vormen het belangrijkste aspect van ons leven, omdat wij door relaties uitdrukken en ervaren Wie wij zijn en Wie wij verkiezen te zijn.

En dat geldt niet alleen voor jullie relaties met anderen maar ook voor jullie relaties met alles elders. Jullie relatie met het leven en alle elementen van het leven. Jullie relatie met geld, liefde, seks en God; de vier hoekstenen van het menselijk leven. Jullie relatie met planten, dieren, vogels, wind, lucht en zee. Jullie relatie met de natuur en jullie relatie met Mij.

Mijn relatie met alles bepaalt wie en wat ik ben. Relaties zijn, heeft U mij gezegd, gewijde grond. Want in afwezigheid van een relatie met iets anders kan ik niets creëren, kennen en ervaren wat ik over mijzelf heb besloten. Zoals U het ooit stelde: *in afwezigheid van wat Ik niet ben, is dat wat Ik ben... niet.*

Je hebt goed opgelet, Mijn jongen. Je wordt een echte boodschapper.

Maar als ik dit aan anderen probeer uit te leggen, raken zij meestal de draad kwijt. Dit concept laat zich niet zo gemakkelijk vertalen.

Probeer de parabel van witheid te gebruiken.

Ja, die hielp mij direct.

Stel je voor dat je in een witte ruimte bent met witte muren, een witte vloer, een wit plafond, geen hoeken. Stel je voor dat je in deze ruimte zweeft door een onzichtbare kracht. Je bungelt daar, midden in de lucht. Je kunt niets aanraken, je kunt niets horen en het enige wat je ziet is witheid. Hoelang denk je dat je zult 'bestaan' in je eigen ervaring?

Niet erg lang. Ik zou daar kunnen bestaan, maar ik zou niets over mijzelf weten. Ik zou snel genoeg mijn verstand verliezen.

Dat is ongeveer wat zou gebeuren. Je zou letterlijk buiten je verstand treden. Je verstand is dat deel van jou dat opdracht heeft alle binnenkomende data te verwerken, en als er geen data binnenkomen, heeft je verstand niets te doen.

Op het moment dat je buiten je verstand treedt, houd je op in je eigen ervaring te bestaan. Dat wil zeggen, je houdt ermee op iedere bijzonderheid over jezelf te weten.

Ben je groot? Ben je klein? Je kunt het niet weten, want er is niets buiten jou waarmee jij jezelf kunt vergelijken.

Ben je goed? Ben je slecht? Je kunt het niet weten. Ben je wel hier? Je kunt het niet weten, want er is hier helemaal niets.

Je kunt niets over jezelf weten binnen je eigen ervaring. Je kunt conceptualiseren wat je wilt, maar je kunt niets ervaren.

Dan gebeurt er iets wat dit allemaal verandert. Er verschijnt een stipje op een muur. Het lijkt alsof iemand met een vulpen een vlekje op de muur heeft getekend. Niemand weet hoe die vlek daar is gekomen, maar dat doet er ook niet toe want die vlek heeft jou gered.

Nu is er iets anders. Je hebt jou en je hebt die vlek op de muur. Plotseling kun je weer wat beslissingen nemen, wat ervaringen ondergaan. De vlek is daar. Dat betekent dat jij hier bent. De vlek is kleiner dan jij. Jij bent dus groter dan de vlek. Je begint jezelf opnieuw te definiëren en wel in relatie tot de vlek op de muur.

Jouw relatie met de vlek wordt heilig, want zij heeft jou een besef van jouw Zelf teruggegeven.

Nu duikt opeens een jong katje op in de ruimte. Je weet niet wie dit allemaal doet, wie ervoor zorgt dat dit gebeurt, maar je bent dankbaar omdat je nu nog wat beslissingen kunt nemen. Het katje lijkt zachter. Maar jij lijkt slimmer (althans meestentijds!). Het katje is sneller. Jij bent sterker.

Er verschijnen steeds meer dingen in de ruimte en je breidt jouw definitie van jouw Zelf steeds verder uit. Dan begint het je te dagen. Alleen in aanwezigheid van *iets of iemand anders* kun jij jezelf kennen. Het andere, die ander, is dat wat jij niet bent. Dus: *in afwezigheid van wat jij niet bent, is dat wat jij bent... niet.*

Je hebt je een geweldige waarheid herinnerd en je zweert deze nooit meer te vergeten. Je verwelkomt iedere andere persoon, plaats en dingen met open armen in jouw leven. Je verwerpt niets of niemand, omdat je inziet dat alles wat in jouw leven verschijnt een zegening is, die jou een grotere gelegenheid biedt om te definiëren wie jij bent en jezelf als zodanig te kennen.

Maar zou mijn verstand niet kunnen uitdokteren wat er aan de hand is als ik alleen in die witte ruimte rondhang? Zou het niet denken: 'Hé, ik zweef in een witte kamer, dat is alles. Ontspannen en genieten maar'?

Dat zou het aanvankelijk denken, ja. Maar al gauw, bij gebrek aan binnenkomende data, zou het niet weten *wat* het moet denken. Uiteindelijk zou de witheid, de leegte, het niets, de eenzaamheid, je verstand aangrijpen en raak je buiten zinnen. Weet jij wat de grootste straf is die jullie eigen wereld heeft ontworpen?

Eenzame opsluiting.

Precies. Niemand kan ertegen langere tijd alleen te zijn.

In de meest onmenselijke gevangenissen is er zelfs geen licht in cellen voor eenzame opsluiting. De deur zit op slot en je zit in pure duisternis. Niets om te lezen, niets om te doen, helemaal niets.

Aangezien denken creëren is, zou je ermee ophouden je eigen werkelijkheid te creëren, omdat je verstand data nodig heeft om te kunnen creëren. Je noemt de creaties van je verstand conclusies en als je verstand geen enkele conclusie kan trekken, moet je het verlaten; je zou buiten je verstand moeten zijn.
Maar toch is buiten je verstand zijn ook niet altijd slecht. Jullie doen dat tijdens al jullie momenten van groot inzicht.

Eh, kunt U dat even toelichten?

Je gelooft toch niet dat inzicht uit je verstand voortkomt, toch?

Mmm, ja, ik heb altijd gedacht dat...

En dat is juist het probleem! Je hebt *altijd gedacht*. Probeer eens een keertje *niet* te denken. Probeer gewoon eens te *zijn*.
Als je gewoon met een probleem 'bent' in plaats van er alsmaar over na te denken, zal het grootste inzicht komen. Dat komt doordat denken een creatief proces is en zijn een staat van bewustzijn.

Dit begrijp ik niet helemaal. Help mij om het te begrijpen. Ik dacht dat niet kunnen denken het probleem was. Die vent in de witte kamer wordt gek.

Ik heb niet gezegd dat hij gek werd. Jij zegt dat. Ik zei dat hij buiten zijn verstand treedt. Hij houdt ermee op zijn eigen werkelijkheid te creëren, omdat hij niet over data beschikt.
Als hij voor langere tijd ermee stopt zijn eigen werkelijkheid te creëren, dan is dat een ding. Maar hoe zit het als hij dat slechts gedurende een moment zou doen? Voor een korte periode? Zou zo'n 'intermezzo' hem schaden of helpen?

Dat is een interessante vraag.

Gedachte, woord en daad zijn de drie niveaus van creatie, ja?

Ja.

Als je denkt, creëer je. Elke gedachte is een creatie.

Ja.

Als je dus nadenkt over een probleem, probeer je een oplossing te vinden.

Exact. Wat is daar mis mee?

Je kunt er ofwel naar streven een oplossing te creëren of je kunt simpelweg tot bewustzijn komen van de oplossing die al is gecreëerd.

Nog eens? Kunt U dat herhalen voor degenen onder ons die iets trager van begrip zijn?

Niemand is traag van begrip! Maar sommigen onder jullie gebruiken wel een zeer langzame methode voor creatie. Jullie proberen te creëren door te denken. Dat kan worden gedaan, zoals is bewezen. Maar nu vertel Ik jullie iets nieuws: *denken is de langzaamste methode voor creatie.*
Onthoud, je verstand moet over data beschikken om te kunnen creëren. Om te zijn wie je bent, heb je geen data nodig. Dat komt doordat data een illusie zijn. Het is wat jullie ervan maken in plaats van wat werkelijk *is*.
Probeer te creëren vanuit wat *is* in plaats vanuit de illusie. Creëer vanuit je staat van zijn in plaats vanuit de toestand van je verstand.

Ik probeer dit te volgen en te begrijpen, maar U gaat mij te snel. Ik raak het spoor bijster.

Je kunt het antwoord niet snel vinden – geen enkel antwoord – door erover na te denken. Je moet je gedachten laten voor wat ze zijn, ze achterlaten en de opstap maken naar een zuivere staat van zijn. Heb je nooit waarlijk grote scheppers, de waarlijk grote probleemoplossers die voor een probleem kwamen te staan, horen zeggen: 'Hmm, laat mij er even induiken'?

Natuurlijk.

Goed, dat is dus wat zij doen. Zij duiken in het probleem, vereenzelvigen zich ermee, worden het zelf. En dat kun jij ook doen. Jij kunt ook een groot probleemoplosser zijn. Maar niet als jij denkt dat je het raadsel kunt ontwarren door erover na te denken. Nee! Om geniaal te zijn moet je *buiten verstand* zijn!

Een genie is niet iemand die een antwoord creëert, maar de persoon die ontdekt dat het antwoord er altijd al was. Een genie creëert de oplossing niet, hij vindt de oplossing.

Dit is niet echt een grote ontdekking maar een herontdekking! Het genie heeft niets ontdekt maar heeft gewoon teruggevonden wat verloren was. Het 'was verloren, maar is nu gevonden'. Het genie is degene die zich herinnerd heeft wat jullie allemaal waren vergeten.

Een ding dat de meesten onder jullie zijn vergeten is dat alle dingen bestaan in het 'eeuwige moment van het nu'. Alle oplossingen, alle antwoorden, alle ervaringen, alle begrip. Eigenlijk is er niets wat jullie hoeven creëren. Het enige wat nodig is, is dat jullie je bewust worden dat alles wat jullie wensen en nastreven al gecreëerd is.

Dat is iets wat de meesten van jullie zijn vergeten. Daarom heb Ik anderen naar jullie gezonden om jullie daaraan te herinneren met de boodschap: 'Nog voordat jullie vragen, zal jullie al geantwoord zijn.'

Ik zou jullie deze dingen niet vertellen als ze niet zo waren. Maar jullie kunnen niet overgaan naar een staat van bewustzijn met betrekking tot al deze dingen als jullie er alleen maar over denken. Je kunt niet 'bewust denken', je kunt alleen 'bewust zijn'.

Bewustzijn is een zijnstoestand. Daarom moet je je niet druk maken als iets je in het leven perplex doet staan of verwart. Besteed er ook geen aandacht aan als je een probleem hebt. En als je wordt omgeven door negativiteit, negatieve krachten en negatieve emoties, moet je je verstand gewoon op nul zetten.

Als je je ergens aan stoort, onderwerp je je eraan! Zie je dat dan niet? Je wordt er door overheerst, omdat je je eraan stoort. Wees niet als kinderen die oppassen voor hun ouders. Zet het *uit je gedachten*!

Onthoud dat je een menselijk *wezen* bent en niet slechts een menselijk brein. Concentreer je op het wezen-lijke dat je bent.

Wat betekent dat nu weer? Ik heb geen idee waar U het over heeft.

Wat ben je nu op dit moment?

Geïrriteerd, omdat U mij het moeras in stuurt met Uw abracadabra.

Aha! Je weet dus wat je bent!

Nee, ik *voel* mij zo. Ik voel mij lichtelijk geïrriteerd.

Dan is dat wat jij bent. Hoe je je voelt is wat je bent. Heb Ik je niet gezegd dat het gevoel de taal van de ziel is?

Wel, ja, maar ik had het niet in die zin opgevat.

Goed. Nu ben je dus iets begripvoller.

Ja, tot op zekere hoogte.

Hoorde je wat Ik zei?

Wat?

Ik zei dat je nu begripvoller *bent*.

Wat probeert U mij hier duidelijk te maken?

Ik vertel jou dat in elk enkelvoudig moment van het nu jij iets 'bent'. En hoe jij je voelt, vertelt je precies wat je bent. Je gevoelens liegen nooit. Zij weten niet hoe dat zou moeten. Zij vertellen jou precies wat jij op elk moment bent. En je kunt wijzigen hoe je je voelt door gewoon te veranderen hoe je bent.

Is dat zo? Hoe doe je dat dan?
Je kunt kiezen anders te 'zijn'.

Dat lijkt onmogelijk. Ik voel mij zoals ik mij voel. Ik heb daar geen invloed op.

Hoe jij je voelt, is een respons op de manier hoe jij bent. En daar heb je wel invloed op. Dat probeer Ik je hier duidelijk te maken. 'Zijn' is een toestand waarin je jezelf verplaatst, het is geen respons. 'Gevoel' is een respons, maar 'zijn' is dat niet. Je gevoelens zijn jouw respons op wat je bent, maar wat je bent is nergens een respons op. Het is een keuze.

Ik kies wat ik ben?

Inderdaad.

Hoe komt het dat ik mij daar niet bewust van ben? Ik lijk mij er niet bewust van te zijn.

De meeste mensen zijn zich daar niet bewust van. Want de meeste mensen zijn vergeten dat zij hun eigen werkelijkheid creëren. Maar al zijn jullie vergeten wat jullie doen, dan wil dat nog niet zeggen dat jullie het niet doen. Het betekent gewoon dat jullie eenvoudigweg niet weten wat jullie doen.

'Vader, vergeef hun, want zij weten niet wat zij doen.'

Exact.

Maar als ik niet weet wat ik doe, hoe kan ik de dingen dan anders gaan doen?

Nu weet je wat je doet. Dat is de bedoeling van deze hele dialoog geweest. Ik ben hier gekomen om jou wakker te schudden. Nu ben je wakker. Je bent bewust. Bewustzijn is een zijnstoestand. Je 'bent' je daar bewust van. Vanuit dit bewustzijn kun je iedere andere staat van zijn kiezen. Je kunt kiezen wijs of wonderlijk te zijn. Je kunt kiezen medelevend en begripvol te zijn. Je kunt kiezen geduldig en vergevingsgezind te zijn.

Hoe? Hoe doe ik dat?

Doe het niet! *Wees* het gewoon. Probeer niet blij te 'doen'. Kies er gewoon voor blij te 'zijn', en alles wat je doet, zal daaraan ontspruiten. Het zal daardoor worden verlost. Wat je bent, geeft geboorte aan wat je doet. Onthoud dat te allen tijde.

Maar hoe kan ik ervoor kiezen gelukkig te zijn? Is geluk niet iets wat je overkomt? Ik bedoel, is het niet iets dat ik gewoon ben omdat ik het geluk heb gelukkig te zijn?

Nee! Geluk is iets waarvoor je *kiest* op grond van wat gebeurt of staat te gebeuren. Je *kiest* ervoor om gelukkig te zijn. Heb je nooit gemerkt hoe twee mensen totaal verschillend kunnen reageren op precies dezelfde omstandigheden?

Natuurlijk. Maar dat was omdat die omstandigheden voor ieder van hen iets anders betekenden.

Jij bepaalt wat iets betekent! *Jij* verleent iets betekenis. Totdat jij hebt besloten wat iets te betekenen heeft, heeft het absoluut geen betekenis. Onthoud dat. Niets betekent ook maar iets.

Uit je zijnstoestand zal betekenis ontspruiten.

Jij maakt de keuze, op ieder willekeurig moment, om gelukkig te zijn. Of je kiest ervoor droevig te zijn. Of boos, vertederd, vergevingsgezind, verlicht of wat dan ook. Jij kiest. *Jij*. Niet iets of iemand buiten jou. En je kiest nog eigenmachtig ook.

Hier volgt dan een groot geheim. Je kunt een zijnstoestand kiezen *voordat* iets gebeurt. Je kunt dus jouw ervaring *creëren* in plaats van haar louter te ondergaan.

Je doet dit feitelijk hier en nu, op dit moment. Op ieder moment. Maar misschien ben je je er niet bewust van. Je bent misschien wel als een slaapwandelaar. Als dat het geval is, mag je nu wakker worden.

Desondanks kun je niet geheel ontwaakt zijn als je moet nadenken. Denken is een andere vorm van zijn in een droomtoestand. Dat komt doordat de dingen waarover je denkt de illusie zijn. Dat is okay. Je leeft in de illusie, je hebt jezelf daar geplaatst, dus moet je er wat gedachten aan besteden. Maar onthoud, gedachten creëren realiteit en als je dus een realiteit hebt gecreëerd die je niet bevalt, moet je er niet langer gedachten over verliezen!

'Slechte gedachten leiden alleen maar tot kwaad.'

Zoiets ja. Daarom moet je om de zoveel tijd even helemaal stoppen met denken en een hogere werkelijkheid opzoeken. Je ontpoppen en uit de illusie stappen.

Hoe kan ik stoppen met denken? Ik heb het idee dat ik altijd aan het denken ben. Ik denk toch ook hierover na?

Allereerst, wees stil. Let overigens op: Ik zei '*wees* stil' en niet 'denk stil'.

Goed. Heel goed.

Okay. Als je dan een tijdje stil bent geweest, zul je merken dat je gedachten iets langzamer gaan. Ze bedaren. Ga dan nadenken waarover je denkt.

Wat is dat?

Je begrijpt Mij wel. Ga nadenken over waar je gedachten je heen voeren. Vervolgens *laat je je gedachten zich bundelen*. Concentreer je. Denk na over de dingen waarover je denkt. Dit is de eerste stap op weg naar het Meesterschap.

Wauw, dit blaast al mijn gedachten de lucht in.

Exact.

Nou, ik bedoelde dat niet letterlijk.

Jawel, je bedoelt het letterlijk. Je blaast werkelijk al je gedachten de lucht in. Wat zeggen jullie mensen ook alweer? Laten we deze tent opblazen? Nu, je blaast eigenlijk ook je gedachten op! Dat wil zeggen, je *laat* ze achter je.
Welnu, als mensen je in deze geestestoestand aantreffen, kunnen ze je zeer wel vragen: ben jij nu helemaal buiten zinnen? En jij kunt dan antwoorden: 'Ja, te gek toch.' Omdat je verstand alle zintuiglijke waarnemingen analyseert en jij daarmee gestopt bent. Je bent ermee opgehouden over dingen na te denken. In plaats daarvan denk je na over de dingen waaraan je denkt. Je begint je te focussen op je gedachten en spoedig zul je je gedachten focussen op helemaal niets.

Hoe kun je je op helemaal niets focussen?

Focus je eerst op iets in het bijzonder. Je kunt je niet op helemaal niets focussen als je je niet eerst op iets focust.
Deel van het probleem is dat het verstand altijd op *allerlei dingen* is gefocust. Het ontvangt de hele tijd data van honderden verschillende bronnen en analyseert deze data sneller dan

de lichtsnelheid. Het stuurt jou informatie over jezelf en over wat er om jou heen gebeurt.

Om je op niets te focussen, moet je deze mentale ruis zien te beëindigen. Je moet hem zien te controleren, beperken en uiteindelijk elimineren. Je wilt je op niets focussen, maar eerst moet je je op iets in het bijzonder focussen in plaats van op *alles tegelijkertijd.*

Kies daarom voor iets eenvoudigs. Je kunt beginnen met de flakkerende vlam van een kaars. Kijk naar de kaars, kijk naar de vlam, kijk wat je opvalt, staar diep in het licht. Word een met de vlam. Denk er niet over na. Wees bij de vlam.

Na een poosje zullen je ogen zich willen sluiten. Je oogleden worden zwaar.

Is dit een vorm van zelfhypnose?

Probeer er geen etiket op te plakken. Zie je? Je doet het weer. Je denkt hierover na. Je analyseert het en wilt het een naam geven. Als je ergens over nadenkt, weerhoudt dat jou ervan de ervaring te ondergaan. Als je dit doet, moet je er niet bij denken. Onderga de ervaring.

Okay.

Op het moment dat je je ogen wilt sluiten, moet je ze gewoon sluiten. Denk er niet over na. Laat ze gewoon dichtgaan. Dat gaat allemaal geheel vanzelf als je er niet tegen vecht.

Je beperkt nu de instroom van zintuiglijke ervaringen. Dit is goed.

Begin nu te luisteren naar je ademhaling. Focus je op je ademen. Luister vooral hoe je inademt. Als je naar jouw Zelf luistert, hoor je niets anders meer. Op dat moment komen de grote ideeën. Als je luistert hoe je inademt, hoor je je *inspiratie.*

O, mijn God. Hoe doet U dat toch? Hoe kunt U toch met dat soort dingen blijven komen?

Sst. Wees stil. Houd op hierover te *denken*!
Focus je nu op je innerlijke visie. Want als je eenmaal inspiratie hebt, dan zal dat je een groot 'in-zicht' geven. Focus dit inzicht op de ruimte in het midden van je voorhoofd, net boven je ogen.

Het zogenoemde derde oog?

Ja. Richt al je aandacht op die plek. Kijk aandachtig, maar verwacht niet iets te zien. Kijk naar het niets, het niemendal. Wees een met de duisternis. Probeer ernaar te streven dat je het niets ziet. Ontspan je en wees tevreden met de vrede van de leegte. Leegte is goed. Creatie kan alleen in de leegte ontstaan. Geniet daarom van de leegte. Verwacht niets meer, wens niets meer.

Wat doen wij met alle gedachten die zich maar blijven opdringen? De meeste mensen bereiken die leegte met wat geluk niet langer dan drie seconden. Kunt U iets zeggen over al die gedachten die constant naar boven borrelen, vooral voor beginners? Beginners raken vaak erg gefrustreerd over het feit dat zij hun verstand niet tot stilte kunnen brengen en daardoor niet de leegte kunnen bereiken waarover U sprak. Voor U is het misschien allemaal heel gemakkelijk, maar voor de meesten onder ons is dat niet het geval.

Je bent weer hierover aan het denken. Ik nodig je uit hierover niet langer na te denken.
Als je geest zich met gedachten blijft vullen, kijk daar dan naar en zorg ervoor dat het okay is. Doe gewoon een stapje terug als de gedachten naar boven komen borrelen en stel vast dat dit gebeurt. Denk er niet over na, constateer het alleen. Denk niet na over dat waarover je nadenkt. Doe een stap terug en constateer het. Oordeel er niet over. Raak er niet door gefrustreerd. Begin er niet met jezelf over te praten in de trant van 'Daar gaat-ie weer! Het enige wat ik aantref zijn gedachten! Wanneer bereik ik het nirwana?'

Je zult het niets nooit bereiken door constant te klagen dat je het niet hebt gevonden. Als een gedachte omhoogborrelt – een of andere irrelevante gedachte helemaal nergens over – constateer dat dan. Constateer het, zegen het en beschouw het als een deel van deze ervaring. Blijf er niet aan haken. Het maakt deel uit van de passerende optocht. Laat het voorbij waaien.

Doe hetzelfde met geluiden en gevoelens. Je merkt misschien dat je meer geluiden dan ooit hoort als je de totale stilte probeert te ondergaan. Je merkt misschien dat je nog nooit zoveel moeite hebt ondervonden om een lekkere zithouding aan te nemen. Constateer dat gewoon. Stap een niveau terug en kijk toe hoe je dit constateert. Beschouw het allemaal als een onderdeel van de ervaring. Maar blijf er niet op broeden. Het maakt deel uit van een voorbijtrekkende parade. Laat het voorbijgaan.

Net zoals de vraag die jij net hebt gesteld. Het was gewoon een vraag die bij je opkwam. Een gedachte die kwam opborrelen. Het maakt deel uit van de passerende parade. Laat het passeren. Probeer er niet op te antwoorden. Probeer het niet op te lossen. Probeer het niet uit te vogelen. Laat het gewoon rusten. Laat het onderdeel zijn van de voorbijtrekkende optocht. Laat het vervolgens aan je voorbijgaan. Constateer dat jij er helemaal niets aan hoeft te doen.

Hierin zul je grote rust vinden. Wat een opluchting. Niets te willen, niets te doen, niets te zijn, behalve wat je precies nu op dit moment bent.

Laat alles varen. Laat alles zijn.

Maar blijf kijken. Niet gespannen, niet verwachtingsvol. Gewoon... rustig blijven kijken. Je hoeft niets te zien... gereed om niets te zien.

De eerste keer dat je dit doet, de tiende keer of misschien wel de honderdste of duizendste keer, zie je misschien iets wat op een flakkerend blauw vlammetje of een dansend lichtje lijkt. Het verschijnt misschien eerst als flitsen en komt dan gestaag in zicht. Blijf erbij. Verplaats je erin. Als je voelt dat jouw Zelf ermee samensmelt, laat dat dan gebeuren.

Als dat gebeurt, hoeft er niets meer te worden gezegd in jou.

Wat is die blauwe vlam, dat dansende licht?

Dat ben jij. Het is het centrum van je ziel. Het is dat wat jou omgeeft, wat zich door jou heen verplaatst, wat jij bent. Begroet je ziel. Je hebt haar eindelijk gevonden. Je hebt haar eindelijk ervaren.

Als je ermee samensmelt, als je er één mee wordt, zul je een sublieme, volle vreugde ervaren die je gelukzaligheid noemt. Je zult ontdekken dat de essentie van je ziel de essentie van Mij is. Je zult één zijn met Mij. Slechts korte tijd weliswaar. Misschien zelfs korter dan een fractie van een seconde. Maar dat zal genoeg zijn. Daarna zal niets anders meer tellen, niets zal meer hetzelfde zijn en niets in jullie fysieke wereld zal eraan kunnen tippen. En op dit moment zul je ontdekken dat je niets en niemand buiten jezelf nodig hebt.

Tot op zekere hoogte lijkt mij dit wel angstaanjagend. Bedoelt U dat ik daarna nooit meer met iemand samen wil zijn? Dat ik nooit meer iemand wil liefhebben omdat niemand mij kan geven wat ik binnenin heb gevonden?

Ik heb niet gezegd dat je nooit meer iets of iemand buiten jezelf zou *beminnen*. Ik zei dat je nooit iets of iemand buiten jezelf *nodig hebt*. Ik zeg je nogmaals dat liefde en behoefte niet hetzelfde zijn.

Als je werkelijk de ervaring van innerlijke eenheid hebt gehad zoals Ik die beschreef, zal het resultaat juist het tegengestelde zijn van wat jij vreest. In plaats van met niemand meer samen te willen zijn, zul je juist bij *iedereen* willen zijn, maar nu, voor de eerste keer in je leven, om een totaal andere reden.

Je zoekt de anderen niet langer op om iets van hen gedaan te krijgen. Je zult er nu naar verlangen hun iets te geven. Want je zult met heel je hart ernaar verlangen om met hen de ervaring te delen die jij binnenin hebt gevonden, de ervaring van Eenheid.

Je zult deze ervaring van Eenheid samen met iedereen willen ondergaan, omdat je weet dat daarin de waarheid van jouw wezen ligt vervat. Je zult deze waarheid in je eigen ervaring willen leren kennen.

Op dat moment zul je 'gevaarlijk' worden. Je zult op iedereen verliefd worden.

Ja, en dat *is* gevaarlijk, want wij mensen hebben een leven gecreëerd waarin het voortdurende gevoel van Eenheid met iedereen ons problemen oplevert.

Maar je kent nu ook de oorzaken, zodat je dit alles kunt omzeilen.

Tja, ik weet dat behoefte, verwachting en jaloezie werkelijk de grote dempers van liefde *zijn*. Maar ik weet nog steeds niet zeker of ik ze uit mijn leven kan bannen, omdat ik twijfel of ik de formule daarvoor wel ken. Ik bedoel, het is een ding om te zeggen: *Doe dat niet meer*, en iets anders om te zeggen: *Zo zit het.*

En hierom is jouw vriendschap met Mij van belang.

Een vriendschap met God laat jou 'de formule' kennen; niet slechts de formule om je van behoefte, verwachting en jaloezie te ontdoen, maar de formule voor heel het leven, de wijsheid van alle tijden.

Jouw vriendschap met Mij laat jou deze wijsheid ook praktisch toepasbaar maken; praktisch toepasbaar, reëel en levensvatbaar in jouw leven. Het is een ding om iets te weten en het is een ander ding om wat je weet te kunnen gebruiken. Het is een ding om kennis te bezitten en een ander ding om wijsheid te bezitten.

Wijsheid is toegepaste kennis.

Ik zal je laten zien hoe je alle wijsheid die Ik jou heb gegeven, kunt toepassen. Ik laat je dat altijd zien. Maar het zal voor jou gemakkelijker zijn om Mij te horen als wij bevriend zijn. Dan vliegen de vonken ervan af! Dan komen wij pas echt goed los! Wij hebben het hier over een echte vriendschap met God.

Niet een nepvriendschap, niet een verzonnen vriendschap, niet een vriendschap in deeltijd, maar een belangrijke, zinvolle, hechte vriendschap.

Ik leid je langs de stappen die je daarbij zullen helpen. De eerste drie stappen zijn:

1. Ken God.
2. Vertrouw God.
3. Houd van God.

En nu gaan wij naar de vierde stap kijken: omhels God.

Omhels God?

Omhels God. Kom dicht bij God.
Daar hebben wij het hier uitgebreid over gehad. Wij hebben het erover gehad hoe je dicht bij God kunt komen.

Dat zou ik graag willen. Ik zou graag dicht bij U willen zijn. Ik heb altijd graag dicht bij U willen zijn. Ik wist alleen niet hoe.

En nu weet jij het. Nu weet je een heel goede manier. Door dagelijks enkele gouden momenten bij de stilte te zijn, bij het Zelf. Dat is de manier waarop je het meest effectief aan de slag kunt.

Als jij bij het Zelf bent – het ware Zelf – ben jij bij Mij, want Ik ben één met het Zelf en het Zelf is één met mij.

Zoals Ik jou al eerder heb verteld, is er meer dan één manier om dit te doen. Ik heb jou één manier laten zien, Ik heb slechts één manier beschreven, maar er zijn nog veel meer manieren. Er leidt meer dan één weg naar het Zelf en meer dan één weg naar God, en dat is iets wat elke religie in de wereld maar beter kan begrijpen en onderrichten.

Als je eenmaal jouw Zelf hebt gevonden, verlang je misschien ernaar jezelf vanuit het Zelf te verplaatsen om een nieuwere wereld te creëren. Om dit te doen moet je anderen raken zoals jijzelf zou willen worden aangeraakt. Zie anderen zoals jijzelf zou willen worden gezien.

Behandel anderen zoals jij wilt dat zij jou zouden behandelen.

> Exact. Omhels anderen zoals jij verlangt door Mij te worden omhelsd, want als jij anderen omhelst, omhels je Mij.
> Omhels de hele wereld, want de hele wereld omhelst wie en wat Ik ben.
> Verwerp niets van de wereld en niemand die daarin verkeert. Maar onthoud zolang je in de wereld bent, en de wereld in jou is, dat jij groter bent. Jij bent de schepper van de wereld, want jij creëert je eigen realiteit even zo goed als je die ervaart. Je bent zowel de schepper als het schepsel, net zoals Ik.

Ik ben geschapen 'naar het beeld en de gelijkenis van God'.

> Ja. En je kunt op elk moment kiezen de ervaring van de schepper of die van het schepsel te ondergaan.

Ik kan kiezen 'in deze wereld te zijn maar niet van deze wereld'.

> Je leert snel, Mijn vriend. Je vat de kennis die Ik jou heb aangereikt met beide handen aan en maakt er wijsheid van. Want wijsheid is toegepaste kennis. Jij ontpopt je als boodschapper. Wij beginnen met één stem te spreken.

Vriendschap sluiten met Jou betekent vrienden worden met alles en iedereen; met iedere omstandigheid en elke voorwaarde.

> Ja.

Hoe zit het dan als er een persoon of omstandigheid is die je liever niet langer van invloed wilt laten zijn op jouw leven? Hoe gaat dat als er een persoon of omstandigheid is waar je slechts met moeite van kunt houden of waar je je tegen blijft verzetten?

> Waar je je tegen verzet, houdt stand.
> Onthoud dat.

Wat is dan de oplossing?

Liefde.

Liefde?

Er is geen voorwaarde, omstandigheid of moeilijkheid die liefde niet kan oplossen. Dat betekent niet dat je moet toegeven
aan misbruik. Wij hebben dit al eerder besproken. Het betekent dat liefde voor jezelf en anderen altijd de oplossing is.
Er is niemand die niet door liefde genezen kan worden. Er is
geen ziel die niet door liefde gered kan worden. Er hoeft
eigenlijk helemaal niets of niemand te worden gered, want
iedere ziel is liefde. En als jij de ziel van een ander geeft wat zij
is, heb je dat aan jezelf teruggegeven.

Dat is wat ik heb gezegd dat U voor *ons* doet! Dat is nu de doelstelling van mijn stichting. Dit kwam in mij op toen ik de doelstelling
probeerde op schrift te stellen: *mensen aan zichzelf teruggeven.*

Denk je dat dat per toeval was?

Ik veronderstel dat ik onderhand beter moet weten.

Dat geloof Ik ook.

Niets is per toeval, toch?

Niets.

Niet dat ik voor de radio ging werken, niet dat ik in het zuiden
ging wonen, niet dat ik een baan kreeg aangeboden bij een zwart
radiostation, en ook niet dat ik Jay Jackson ontmoette bij *The
Evening Capital*. Dat is allemaal *niet* per toeval gebeurd, neem ik
aan.

Ja.

Ik denk dat ik dat al wist de eerste keer dat ik Jay ontmoette. Er leek sprake van een soort lotsbestemming tussen ons. Ik kan het niet uitleggen; het is gewoon een gevoel dat ik had vanaf het moment dat ik zijn kantoor binnenstapte. Ik was zenuwachtig, ja, omdat ik om werk verlegen zat. Maar ik had een gevoel dat alles goed zou uitpakken op het moment dat ik ging zitten.

Jay was een prachtig mens. Naarmate ik hem beter leerde kennen, ontdekte ik zijn medeleven, zijn diepe begrip van de menselijke staat, zijn ongelofelijke vriendschap en bovenal zijn vriendelijkheid. Iedereen hield van hem.

En Jay zag het positieve in iedereen. Hij gaf iedereen een kans. En dan een tweede kans, en een derde. Voor hem werken was als een droom. Als je iets goed deed, wist hij dat altijd. Je kreeg direct een briefje met in viltstift opmerkingen als *'goed verhaal over het budget van de padvinderij'* of *'opmerking interview met de non: geweldig!'* Deze briefjes vlogen in vlagen van zijn bureau; je vond ze dagelijks overal in de nieuwskamer.

Ik hield van Jay en ik kon het nauwelijks geloven toen hij zo jong stierf.

Hij was midden veertig, denk ik, en had een of ander maagprobleem. Of misschien was het wel iets veel ergers, ik weet het niet. Het enige wat ik weet, is dat hij in de laatste maanden dat ik voor hem werkte weinig anders at dan pap. Een soort babyvoedsel, havermout. Dat was het enige wat hij nog kon eten.

Wij werkten toen voor *The Anne Arundel Times*. Jay had samen met zijn vader en broer een andere kleine krant gekocht en er een weekblad van gemaakt voor Anne Arundel County (het district waarvan Annapolis de hoofdstad is). Ik werkte nog voor de *Capital* toen Jay mij een baan aanbood als redacteur van de *Times*. Het kostte mij twee seconden om te beslissen.

Ik had een vrijzinnige opvoeding gekregen bij de eerste krant, maar ik leerde nog meer bij de tweede. Het was een veel kleiner blad met een beperkte redactie, zodat ik iedere week de handen uit de mouwen moest steken en alles over plakvellen en lay-out kwam te weten.

Ik was ook de fotograaf van het nieuwsblad (ik moest snel leren hoe je met een camera omgaat en hoe je de weg vindt in een donkere kamer) en de enige sterreporter. Ik leerde veel over werken onder druk en de ongenadige laatste deadlines van een krant.

Ik hoop dat je begrijpt wat ik wil duidelijk maken, namelijk dat ik allemaal gaven ontdekte waarvan ik niet eens wist dat ik ze had. Ik ontdekte ook dat ik *deze gaven kon oproepen* door mijzelf daartoe aan te zetten. Dit was een grote onthulling voor mij. Dit was een belangrijke boodschap. Een memo van de top. God vertelde mij iets dat ik sindsdien vele malen heb gebruikt: het leven begint aan het einde van jouw zone van comfort.

Ik heb dit al eerder gezegd en ik zal het nog eens herhalen. Wees niet benauwd als je je in je leven moet u-i-t-s-t-r-e-k-k-e-n. Reik hoger dan je grip hebt. Het lijkt in het begin wel eng, maar uiteindelijk zul je ervan genieten.

Ik hield er in ieder geval van. Ik gedijde erop. Ik kon er niet genoeg van krijgen. En Jay wist dat van mij. Hij zag dat in mij en haalde het uit mij. In mijn jongere jaren werd ik vaak overvallen door onzekerheid, maar Jay wist waar ik werkelijk voor stond. Hij gaf mij terug aan mijzelf. Alle Meesters doen dat en geven aldus hun grootste zegen.

Ik bloeide op onder Jays leiding, onder zijn strenge maar zachtaardige hand en zijn richtlijn van 'niets is onmogelijk'. Ik nam dat motto al snel over. Het ging goed samen met wat mijn vader mij had geleerd: 'Je kunt alles bereiken waar je je voor inzet.' Of zoals mijn moeder het zou zeggen: 'Waar een wil is, is een weg.'

Zoals ik al zei schokte het vroege overlijden van Jay mij diep. Ik had nooit verwacht dat zo'n goed mens zo spoedig zou kunnen vertrekken.

Zijn werk was gedaan.

Ik weet het. Ik weet dat nu. Maar toen begreep ik er geen snars van. Ik was verwonderd, gekwetst. Als dit de beloning is voor werkelijk aardige mensen, wat heeft dat dan voor zin? Dat spookte door mijn hoofd. In die dagen twijfelde ik er zelfs aan of er wel een hiernamaals bestond. Ik wist niet of er leven na de dood was. Jays dood kwam als een schok voor mij. Door zijn plotselinge overlijden ging ik hard nadenken over deze vraag.

En vond je een antwoord?

Ja, ik kreeg mijn antwoord op de dag van Jays begrafenis.

Hoe ging dat dan?

Jay gaf mijzelf antwoord. In twee woorden. Op de begraafplaats. Met zijn eigen stem.

Tien

Een begraafplaats is niet bepaald de plek waar je verwacht verlichting te vinden, maar voor mij was dat wel het geval. Voor een deel althans.

Ik ging naar Jays begrafenismis in de St.-Annakerk in Annapolis, maar ik was laat en trof alle banken bezet aan. De halve stad moet aanwezig zijn geweest en ik weet niet waarom, maar ik voelde mij tussen al die rouwende mensen niet op mijn gemak. Ik denk dat ik behoefte had aan een privé-moment, een moment alleen voor ons beiden. Ik had een goede vriend verloren. Wij waren goede vrienden geweest. Hij was als een oudere broer voor mij.

Ik verliet de kerk en besloot later die dag mijn 'persoonlijke' begrafenis voor Jay te houden, mijn eigen afscheid aan zijn graf. Twee uur later, tegen de tijd dat ik dacht dat iedereen bij het graf zou zijn vertrokken, ging ik op weg naar de St.-Anna-begraafplaats. Iedereen was vertrokken. Ik ging op zoek naar Jays graf om afscheid te nemen. Maar ik kon het graf niet vinden. Nergens. Ik bestudeerde de grafstenen rij na rij, maar ik zag nergens ELMER (JAY) JACKSON JR staan. Ik liep terug en zocht nogmaals. Niets.

Ik raakte gefrustreerd. Misschien had ik toch bij de mis moeten blijven. Was ik op de verkeerde begraafplaats? Zocht ik niet op de goede plek? Ik wilde echt afscheid nemen van Jay. Ik had naar dit moment uitgezien. En nu begon het ook nog te motregenen. En er stak een wind op en het leek alsof het ging stormen. *Vooruit, Jay*, dacht ik, *waar ben je?*

Het was net als voor een stoplicht, wanneer je wilt dat het licht op groen springt en je steeds maar denkt: schiet op, spring op groen! Ik deed precies hetzelfde. Je wéét dat het licht niet meteen op groen zal springen. En je verwacht ook geen antwoord te krijgen op een begraafplaats. (Ik geloof niet dat iemand dat zou willen.)

Maar ik kreeg dus wel een antwoord. En ik schrok me een hoedje.

Hierheen.

Meer zei hij niet. Maar het was zijn stem, de stem van Jay, helder en duidelijk. Zij kwam direct achter mijn rug vandaan en ik draaide mij vliegensvlug om.

Er was niemand. Niets.

Ik zou durven zweren dat ik Jay had gehoord.

Toen hoorde ik hem weer.

Hierheen.

Deze keer klonk het verder weg, in de richting waar ik naar keek, ergens achter een heuveltje vandaan. Er trok een rilling over mijn rug. Het was de stem van Jay. Het was niet de stem van iemand die hetzelfde klonk als Jay. Het was *Jay*.

Maar er was niemand te zien. Dus ik dacht dat misschien een tuinman zich op het terrein had verstopt. Misschien had hij mij zien zoeken en geraden dat ik op zoek was naar een vers graf. En zijn stem klonk misschien wel als die van Jay.

Maar er was niemand te bekennen. Het was mij liever geweest als ik iemand had gezien. Want ik wist dat ik mij deze stem niet had ingebeeld. Ik *hoorde* haar even duidelijk als ik mijn hart in mijn borst hoorde kloppen.

Ik spurtte naar het heuveltje toe. Misschien lag er iemand achter die ik niet kon zien, dacht ik. Ik beklom het heuveltje en keek boven aangekomen in het rond.

Niemand.

Toen hoorde ik de stem opnieuw, zachter nu, rustig, alsof Jay vlak bij mij was.

Hierheen.

Deze keer draaide ik mij langzaam om. Ik geef toe dat ik het tamelijk benauwd had. Maar mijn angst sloeg snel om in verbazing. Jays grafsteen stond pal voor mij. Ik stond op zijn graf.

Ik sprong van de hoop aarde af alsof ik op een krokodil had gestaan. *Sorry*, verontschuldigde ik me. Ik had er eigenlijk geen benul van tegen wie ik het had.

Of toch wel. Ik had het tegen Jay. Op dat moment wist ik dat hij daar was. Ik wist dat hij zijn 'dood' had overleefd en dat hij mij naar zijn graf had geroepen voor dat laatste persoonlijke gesprek.

Mijn ogen schoten vol tranen. Ik ging op de grond zitten en terwijl ik diep ademhaalde kwam ik tot bezinning. Ik keek naar Jays naam, die vers in het marmer was uitgehakt. Ik wachtte af of hij nog iets zou zeggen. Hij zweeg.

'Goed,' zei ik na een poosje. 'Hoe is het om dood te zijn?'

Ik probeerde de sfeer wat te verlichten. In plaats daarvan zag ik weerlicht aan de horizon. De storm kwam dichterbij.

Hoor eens, Jay, zei ik in gedachten, ik wil je bedanken voor alles wat je voor mij hebt gedaan en voor alles wat je bent, was, voor iedereen. Je bent een enorme inspiratie voor heel veel mensen geweest. Je bent op zoveel levens van invloed geweest en je deed dat op een bijzonder zorgzame, liefdevolle wijze. Ik wil je daarvoor bedanken. Ik zal je missen, Jay.

Zachtjes begon ik te snikken. Toen ontving ik een laatste bericht van Jay. Deze keer waren het geen woorden. Het was een gevoel. Een gevoel van liefde dat mij overviel, alsof iemand een mantel over mijn schouders legde en mij zachtjes in mijn arm kneep.

Anders kan ik het niet beschrijven. Daar zijn geen woorden voor. Maar op dat moment wist ik dat Jay het goed maakte, dat alles voor hem en ook voor mij in orde was. En ik begreep op dat moment dat alles volmaakt was. Alles was zoals het moest zijn.

Ik stond op. 'Okay, Jay, ik snap het. *Niets is onmogelijk.*'

Terwijl ik mij omdraaide en de heuvel begon af te lopen durf ik zweren dat ik iemand hoorde grinniken.

Jullie deelden daar een mooi moment. Bedankt.

Hij was daar, nietwaar? Ik heb hem gehoord. En hij heeft mij gehoord.

Ja.

Er ís leven na de dood, nietwaar?

Het leven is eeuwig. De dood bestaat niet.

Het spijt me dat ik deze vraag stelde. Ik zou onderhand moeten weten dat ik deze dingen nooit in twijfel moet trekken.

Nooit?

Nooit. Een ware meester als de Boeddha, een meester als Krisjna, als Jezus, twijfelt nooit.

Hoe zit het dan met: 'Vader, waarom hebt gij mij verlaten?'

Nu ja, dat was... Ik weet niet. Ik weet niet waar dat op sloeg.

Twijfel, mijn zoon. Dat was twijfel. Ook al was het maar voor even, niet langer dan een fractie van een seconde. Besef dan ook het volgende, mijn vriend: iedere meester moet zijn hof van Gethsemane bezoeken. Daar stelt zij de vragen die iedere meester stelt. Kan dit waar zijn? Of heb ik dit alles verzonnen? Is het werkelijk Gods wil dat ik van deze beker drink? Of kan ik hem aan mij laten voorbijgaan?

Ik stel mijzelf ook wel eens dergelijke vragen en ik schaam mij er niet voor om dat toe te geven.

Het zou een stuk gemakkelijker voor je zijn, besef Ik, als jij nu niet met Mij in gesprek zou zijn. Dat zou op veel manieren een stuk gemakkelijker zijn. Je zou dit alles kunnen loslaten, je zou alles kunnen laten gaan, heel deze verantwoordelijkheid die je op je schouders hebt genomen om deze boodschap aan de mensheid over te brengen en de wereld te helpen veranderen. Je zou kunnen bedanken voor alle publieke aandacht die je krijgt en die je leven zo in de schijnwerpers heeft geplaatst.
Toch zie Ik dat het ook jouw wil is om door te gaan. Het was jouw wil dat alles zou gebeuren wat in jouw leven is gebeurd. Alle voorvallen in je leven hebben tot dit moment geleid.
Jou is de volmaakte moeder gegeven en de volmaakte vader om je voor te bereiden op deze opdracht die je jezelf hebt gesteld; de volmaakte gezinssituatie en de volmaakte kindertijd.
Jou is een ruw talent voor communicatie geschonken en de kans om dat talent tot ontwikkeling te brengen. Jij bent op het

juiste moment op de juiste plaats terechtgekomen en anderen zijn daar samen met jou beland.

Daarom heb jij Jay Jackson ontmoet en daarom had hij zo'n grote invloed op jouw leven. Daarom heb jij gewerkt onder zwarten in Baltimore, zuidelijke blanken, de inboorlingen van Afrika, de mensen van Ecuador. Daarom heb jij vriendschap gesloten en gesproken met onderdrukte, angstige mensen die niets bezitten en onder buitenlandse, totalitaire regimes leven, maar ook met wereldberoemde filmsterren, televisiepersoonlijkheden en politieke leiders die alles bezitten en in jouw eigen land leven.

Niets is jou per toeval overkomen, niets gebeurt toevallig. Het is opgeroepen, alles, zodat jij kunt ervaren en weten wat jij verkiest te willen ervaren en te weten; daardoor kun jij de meest verheven versie van de verhevenste visie over Wie jij werkelijk bent ervaren.

Ik neem aan dat mijn kennismaking met Joe Alton ook binnen deze categorie valt?

Dat klopt.

U wist dat ik op een dag alles over de politieke arena moest weten zodat ik Uw boodschap op de meest effectieve wijze aan de natie – en feitelijk aan de hele wereld – kon overbrengen.

Jij was degene die dat wist. Jij hebt altijd geweten dat je de wereld nieuwe hoop wilde geven, en jij begreep op een diep niveau heel goed dat politiek en godsdienst twee gebieden zijn waar veranderingen moeten plaatsvinden, wil er nieuwe hoop kunnen ontstaan en voortbestaan.

Ik ben altijd al in politiek geïnteresseerd geweest, zelfs toen ik nog een knulletje was. Mij is gewoon een vader toebedeeld (ahum) die heel zijn leven tot over zijn oren in de lokale politiek zat. Hij werkte voor kandidaten, hij zorgde ervoor dat hij de mensen met de juiste ambten kende en ons huis was altijd vol met rechters en wethouders, partijhandlangers en kiesdistrictsvoormannen. De meesten speelden regelmatig kaart met mijn vader.

Toen ik als negentienjarige in Annapolis belandde, ging ik eerst kennismaken met Joe Griscom, de burgemeester, en Joe Alton, de sheriff van het Anne Arundel County. In zoverre ik voor het lokale radiostation werkte, was ik in naam een lid van de 'werkende pers'. Het kostte mij dan ook niet al te veel moeite om deze mannen op te zoeken. Ik had ze iets te bieden – een beetje zendtijd is altijd welkom – en ik liet beide Joe's uitgebreid aan het woord.

Niet lang nadat ik hem had ontmoet, stelde Joe Alton zich verkiesbaar voor de staatssenaat van ons district. Ik mocht Joe graag, net als de meeste mensen. Hij won de verkiezingen met een ruime marge en toen enkele burgers van Anne Arundel County begonnen aan te dringen op een groter zelfbestuur, bleek Joe bereid om die beweging aan te voeren. Ook ik raakte erbij betrokken en toen de campagne voor meer zelfbestuur een succes werd, werd Joe Alton tot eerste gezagsdrager van Anne Arundel gekozen.

Enkele jaren later werkte ik voor *The Anne Arundel Times* te Annapolis toen Joe mij op een dag belde.

Hij was tevreden over de manier waarop ik over het bestuur van het district in de krant berichtte. Aangezien hij opnieuw mee zou doen voor de volgende termijn had hij een pershulpje nodig. Zijn telefoontje bereikte echter niet mij maar Jay.

Ik denk dat hij de eigenaars van het lokale weekblad niet wilde beledigen en dat hij ervan was uitgegaan dat hij maar beter eerst inlichtingen kon inwinnen voordat hij mij een baan aanbood. Op een middag, zo'n twee, drie maanden voor hij overleed, kwam Jay mijn kantoor binnengelopen. Hij zei: 'Je vriend Joe wil dat je voor hem komt werken in zijn verkiezingscampagne.'

Mijn hart sloeg over. Ik kreeg altijd deze ongelofelijke kansen aangeboden. Allerlei mogelijkheden dienden zich voor mij aan. Jay zag hoe opgewonden ik was. 'Ik neem aan dat je zijn aanbod accepteert?'

Ik wilde hem niet teleurstellen. 'Ik ga niet weg als je echt niet zonder mij kunt,' antwoordde ik. 'Je bent geweldig voor mij geweest en je hebt iets van mij tegoed.'

'Nee, dat is onzin,' verbeterde Jay mij. 'Je bent alleen tegenover jezelf iets verplicht. Onthoud dat. Als je zonder iemand pijn te doen iets kunt bereiken, ben je tegenover jezelf verplicht erachteraan te gaan. Ruim je bureau op en vertrek.'

'Nu meteen?'

'Waarom niet? Ik zie waar je hart naar uitgaat en het heeft geen zin om je hier te houden zodat je de dagen kunt aftellen dat je mag vertrekken. Vertrek dus maar gauw.'

Jay stak zijn hand uit en ik nam hem aan. 'Ik heb ervan genoten,' glimlachte hij. 'Van jongste bediende tot eindredacteur. Je hebt flink vooruitgang geboekt, jongen.'

'Dat klopt.'

'Maar wij zijn er ook niet op achteruitgegaan. Bedankt daarvoor.'

'Nee, jij bedankt voor wat je voor *mij* hebt gedaan,' slikte ik. 'Bedankt dat je mij een kans hebt gegeven. Ik had die baan echt nodig toen je hem aan mij gaf. Dat zal ik nooit vergeten. Ik weet niet hoe ik dat ooit kan terugbetalen.'

'Ik weet het wel,' zei Jay.

'Hoe?'

'Geef het door.'

Dat was het. Hoe kon ik deze man verlaten? Hoe kon ik de krant laten zitten? Jay zag de blik in mijn ogen. 'Denk er niet eens aan,' zei hij. 'Pak je spullen en smeer hem.'

Opeens was hij weg. Zomaar. Weg uit mijn kantoor en de straat op. Maar terwijl hij naar buiten liep, keek hij nog eenmaal over zijn schouder en riep: 'Niet omkijken, vriend. Nooit omkijken.' Dat was het laatste wat ik ooit van hem heb gezien.

Hij gaf je een goed advies.

Echt waar? Moeten wij niet omkijken, nooit? Levert omkijken dan absoluut niets op?

Hij bedoelde: 'Niet aarzelen.' Ga verder zonder te aarzelen, zonder schuldgevoelens, zonder twijfel. Je leven ligt vóór je, aan je voeten, en niet achter je. Wat je gedaan hebt, heb je gedaan. Dat kun je niet veranderen. Maar je kunt wel verder gaan.

Best, maar is het niet goed om soms spijt te voelen?

Alleen als je spijt niet verwart met schuld. Dat zijn twee ver-schillende gevoelens. Spijt is jouw verkondiging dat je niet je hoogste idee over Wie jij bent hebt laten zien. Schuld is jouw beslissing dat je het niet waard bent om iets ooit nog eens zo te doen.

Jullie samenleving en jullie godsdiensten leren jullie een schuldgevoel dat verlangt dat jullie worden gestraft zonder enige hoop op rehabilitatie. Nochtans zeg Ik je: het doel van het leven is jezelf op elk moment opnieuw te herscheppen in de volgende verhevenste versie van de verhevenste visie die je ooit hebt gehad over Wie je bent.

Hierbij heb Ik jou als medeschepper betrokken. Ik zie waar jij naartoe gaat. Ik zie waar het pad heen leidt dat jij voor jezelf hebt uitgekozen en Ik geef jou het gereedschap om precies dat te ervaren wat je moest ervaren. Dit alles hebben jij en Ik samen opgeroepen.

Om wiens 'wil' gaat het dan?

Ik zeg je dat het de Goddelijke Wil is. Onthoud voor altijd:

Jouw wil en die van Mij
is de wil die goddelijk is.

O, Heer, dat is wonderschoon. Wauw. Daar kun je weinig aan toe-voegen, toch? Dat vat alles wel zo'n beetje samen. U kunt het zo mooi zeggen altijd. U bezit de gave om alles in tien of minder woorden uit te drukken. Is dit niet een andere manier om te zeg-gen wat U eerder in *Een gesprek met God* zei: 'Jouw wil voor jou is Mijn wil voor jou'?

Inderdaad.

Maar U heeft zoëven iets gezegd wat mij opviel. U zei dat ik God gewoon heb 'gebruikt' om mijn leven te doen plaatsvinden. Op de een of andere manier lijkt dat niet te kloppen. Ik bedoel, mij lijkt dat niet het soort relatie dat ik met U dien te onderhouden.

Waarom niet?

Precies weet ik het niet. Maar ergens binnen in mij zitten dingen die mij zijn bijgebracht over dienstbaarheid aan God. Toen ik de St.-Lawrence-basisschool in Milwaukee bezocht en er echt over nadacht om naar het seminarie te gaan, vertelden de zusters ons over hoe God ons gebruikte om Gods doeleinden te dienen. Er werd nooit over gesproken dat ik God kon gebruiken om mijn doeleinden te dienen.

En toch is dat zoals Ik het heb gewild.

Werkelijk? U wilt het zo?

Jawel.

U wilt dat wij U gebruiken? Wij zijn niet op aarde zodat U ons kunt gebruiken?

Dit is deels moeilijk te bevatten of te verduidelijken omdat dit gesprek is gebaseerd op een scheidingsparadigma. Dat wil zeggen, wij praten alsof jij en Ik op de een of andere manier van elkaar zijn gescheiden; daarbij moet worden gezegd dat zo'n beetje de hele mensheid dat lijkt te geloven. De meeste mensen denken dat hun relatie met God zo werkt. Het is handiger om vanuit dit paradigma te spreken omdat dat tot minder misverstanden leidt, maar Ik wil erop wijzen dat wij het over een illusie hebben, niet over realiteit, niet over werkelijkheid.

Ik begrijp het. Ik ga ermee akkoord dat het enig voordeel kan opleveren om over het leven te spreken in illusoire termen, binnen 'de illusie'. Het is me duidelijk dat alle leven op aarde een illusie is. Ik ken nu, en ervaar bovendien regelmatig, de ultieme werkelijkheid van de eenheid met U en met alles en iedereen. Maar het is soms nuttiger om de dingen te bespreken binnen het raamwerk van het mindere begrip van mij en dat van velen met mij. Binnen dat raamwerk gesproken, zijn wij hier op aarde zodat U ons kunt gebruiken?

Als jullie hier voor Mijn gebruik waren, waarom is de wereld dan zoals zij is? Denk je nu werkelijk dat Ik deze wereld in gedachten had? *Misschien had jij – hadden jullie – deze wereld wel in gedachten.* Ik zeg je dat het laatste het geval is en niet het eerste.

De wereld om jou heen is precies zoals jij haar in gedachten had.

Ik zal dat nog eens zeggen, omdat je het mogelijkerwijs nog niet hebt begrepen. Ik zei: *De wereld om jou heen is precies zoals jij haar in gedachten had.*

Het beeld dat jij *in je geest draagt* over de wereld, is wat je rondom in de wereld zult zien. Het beeld dat jij in je geest over het leven hebt, is wat je in je leven zult zien.

Als Ik jullie voor Mijn doeleinden heb gebruikt (zoals jullie je dat in je beperkte voorstellingsvermogen hebben ingeprent), moet Ik wel een zeer inefficiënte God zijn. Ik krijg kennelijk niets voor elkaar! Zelfs als Ik jou als Mijn boodschapper en assistent inzet, zelfs als Ik Mijn enige zoon naar de aarde stuur (zoals sommigen onder jullie geloven), slaag Ik er niet in het tij te keren, de loop van de gebeurtenissen te beïnvloeden, de wereld van Mijn verlangen te creëren. Kan het zo zijn dat Ik de wereld heb geschapen zoals zij nu is? Natuurlijk niet... tenzij... het Mijn bedoeling was voor jullie de wereld te scheppen zoals jullie die *verkiezen.* In *dat geval* hebben jullie aan Mijn doeleinden beantwoord en *heb* Ik jullie 'gebruikt'.

Maar dan hebben jullie Mij ook 'gebruikt', want het is alleen door de creatieve kracht die binnen in jullie zetelt – een kracht die Ik jullie heb geschonken – dat jullie in staat zijn geweest om de wereld van jullie dromen te creëren.

Is dit de wereld van mijn dromen?

Als je er niet over had gedroomd, zou deze wereld niet bestaan.

Vaak lijkt dit eerder op de wereld uit mijn ergste nachtmerries.

Nachtmerries zijn ook dromen, zij het een speciaal soort dromen.

Hoe kom ik ervan af?

Verander je gedachten over wat je in gedachten *houdt* over de wereld. Het maakt deel uit van hetzelfde proces waarover Ik eerder heb gesproken. Denk aan dat waarover je gaat denken. Denk aan goede en wonderschone dingen. Denk aan momenten van pracht en praal, glorieuze visies en uitdrukkingen van liefde.

'Zoek het Koninkrijk der Hemelen en alles komt u toe.'

Precies.

En gaandeweg gebruiken wij U, God, tijdens dit proces?

God *is* dit proces. Het proces is wat Ik ben. Het is het proces dat jullie het leven noemen. Jullie kunnen Mij *niet* gebruiken. Jullie kunnen alleen niet weten dat jullie dat doen. Maar als jullie Mij bewust gebruiken, als jullie Mij bij vol bewustzijn en met opzet gebruiken, zullen alle dingen veranderen.
Dit is stap vijf in het scheppen van een vriendschap met God: gebruik God.

Vertelt u mij alstublieft hoe ik dat moet doen. Het komt nog steeds vreemd op mij over om er op die manier over te denken. Ik heb Uw hulp nodig om te kunnen begrijpen wat het inhoudt om God te gebruiken.

Het houdt in dat je alle werktuigen en gaven gebruikt die Ik je heb gegeven.
De gave van creatieve energie, die jou toelaat je eigen werkelijkheid te vormen en je eigen ervaring met je gedachten, woorden en daden te creëren.

De gave van zachtaardige wijsheid, die jou toelaat de waarheid te kennen op momenten dat het beter is niet te oordelen op grond van uiterlijkheden.

En de gave van zuivere liefde, die jou toelaat anderen te zegenen en hen onvoorwaardelijk te aanvaarden; hun de vrijheid te schenken om hun eigen keuzes te bepalen en te beleven; en je Goddelijke Zelf de vrijheid te schenken om hetzelfde te doen, zodat je jezelf opnieuw kunt re-creëren in de volgende verhevenste versie van de verhevenste visie die je ooit hebt gehad over Wie je bent.

Ik zeg je dat er een Goddelijke Kracht in het universum werkzaam is die bestaat uit de volgende ingrediënten: creatieve energie, zachtaardige wijsheid, zuivere liefde.

Als je God gebruikt, gebruik je simpelweg deze Goddelijke Kracht.

'Moge de kracht met jou zijn.'

Inderdaad. Dacht jij dat George Lucas dat zomaar had verzonnen? Geloof je dat dat idee is komen aanwaaien? Ik zeg je: Ik gaf George de inspiratie om die woorden te gebruiken, en voor de achterliggende ideeën, net zoals Ik jou nu inspiratie geef om deze woorden en ideeën op te schrijven.

Ga daarom heen en doe dat wat je jezelf hebt geschonken om te doen. Verander de wereld 'met kracht'.

En gebruik Mij. Gebruik Mij voortdurend, iedere dag. Gebruik Mij in je donkerste uur en in het uur van je hoogste glorie, in momenten van angst en in momenten van moed, tijdens dieptepunten en tijdens hoogtepunten, als je depri bent en als je high bent.

Ik zeg je dat je dit alles zult hebben en ervaren zult hebben. Want voor alles is er een seizoen en er is een moment voor ieder doel onder de zon.

Een tijd om geboren te worden en om te sterven;

een tijd om te zaaien en een tijd om te oogsten wat is gezaaid;

een tijd om te doden en een tijd om te helen;

een tijd om af te breken en een tijd om op te bouwen;

een tijd om te huilen en een tijd om te lachen;

een tijd om te rouwen en een tijd om te dansen;

een tijd om stenen te gooien en een tijd om stenen te verzamelen;

een tijd om te omhelzen en een tijd om van omhelzingen af te zien;

een tijd om te zoeken en een tijd om te verliezen;

een tijd om vast te houden en een tijd om weg te gooien;

een tijd om te scheuren en een tijd om te naaien;

een tijd om te zwijgen en een tijd om te spreken;

een tijd om te minnen en een tijd om te haten;

een tijd voor oorlog en een tijd voor vrede.

Waar is het nu tijd voor? Dat is de hamvraag. Waar kies jij voor? Waar is het volgens jou tijd voor? Je hebt al deze verschillende momenten beleefd, en nu is het tijd voor jou om te kiezen welke tijd je 'nu op dit moment' wenst te ervaren!

Want alles wat er ooit is voorgevallen, gebeurt nu, en alles wat ooit zal voorvallen, gebeurt ook nu op dit moment. Dit is het eeuwige moment, de tijd van jouw onophoudelijke keuzes.

De wereld wacht op jou en jouw beslissing. Wat jij verkiest te zijn, maakt zij tot werkelijkheid. Wat jij bent en doet plaatsvinden, is de werkelijkheid van jouw zijn.

Zo werkt alles. Dit is hoe alles is. En dit is het moment van jouw ontwaken voor deze waarheid. Ga heen en verspreid deze boodschap over heel de wereld; de tijd van jullie verlossing is nakend. Want jullie hebben tot Mij gebeden: 'Verlos ons van het kwade' en dat zal Ik dan ook doen, zoals de boodschap hier luidt. Ik steek Mijn hand uit, wederom de hand van vriendschap.

Een vriendschap met God.

Ik ben hier voor jullie, altijd, allerwegen.

Al-tijd, aller-wegen.

Elf

Dank U voor deze prachtige dialoog over hoe je met God bevriend kunt zijn. Ik geniet weer volop van Uw aanwezigheid. En alleen al deze eerste vijf stappen – ken God, vertrouw God, bemin God, omhels God, gebruik God – kunnen het leven van mensen veranderen.

Inderdaad. Maar wees geduldig, er komen er nog twee.

Ik weet het. En ik heb wat hulp nodig bij de volgende stap.

Help God.

Ja, ik heb wat hulp nodig om te kunnen begrijpen waarom U hulp nodig heeft. Ik dacht dat U de enige was die niets nodig heeft.

Ik heb geen hulp nodig, maar Ik ontvang het wel graag. Het maakt de dingen wat gemakkelijker.

Gemakkelijker? Ik dacht dat er in Gods wereld geen graden van moeilijkheid bestonden. Komt U op Uw woorden terug?

Nee, in de ultieme werkelijkheid bestaan geen graden van moeilijkheid. Maar als Ik met jullie spreek, gebruik ik de terminologie die het meest met jullie illusie overeenkomt. Als Ik Mij voortdurend zou uiten in de terminologie van de ultieme werkelijkheid, zouden wij in het geheel geen gesprek voeren. Jullie zouden het niet kunnen volgen. Zelfs als Ik het bij gelegenheid wel al eens doe, vormt het een grote uitdaging voor jullie.
Het probleem is dat jullie geen woorden hebben voor de

meeste dingen die kunnen worden overgebracht; en voor de dingen waar jullie wel woorden voor hebben, hebben jullie geen context waarbinnen jullie ze kunnen plaatsen. Dit is het probleem met veel spirituele en esoterische literatuur. Het zijn pogingen om de waarheid over de ultieme werkelijkheid kenbaar te maken met behulp van beperkte woorden die uit hun context zijn gehaald.

Daarom worden zoveel spirituele geschriften en gewijde teksten waarschijnlijk verkeerd geïnterpreteerd.

Dat heb je goed gezien.

Wat bedoelde U, binnen de context van mijn begripsvermogen, dan toen U zei dat het de dingen gemakkelijker maakt als ik U een helpende hand toesteek?

Ik bedoelde daarmee dat het de dingen gemakkelijker maakt *voor jou.*

Aha, ik dacht dat U bedoelde dat het de dingen gemakkelijker maakt voor U.

In zekere zin bedoelde Ik dat ook, een beetje hulp maakt de dingen inderdaad gemakkelijker voor Mij. Maar zie je, hier raken wij weer verzeild in die kwestie van context. Ik stap over op de context van de ultieme werkelijkheid als Ik zulke uitspraken doe. In de ultieme werkelijkheid helpt dat wat jou helpt Mij ook, omdat in de ultieme werkelijkheid jij en Ik één zijn. Er bestaat geen scheiding tussen ons. Nochtans heeft zo'n uitspraak binnen het scheidingsparadigma waarin jij leeft, binnen de illusie die jij ondergaat, geen betekenis.

Heel deze dialoog moet Ik steeds weer overstappen van de ene context op de andere om dingen uit te leggen die eenvoudigweg niet kunnen worden uitgelegd binnen het kader van jouw eigen aardse werkelijkheid.

Het is dus voor jou de uitdaging om, in de woorden van die

geweldige Robert Heinlein, *volledig te snappen* wat Ik bedoel als Ik zeg dat je God moet helpen.

De meeste mensen snappen niet eens wat 'volledig snappen' betekent!

Nou, precies. Daar sla je de spijker op de kop. Jij hebt het volledig gesnapt.

Waarom zeggen wij niet gewoon dat het de dingen *voor ons* gemakkelijker maakt als ik God help? Maar vooruit, vertel mij eens hoe het de dingen dan gemakkelijker maakt.

Als je dat wilt begrijpen, moet je eerst begrijpen wat God probeert te doen. Je moet doorhebben wat Ik van plan ben.

Ik denk dat ik dat wel weet. U re-creëert Uzelf opnieuw in ieder enkelvoudig moment van het Nu. U doet dit in de volgende meest verheven versie van de verhevenste visie die U ooit heeft gehad over Wie U bent. En U doet dit in, als en door ons. In die zin zijn wij U. Wij zijn leden van het lichaam van God. Wij zijn God die God aan het zijn is.

Je hebt het goed ontleed, Mijn vriend. Opnieuw beginnen wij met één stem te spreken. Dit is goed, want jij zult een van de vele boodschappers zijn; niet alleen iemand die naar het Licht zoekt, maar ook iemand die het Licht brengt.

En dat is de manier waarop ik U het beste kan *helpen*! Ik kan het beste helpen door de dingen te ontleden. Of *'ont-leden'*, zoals U zou zeggen. Dat wil zeggen, *opnieuw een ledemaat* te worden van het lichaam van God.

Jij hebt het helemaal door. Jij hebt waarlijk alle nuances begrepen. Op deze manier kunnen jullie God dus een helpende hand toesteken. Leef je leven welbewust, harmonieus en genadig. Deze drie manieren van leven realiseer je door de gaven te gebruiken die Ik je heb gegeven: creatieve energie, zachtaardige wijsheid en zuivere liefde.

Creatieve energie heb Ik in heel je wezen aangebracht en in alles wat daaruit voortkomt. Gedachten, woorden en daden zijn de drie Werktuigen van Creatie. Als je dit weet, kun je ervoor kiezen de *oorzaak* van je ervaring te zijn in plaats van het *resultaat* ervan te zijn.

Het leven vloeit voort uit jouw intenties. Als je dit beseft, kun je je leven welbewust beleven. De dingen die je denkt, denk je welbewust. De dingen die je zegt, zeg je welbewust. De dingen die je doet, doe je welbewust.

Als je iets doet en mensen zeggen: 'Je deed het doelbewust!', dan is dat geen beschuldiging maar een compliment

Alles wat je doet, doe je doelbewust; en jouw doel in ieder moment van je leven is inderdaad de verhevenste versie te beleven van de verhevenste visie die je ooit hebt gehad over Wie jij bent. Als jij je creatieve energie aanwendt, help je God meer zichzelf te zijn en zichzelf te ervaren.

Zachtaardige wijsheid heb Ik in je ziel geplaatst. Als je deze gave benut, leef je altijd in harmonie. Je hele wezen is feitelijk harmonie.

Harmonie wil zeggen dat je de vibratie aanvoelt van het moment, van de persoon, van de plek of van de omstandigheid waar je nu mee te maken hebt en dat je daarin opgaat. In harmonie zingen betekent niet unisono zingen, het betekent samen zingen.

Als je in harmonie zingt, verander je totaal de manier waarop het lied wordt gezongen. Het wordt een nieuw lied, een ander lied. Dit is het lied van de ziel en er is geen mooier lied dan dat.

Onderga zachtaardige wijsheid in alle momenten. Bemerk hoe zij ze verandert. Zie hoe ze jou verandert.

Jij draagt zachtaardige wijsheid in je. Ik heb haar daar geplaatst en zij heeft jou nooit verlaten. Doe een beroep op haar in periodes van moeilijkheden en spanningen, op momenten dat je een besluit moet nemen of wordt belaagd, en zij zal er zijn. Want als je een beroep op wijsheid doet, doe je een beroep op Mij. Als jij je zachtaardige wijsheid aanspreekt, help je God meer zichzelf te zijn en zichzelf te ervaren.

Zuivere liefde heb ik in elk mensenhart geplaatst. Het is wat Ik ben en wat Jij bent. Je hart loopt bijna over van deze liefde. Je hele persoonlijkheid is ervan doordrenkt, *bestaat* als het ware uit zuivere liefde. Zuivere liefde is Wie jij bent.

Als je zuivere liefde tot uitdrukking brengt, schenk je jezelf de rechtstreekse ervaring van Wie jij bent. Dat is de grootste gave. Het lijkt alsof je iets aan anderen schenkt, maar het is een gave aan je eigen persoonlijkheid. Dat komt doordat er niemand anders in de ruimte is. Het lijkt alleen maar zo alsof er nog iemand is. Zuivere liefde laat je de waarheid zien.

Als je van een plaats vol zuivere liefde komt, leid je een leven dat voor iedereen genadig is. Je draagt er zorg voor dat iedereen voordeel heeft van jouw aanwezigheid. 'Aardigheid' wordt voor jou een sleutelbegrip. Plotseling begrijp je de diepere betekenis ervan.

Aardigheid houdt niet alleen goedheid maar ook *gelijkaardigheid* in. Als je in een staat van zuivere liefde verkeert, besef je dat jij en alle anderen 'gelijkaardig' zijn. Jullie zijn allen verwant, en plotseling zie je dat wanneer je zuivere liefde toont, je *gelijk-aardigheid* toont.

Dit is ook wat het inhoudt *een ver-wante geest* te zijn. Dit is wat het inhoudt om een eenheid met alle dingen te kennen. En als je onder welke omstandigheid ook zuivere liefde beoefent, help je God meer zichzelf te zijn en zichzelf te ervaren.

Je helpt God wanneer je jezelf helpt tot God te komen. Sla daarom geen enkele helpende hand af. Sta jezelf bij om tot God te komen. Want dit is het voedsel van het leven, dat alle dingen voedt.

Neemt en eet hiervan want het is Mijn lichaam.

Jullie zijn allen leden van dat Ene lichaam. En het is nu tijd om dat te her-inneren.

Ik zou je dit niet vertellen als het niet waar was. Dit is de hoogste waarheid, zo waarlijk helpe Mij/God.

Ik heb nog nooit woorden zo in elkaar zien grijpen, zo betekenis-vol. Het is allemaal zo... *symmetrisch.*

God is symmetrisch. God is volmaakte symmetrie. Er is orde in de chaos. Elk ontwerp kent perfectie.

Dat zie ik. Ik herken de perfectie van het ontwerp door heel mijn leven heen; zelfs in het feit dat mijn vriend Joe Alton naar de gevangenis moest, al was dat een grote schok voor mij toen het gebeurde. Joe Alton werd betrapt op enkele onbetekenende mal-versaties met betrekking tot de bijdragen aan een verkiezingscam-pagne en werd veroordeeld tot enkele maanden celstraf in een relatief open staatsgevangenis in Allenwood, Pennsylvania.

De les die ik daaruit trok – iets wat ik al wist maar was vergeten – was dat er onder ons maar weinig heiligen verkeren. Wij doen allemaal ons best, maar velen van ons struikelen soms of komen ten val.

Dit besef heeft mij geholpen niet te oordelen wanneer de zwakhe-den van anderen door hun daden werden onthuld of wanneer *mijn* zwakheden door mijn daden werden onthuld. Dat was niet gemakkelijk en het is mij ook niet altijd gelukt. Maar ik heb het altijd geprobeerd vanaf het moment dat ik bij de politiek van Anne Arundel County betrokken raakte. Zij hebben mij geleerd dat altijd te proberen.

Er was nog een reden waarom ik in het gezelschap van Joe Alton belandde, al heeft dat hier verder niets mee te maken. Op een bepaald niveau moet ik hebben geweten dat ik mijzelf moest oefenen om voor een groot publiek op te treden, om eigenhandig te kunnen afrekenen met volle zalen. Ik had geen betere onder-wijzer kunnen kiezen.

Joe Alton doorzag de menselijke aard beter dan alle andere men-sen die ik ooit heb ontmoet. Door voor hem te werken, aanvanke-lijk als laaggeplaatste campagne-assistent en later als laaggeplaatst staflid in het districtsbestuur, kreeg ik de mogelijkheid hem aan het werk te zien, en mijn eigen omgang met mensen veranderde daardoor ingrijpend.

Joe werd overal waar hij kwam door mensen belaagd. Tijdens

openbare bijeenkomsten verzamelden de mensen zich om hem heen. Iedereen trok aan hem, wilde hem onder vier ogen spreken, vroeg om kleine gunsten of zijn hulp, bedelde om een moment aandacht van hem.

Hoewel ze van alle kanten op hem afkwamen, heb ik Joe Alton nooit iemand zien wegsturen. Het deed er niet toe hoe laat het was, hoe lang hij ergens al was of hoeveel hij nog moest doen nadat hij was vertrokken. Hij keek de mensen altijd recht in de ogen en gaf iedereen zijn volle aandacht.

Op een avond na zo'n openbare bijeenkomst vervulde ik de rol van 'voorganger'. Ik liep voorop en moest een weg banen door de mensenmassa in de langzame gang van het podium voor in de zaal naar de wachtende auto bij de uitgang achterin. Toen wij uiteindelijk achter in de auto waren beland, richtte ik mij tot Joe en vroeg hem verwonderd: 'Hoe *doet* u dat toch? Hoe kunt u zoveel van uzelf geven? Al die mensen, die helemaal over u heen hangen en allemaal iets van u willen!'

'Het is in feite heel gemakkelijk om ze te geven wat ze willen,' glimlachte Joe.

'Wat willen ze dan?' moest ik weten. 'Wat voor dingen vragen zij u?'

'Ze willen allemaal hetzelfde.'

Ik keek hem verbaasd aan.

'Weet jij niet wat zij allemaal willen?'

'Nee,' moest ik hem toegeven.

Joe keek mij recht in de ogen. 'Ze willen allemaal gehoord worden.'

Dertig jaar nadien kom ik zelf regelmatig uit vergaderzalen en aula's gelopen met mensen die van alle kanten op mij afstormen en dan moet ik altijd aan Joe denken.

Mensen willen gehoord worden en dat verdienen ze ook. Ze hebben je boek gelezen en jou van kaft tot kaft hun geest geleend. Ze hebben jou een deel van zichzelf gegeven en ze willen een deel van jou; dat is redelijk en dat is wat Joe Alton wist. Hij doorzag dat ten diepste. Hij gaf niets weg; hij *gaf iets terug*.

Ik heb dat op het lezingencircuit herontdekt dankzij enkele prachtige mensen. Auteur Wayne Dyer zegt altijd tegen zijn publiek: 'Ik blijf hier totdat ik het boek van de laatst aanwezige heb gesigneerd en wij de kans hebben gehad elkaar te ontmoeten.' En veel sprekers doen hetzelfde. Ze blijven rondhangen. Ze geven iets terug.

Joe Alton was de eerste die mij die wijsheid bijbracht. 'Wie kaatst, mag de bal verwachten,' leerde ik dertig jaar geleden al tijdens het rumoer en spektakel van een politieke campagne.

Op een avond zaten wij na een lang, moeizaam debat in de trailer. Joe's opponent was ongenadig geweest in zijn beschuldigingen. Hij was nauwelijks ingegaan op de echte thema's van de campagne en hij had Joe alleen maar persoonlijk aangevallen. Toen ik bij de trailer terugkwam, liep ik direct op de typemachine af. Mijn vingers vlogen over de toetsen terwijl ik een stekelig, beknopt verweer opstelde, in mijn herinnering een uiterst gevat, welbespraakt weerwoord.

Joe kwam nonchalant naar mij toe gelopen. 'Wat ben je aan het schrijven?'

'Uw persverklaring voor morgenochtend, met uw reactie op die laaghartige aanvallen,' antwoordde ik op een toon van 'Wat dacht je anders?'

Joe grinnikte. 'Je meent toch niet dat ik van plan ben daarvan gebruik te maken, hè?'

'Waarom niet? Wij moeten met hem afrekenen! Wij kunnen hem hiermee toch niet laten wegkomen?'

'Okay,' zei Joe. 'Dit is mijn verklaring. Ben je er klaar voor?'

Ja, dacht ik, nu komt het! Joe zal dit honderd keer beter zeggen dan ik ooit zal kunnen.

'Laat maar komen,' zei ik, met mijn vingers in de aanslag.

Joe dicteerde een verklaring van één zin: 'Het spijt mij dat mijn tegenstander zichzelf dit aandoet.'

'Is dat alles?' barstte ik los. 'Is dat alles?'

'Dat is alles,' verklaarde Joe.

'Maar hoe zit het dan met alle dingen die hij zei?'

'Wij kunnen ons tot zijn niveau verlagen,' antwoordde Joe rustig, 'of wij kunnen erboven gaan staan. Wat kies jij?'

'Maar, maar...'

'Wat kies jij?' vroeg Joe nogmaals.

'Ik staarde naar de bladzijden die ik al getypt had. Ik herlas de eerste alinea's. Toen verscheurde ik de hele handel.

'Goede keuze,' zei Joe en hij klopte mij op de schouder. 'Je bent weer wat volwassener geworden vanavond.'

Ik wil je nu graag iets over die ervaring in je leven vertellen wat je misschien niet doorhebt.

Wat?

Als je het inzicht gebruikt dat je toen ontving, *gebruik je God.* Als je dat verhaal gebruikt in een boek als dit, *gebruik je God.* Je hebt namelijk een gave benut die Ik jou heb geschonken en die over de hele wereld uitgezonden.

Snap je dat? Dit is meer dan een interessante anekdote. Dit is meer dan een simpele episode uit jouw leven. Je hebt je eigen persoonlijkheid dit aangereikt, je hebt het met ons gedeeld en wel om een bepaalde reden. Je streeft ernaar je persoonlijkheid en de wereld te veranderen.

Het feit dat je in dit boek verhalen over je eigen leven vertelt, gaat veel verder dan alleen het bevredigen van de nieuwsgierigheid van je lezers naar jouw verleden. Het zorgt ervoor dat anderen zich herinneren wat ook zij altijd al hebben geweten.

En hierin ligt de symmetrie, de perfectie van het ontwerp. Het was jouw ziel dertig jaar geleden al duidelijk welke personen, plaatsen en omstandigheden een volmaakte ervaring zouden bieden, die jou kon voorbereiden om jouw rol te spelen in het veranderen van de wereld. Jouw ziel wist bovendien ook dat je die ervaringen moest kiezen, omdat de resultaten ervan van blijvende aard waren en jou *dertig jaar later* nog van pas zouden komen.

Mijn hemel.

Denk je nu werkelijk dat dingen per toeval gebeuren?
Ik zeg je nogmaals, in elk ontwerp schuilt volmaaktheid.
Niets gebeurt in het leven per toeval. Niets.

Niets gebeurt in jouw leven per toeval. Niets.

Er gebeurt niets zonder dat het voor jou de mogelijkheid oplevert om er een reëel, blijvend voordeel aan te ontlenen.
Helemaal niets.

De perfectie van elk moment is jou misschien niet duidelijk,
maar dat maakt het moment niet minder perfect. Het is en
blijft een gave.

Twaalf

Als ik ver genoeg terug stap om het ontwerp te kunnen zien, om de schoonheid te kunnen zien van het verfijnde, delicate weefsel in de textuur van mijn leven, raak ik vervuld van dankbaarheid.

Dat is de laatste stap, de zevende stap, in de creatie van een vriendschap met God: bedank God.

Het is bijna een automatische stap. Het gebeurt bijna vanzelf, volgt bijna vanzelf, als je stap een tot stap zes hebt gezet.

Heel je leven heb je God niet gekend zoals God werkelijk is. Nu kun je dat.

Heel je leven heb je God niet vertrouwd zoals jij wenste dat je dat zou kunnen. Nu kun je dat.

Heel je leven heb je God niet bemind zoals jij het wenste. Nu kun je dat.

Heel je leven heb je God niet omhelsd met een vertrouwdheid die God tot een reëel deel van jouw ervaring maakte. Nu kun je dat.

Heel je leven heb je God niet gebruikt zoals je je beste vriend zou gebruiken. Maar nu, nu je zo dichtbij bent, weet je dat je dat kunt.

Heel je leven heb je God niet op een bewuste manier geholpen, omdat je niet wist dat God hulp verlangde, en zelfs als je dat al wist, wist je niet hoe je hulp kon geven. Nu kun je dat.

Het is niet jouw fout dat je God niet kende. Hoe kun je iets of iemand kennen als iedereen je er iets anders over vertelt?

Het is niet jouw fout dat je God niet vertrouwde. Hoe kun je iets vertrouwen wat je niet kent?

Het is niet jouw fout dat je God niet beminde. Hoe kun je beminnen wat je niet vertrouwt?

Het is niet jouw fout dat je God niet omhelsde. Hoe kun je omhelzen wat je niet bemint?

Het is niet jouw fout dat je God niet gebruikte. Hoe kun je iets gebruiken wat je niet vasthoudt?
Het is niet jouw fout dat je God niet hielp. Hoe kun je helpen met iets waarvan je niet weet hoe je het moet toepassen?
En het is niet jouw fout dat je God niet bedankte. Hoe kun je dankbaar zijn voor iets dat je niet kunt helpen?
Maar vandaag is een nieuwe dag. Nu is een nieuw moment. En jij kunt opnieuw een keuze maken. Het gaat om de keuze opnieuw je persoonlijke relatie met Mij te creëren. Het gaat om de keuze uiteindelijk vriendschap met Mij te sluiten.

Iedereen in de wereld wil dat. Althans iedereen die in God gelooft. Wij hebben ons hele leven al geprobeerd vriendschap te sluiten met God. Wij hebben geprobeerd U te behagen, U niet te beledigen, de ware U te vinden, zelf door U te worden gevonden; wij hebben van alles geprobeerd. Maar wij hebben niet de zeven stappen doorlopen. Ik heb dat in ieder geval niet geprobeerd. Niet op de manier zoals U hier heeft uiteengezet. Bedankt daarvoor. Maar mag ik nog een gerichte vraag stellen?

Vanzelfsprekend.

Waarom is dankbaarheid noodzakelijk? Waarom is het zo belangrijk dat wij U bedanken? Waarom maakt dat deel uit van de zeven stappen? Heeft U als God zulke egomane behoeften dat U ons alle goede dingen afneemt als wij U niet voldoende dankbaarheid betonen?

Integendeel. Ik ben juist zo'n liefdevolle God dat jullie alle goede dingen zullen *ontvangen* als jullie je dankbaarheid tonen.

Dat lijkt me een omslachtige manier om hetzelfde te zeggen. Ik moet mijn dankbaarheid tonen zodat ik goede dingen zal ontvangen.

Je bent nergens toe verplicht; het is geen vereiste. Veel mensen die op geen enkele manier hun dankbaarheid lijken te tonen, ervaren toch goedheid.

Okay, ik geef het op.

Ik verlang geen dankbaarheid. Het is geen balsem voor mijn ego, geen smeermiddel voor de raderen, geen olie voor de wielen. God zal jou er een volgende keer niet extra welgezind voor zijn. Het leven laat je goede dingen overkomen, of je er nu dankbaar voor bent of niet. Maar met dankbaarheid overkomen die dingen je wel sneller. Dat is omdat dankbaarheid een zijnstoestand is.
Herinner je je nog dat Ik zei: *denken is de traagste manier van scheppen*?

Ja. Ik was daar zeer verbaasd over.

Je moet je daar niet over verbazen. Je voert allerlei belangrijke lichaamsfuncties uit *zonder erover te denken*. Je denkt niet na over een knipoog of een glimlach, je ademhaling of je hartslag. Je denkt niet na over zweten of kreunen. Die dingen horen gewoon bij het mens-zijn. Dat wil zeggen, mens, komma, *zijn*.

Ja, ik herinner het mij. U heeft eerder gezegd dat sommige levensfuncties en ervaringen automatisch worden geschapen, zonder enige inspanning, op het ervaringsniveau dat wordt aangeduid als het onderbewustzijn. Is dat waar wij het effectiefst dingen creëren?

Nee, jullie creëren het effectiefste, efficiëntste en snelste als jullie niet vanuit het *onder*bewustzijn maar vanuit het *boven*bewustzijn iets creëren.
Het *boven*bewustzijn is dat niveau van ervaring waarbij het hogere bewustzijn, het bewustzijn en het onderbewustzijn één worden en vervolgens worden overstegen. Dit is een plaats

boven alle gedachten uit. Het is je ware zijnstoestand en deze ware staat is Wie je werkelijk bent. Het wordt niet verstoord, bewogen of beïnvloed door jouw gedachten. Gedachten zijn niet een eerste oorzaak. Dat is het Ware Zijn.

Wij verkennen nu op zeer diep niveau de ingewikkeldste esoterische kennis. De verschillen, *nuances*, zijn hier zeer verfijnd.

Dat is prima. Ik denk dat ik er klaar voor ben. Vooruit met de geit.

Goed. Maar onthoud dat wij hier op wat taalproblemen zullen stuiten. Ik moet hier op een grotere context overstappen en spreken vanuit de ultieme werkelijkheid; daarna schakel ik weer terug naar de illusie die de werkelijkheid is waarin jullie nu leven. Ik hoop dat jullie dat kunnen vertalen.

Ik begrijp het. Geef er maar een draai aan.

Weet je het zeker? Dit belooft lastig te worden, het lastigste deel van onze dialoog tot dusver. We zullen slechts moeizaam vooruitkomen. Misschien sla je dit liever over en vertrouw je gewoon op Mijn woord, zodat wij verder kunnen.

Ik wil het begrijpen. Althans, dat wil ik proberen.

Okay, daar gaan we.
Probeer eerst deze uitspraak te begrijpen:
Zijn is, denken doet.
Wat betekent dat volgens jou?

Het betekent dat zijn geen actie is, geen ondernemen; het is niet iets wat voorvalt. Het is eerder een 'is-heid'. Het is wat het is. Het is een 'zo-heid'. Het is wat zo is.

Goed. En hoe zit het met denken?

Dat betekent dat denken een proces is, 'een ding dat je doet', iets wat gebeurt.

Heel goed. En wat zijn daarvan de implicaties?

Alles wat gebeurt, kost tijd. Iets kan heel snel gebeuren, zoals denken, maar het kost altijd wat wij tijd noemen. Iets wat 'is' bestaat daarentegen gewoon. Het is nu, op dit moment. Het hoeft niet 'te worden'; het bestaat hier en nu.
'Is-heid' is met andere woorden sneller dan 'een ding dat je doet' en 'zijn' is dan ook sneller dan 'denken'.

Weet je wat, Ik had jou als Mijn tolk moeten inhuren.

Ik dacht dat dat het geval was.

Okay, die zit. Goed, probeer nu de volgende uitspraak te vatten:
Zijn is de eerste oorzaak.
Wat zegt jou dat?

Het betekent dat het zijn alles veroorzaakt. Wat je 'aan het zijn bent', veroorzaakt jouw ervaring.

Excellent. Maar veroorzaakt zijn ook denken?

Ja. Als het uitgangspunt correct is, dan veroorzaakt zijn ook denken.

Wat je bent, beïnvloedt dus ook je denken?

Ja, zo kun je het wel stellen.

Nochtans heb Ik gezegd dat denken 'creatief' is. Is dat waar?

Als U zegt dat het zo is.

Goed zo. Het doet Mij vreugde dat jij Mij vertrouwt. Welnu, als denken 'creatief' is, kan denken dan een zijnstoestand creëren?

U bedoelt: *wat was er eerst, de kip of het ei?*

Exact.

Ik weet het niet. Ik veronderstel dat ik als ik 'droevig' ben, mijn gedachten daarover kan veranderen. Ik kan besluiten blijde gedachten te denken, bij positieve dingen stil te staan en plotseling kan ik mij dan gelukkig voelen. U heeft mij gezegd dat ik dat kan. U heeft gezegd dat mijn gedachten mijn werkelijkheid creëren.

Dat heb Ik inderdaad gezegd.

Klopt het?

Ja, het klopt. Maar laat Mij je dit eens vragen: creëren jouw gedachten je ware Wezen?

Ik weet het niet. Ik heb U die frasering niet eerder horen gebruiken. Ik weet niet wat mijn ware Wezen is.

Je ware Wezen is Alles van Alles. Het is Alles. Het is het Al-in-Al. De alfa en de omega, het begin en het einde, de eenheid.

Anders gezegd: God.

Dat is een andere aanduiding, ja.

U vraagt mij dus of mijn denken God creëert?

Ja.

Dat weet ik niet.

Laat Mij dan de draad oppakken en de knoop voor jou ontwarren.

Alstublieft.

We worden hier door taal en context in onze mogelijkheden beperkt, zoals Ik nu al meerdere malen heb uitgelegd.

Dat begrijp ik.

Okay. Je denken over God creëert God niet. Het creëert slechts jouw *ervaring* van God.
God *is*.
God is het Al-in-Al. Het Alles. Alles wat ooit was, nu is, en ooit zal zijn.
Gaat het nog tot dusver?

Tot dusver gaat het nog.

Als je denkt, *creëer* je niet het Al. Je reikt *in* het Al om die ervaring *van* het Al te creëren waar jij voor kiest.
Alles van Alles is *er al*. Je *plaatst het daar* niet door eraan te denken. Maar door eraan te denken, plaats jij *in jouw ervaring* dat deel van het Al waaraan je denkt.
Heb je dit kunnen volgen?

Ik geloof van wel. Ga rustig verder, heel rustig. Ik probeer bij te blijven.

Je ware Wezen, dat is Wie jij werkelijk bent, gaat aan alles vooraf. Als je denkt over wie je nu wenst te *zijn*, reik je in je ware wezen, in je totale Zelf, en concentreer je je op het deel van het totale Zelf dat je nu wenst te ervaren.
Je totale Zelf is Alles van Alles. Het is de vreugde *en* de droefenis.

Ja, ja! U heeft dit eerder verteld! U zei over mij: 'Je bent het op en het neer ervan, het links en het rechts ervan, het hier en daar ervan, het voor en na ervan. Je bent het snelle en het langzame, het grote en het kleine, het mannelijke en het vrouwelijke, en

wat jij het goede en het slechte noemt. Je bent alles van alles en er is niets van alles wat jij niet bent.'
Ik heb U dat eerder tegen mij horen zeggen!

Je hebt gelijk. Vele keren heb Ik dit tegen jou gezegd. En nu begrijp je het beter dan ooit tevoren.
Welnu, beïnvloedt 'denken' dus het 'zijn'? Nee. Niet in de breedste zin van het woord. Je bent Wie je bent, ongeacht wat je daarover denkt.
Maar kan denken een directe, afwijkende ervaring van jouw *zijn* creëren? Ja. Waar je over denkt, waar je je op concentreert, zal manifest worden gemaakt in jouw huidige, individuele realiteit. Als je dus droevig bent en je denkt positieve, blijde gedachten, dan denk je gemakkelijk 'je weg' naar gelukkig zijn.
Je verplaatst jezelf simpelweg van een deel van je persoonlijkheid naar een ander deel!
Toch is er een 'kortere weg' en dat is waar we hier op proberen uit te komen. Dat is waar we over hebben gesproken.
Je kunt jezelf op elk moment meteen verplaatsen naar iedere zijnstoestand die je wilt – dat wil zeggen, je kunt ieder deel van je ware wezen oproepen – door gewoon te weten dat het zo is en te verklaren dat het zo is.

U zei ooit tegen mij: 'Wat je weet, is wat zo is.'

Dat heb Ik inderdaad gezegd. En dit is precies wat Ik daarmee bedoelde. Wat jij over je ware Wezen weet, zal zo zijn voor jouw huidige zijnstoestand. Als je verklaart wat je weet, zorg je ervoor dat het zo is.
De krachtigste uitspraken zijn de 'Ik ben'-uitspraken. Een van de beroemdste daarvan was een uitspraak van Jezus: 'Ik ben de weg en het leven.' De meest veelomvattende uitspraak was er een van Mij: 'Ik ben die is.'
Jij kunt ook 'Ik ben'-uitspraken doen. In feite doe je dat iedere dag. 'Ik ben het zat.' 'Ik ben kapot.' Enzovoort. Dit zijn uitspraken over een zijnstoestand. Als je deze uitspraken over je

zijnstoestand bewust in plaats van onbewust doet, leef je met een Intentie; je leeft welbewust. Onthoud dat Ik heb voorgesteld dat je:

welbewust
harmonieus
genadig

moet leven. Je hele leven is een boodschap, wist je dat? Iedere daad is een daad van zelfdefiniëring. Elke gedachte is een film op het scherm van je geest. Elk woord is een bericht voor God. Alles wat je denkt, zegt en doet, straalt een boodschap over jou uit.

Beschouw je 'Ik ben'-uitspraken daarom als een soort manifest. Dit is jouw manifest over jouw zijnstoestand. Je doet een uitspraak over hoe het met jou is gesteld. Je zegt: 'Zo is het'.

Zeg, wacht eens even. Ik bedenk net iets! Wij zijn allemaal één, dus het is werkelijk manifest.

Dat is goed, heel goed.

Als je nu een uitspraak doet, is dat de kortste weg naar jouw zijnstoestand. Door je uitspraken roep je op Wie je werkelijk bent, of meer precies: dat deel van Wie je werkelijk bent, dat jij nu op dit moment wilt ervaren.

Dit is de 'is-heid' die creatief is in plaats van het denken dat creatief is. *Zijn is de snelste methode van creatie.* En dat is omdat wat *is, nu op dit moment is.*

Een ware uitspraak over je staat van zijn doe je zonder erover na te denken. Als je erover nadenkt, vertraag je het op zijn minst en misschien ontken je het zelfs.

Die vertraging treedt gewoon op omdat denken tijd kost en iets zijn kost helemaal geen tijd.

Ontkenning kan optreden omdat denken over wat je verkiest te zijn je vaak ervan overtuigt dat je iets niet bent en ook nooit kunt worden.

Als dat waar is, dan is denken het ergste wat ik kan doen!

In zekere zin klopt dat. Alle spirituele meesters zijn buiten zinnen. Dat wil zeggen dat zij niet bewust nadenken over wat zij zijn. Zij *zijn* het gewoon. Op het moment dat je over iets nadenkt, kun je het niet zijn. Je kunt het alleen uitstellen of ontkennen het te zijn.

Om een huis-, tuin- en keukenvoorbeeld te geven: je kunt alleen verliefd *zijn* als je verliefd *bent*. Je kunt niet verliefd zijn als je erover nadenkt. Als iemand die van jou houdt je vraagt of je van hem of haar houdt, werkt het contraproductief als je antwoordt dat je daarover moet nadenken.

Uitstekend. Je hebt het goed begrepen.
Welnu, als tijd geen kritieke factor is, als het geen kwestie van centimeters en seconden is (en slechts weinig dingen zijn dat), als het niet belangrijk is hoe lang het duurt voordat jij dat ervaart wat je kiest (zoals verliefd zijn), dan kun je gerust de tijd nemen om 'erover na te denken'.
En denken is een bijzonder krachtig werktuig. Begrijp Mij goed. Het is een van de drie hulpmiddelen voor het scheppen.

Gedachte, woord en daad.

Precies. Maar vandaag heb Ik je nog een methode aangereikt waarmee je het leven kunt ervaren. Dit is geen hulpmiddel voor het scheppen, dit is een nieuw *begrip* van scheppen, namelijk dat het geen proces is waardoor dingen gebeuren, maar een proces waardoor jij je ervan bewust wordt wat al *is gebeurd*; een besef van *wat is*, altijd was en altijd zal zijn, een wereld zonder einde.
Begrijp je dat?

Ik begin het te snappen, ja. Ik begin de hele kosmologie, de hele constructie, te begrijpen.

Goed, want Ik weet dat het niet eenvoudig is. Of beter: het is wel eenvoudig, maar niet *gemakkelijk*.

Onthoud in ieder geval dit: zijn is onmiddellijk. Je denken is in vergelijking daarmee erg langzaam. Zo snel als het denken lijkt, is het toch erg langzaam in vergelijking met het zijn.

Laten wij jouw erg menselijke voorbeeld van verliefd zijn gebruiken.

Denk terug aan een keer dat je verliefd werd. Er was een moment, een magische flits, toen je die verliefdheid voor het eerst voelde. Het raakte je misschien als een donderslag. Plotseling overkwam het je. Je keek naar die persoon aan de andere kant van de ruimte, aan de andere kant van de eettafel, op de bijrijderstoel van je auto, en geheel opeens *wist* je dat je van hem of haar hield.

Dat gebeurde opeens. Het was onmiddellijk. Het was niet iets waarover je moest nadenken. Het 'gebeurde' gewoon. Je dacht er misschien later over na. Je dacht er misschien van tevoren over na – hoe zou het zijn om op die persoon verliefd te zijn – maar op dat moment, dat je het voor het eerst voelde, voor het eerst in je hart wist, overspoelde het je gewoon. Het gebeurde veel te snel voor jou om erover na te kunnen 'denken'. Je besefte plotseling wat het was, *verliefd te zijn*.

Je kunt zelfs verliefd zijn nog voordat je erover hebt nagedacht!

Tjonge, vertel mij wat.

Hetzelfde geldt voor dankbaarheid. Als je dankbaar bent, hoeft niemand je te vertellen dat het tijd is om dankbaar te zijn. Je bent gewoon dankbaar en dat gaat als vanzelf. Je merkt dat je *dankbaar* bent nog voordat je erover hebt nagedacht. Dankbaarheid is een zijnstoestand. Er bestaat geen woord als 'liefbaarheid' in jullie taal, maar eigenlijk zou dat wel moeten.

U bent een poëet, wist U dat?

Dat heeft men Mij wel eens gezegd.

Okay, ik begrijp dat zijn sneller gaat dan denken, maar ik begrijp nog niet helemaal waarom 'dankbaar zijn' voor iets dat sneller tot stand brengt dan... wacht eens even, terwijl ik dit zeg, weet ik het antwoord al...
U zei eerder dat dankbaarheid een zijnstoestand is die mij de helderheid verschaft dat ik al heb wat ik denk nodig te hebben. Als ik God *bedank* voor iets in plaats van Hem om iets te *vragen*, weet ik in feite al dat het er al is.

Exact.

En *daarom* is de zevende stap: 'Bedank God.'

Exact.

Want als je God bedankt, 'ben' je je ervan bewust dat jou alle goede dingen in het leven al zijn overkomen; dat alles wat jij nodig hebt – de juiste, volmaakte mensen, plaatsen en gebeurtenissen – om wat jij hebt gekozen tot uitdrukking te brengen, te ervaren en te ontwikkelen, al voor jou is klaargezet.

Nog voordat je gevraagd hebt, zal Ik geantwoord hebben. Daar gaat het inderdaad om.

Dus moet je God vooraf bedanken en niet pas achteraf!

Dat zou veel effect kunnen hebben. En je hebt net een groot geheim onthuld. Het wonder van de zeven stappen naar God is dat zij kunnen worden omgedraaid. Zij kunnen worden *omgekeerd.*
Als je God bedankt, help je God om jou te helpen.
Als je God helpt om jou te helpen, gebruik je God.
Als je God gebruikt, omhels je God in jouw leven.
Als je God omhelst, bemin je God.
Als je God bemint, vertrouw je God.

En als je God vertrouwt, ken je God vanzelfsprekend.

Verbazingwekkend. Absoluut verbazingwekkend.

Je weet nu hoe je vriendschap met God kunt sluiten. Een ware vriendschap. Een echte vriendschap. *Een praktische, effectieve* vriendschap.

Geweldig! Kan ik er direct mee aan de slag? En zeg niet: 'Dat kun je wel, maar je mag het niet.'

Wat?

O, ik had in de derde klas een lerares die altijd ons taalgebruik verbeterde. Als wij onze hand opstaken en vroegen: 'Zuster, kan ik naar het toilet?' antwoordde zij altijd: 'Dat kun je wel, maar je mag het niet.'

O ja, Ik herinner Mij haar.

Wie zou haar ooit kunnen vergeten?

Ik zou haar kunnen vergeten, maar Ik mag dat niet.

Hatsiekiedee. Tromgeroffel en bazuingeschal alsjeblieft.

Bedankt allemaal, bedankt allemaal. Zéér vriendelijk bedankt.

Maar nu weer serieus, mensen. Ik wil deze vriendschap graag gaan gebruiken. U vertelde mij dat U mij zou helpen te begrijpen hoe ik de wijsheid in *Een gesprek met God* in de praktijk kan brengen, hoe ik die in het dagelijks leven functioneel kan maken.

Nu ja, daar gaat het toch om in je vriendschap met God. Zij moet je helpen deze dingen te herinneren. Zij moet je alledaagse bestaan verlichten en jouw moment-tot-moment-ervaring ontwikkelen tot een uitdrukking van Wie je werkelijk bent.

Dit is je grootste verlangen en Ik heb een volmaakt systeem ontworpen waarmee al je verlangens kunnen worden verwezenlijkt. Ze worden op dit moment al verwezenlijkt. Het enige onderscheid tussen jou en Mij is dat Ik dat al weet.

In het moment van jouw totale weten – een moment dat je elk moment kan overkomen – zul jij hetzelfde ervaren als Ik de hele tijd al doe. Je zult vreugdevol, liefdevol, accepterend, zegenend en dankbaar zijn.

Dit zijn de vijf houdingen van God en Ik heb je beloofd dat Ik je voor het einde van onze dialoog laat zien hoe de toepassing van deze vijf houdingen in jouw leven jou nu en later tot Goddelijkheid zullen brengen.

U heeft die belofte lang geleden in het eerste boek gedaan en het lijkt me inderdaad wel tijd dat U die nakomt!

En *jij* beloofde ons over jouw leven te vertellen, vooral over je belevenissen sinds het verschijnen van *Een gesprek met God*, en tot dusver heb je ons alleen maar fragmentjes laten zien. Misschien zouden wij *beiden* onze beloften moeten nakomen!

Kalm aan.

Dertien

Ik verliet het districtsbestuur en ging in het onderwijs; na tien jaar ging ik aan de westkust voor dr. Elisabeth Kübler-Ross werken; achttien maanden later begon ik mijn eigen reclamebureau in San Diego, waarna ik een contract tekende bij Terry Cole-Whittaker Ministries; enkele jaren later verhuisde ik naar de staat Washington; van daaruit ging ik naar Portland en verder naar het zuiden van Oregon, waar ik zonder een cent op zak uiteindelijk werk vond bij de radio; daar hield ik het drie jaar uit, beleefde vervolgens een ellendige periode tot ik gastheer werd van een landelijk uitgezonden praatprogramma; tot slot schreef ik de trilogie *Een gesprek met God* en sindsdien beleef ik een te gekke tijd.
Okay, ik heb mijn belofte gehouden, nu moet U Uw belofte nakomen.

Ik denk dat de lezers wel iets meer van je verwachten.

Nee, dat is niet zo. Zij willen U horen spreken. Zij willen dat U Uw belofte houdt.

Prima.
Ik schiep de wereld en Adam en Eva; Ik plaatste hen in de Hof van Eden en zei ze dat ze vruchtbaar moesten zijn en zich moesten vermenigvuldigen; Ik ondervond wat problemen met een slang, keek toe hoe zij elkaar de schuld gaven en alles verkeerd begrepen; later gaf Ik een oude man een paar stenen tafelen om de dingen wat op te helderen; Ik scheidde de zeeën, verrichtte wat wonderen en zond enkele boodschappers om Mijn verhaal te vertellen; hoewel Ik merkte dat niemand luisterde, bleef Ik proberen en dat was het zo'n beetje.
Okay, nu heb Ik ook Mijn belofte gehouden.

Aardig, heel erg aardig.

Ja, hè, en minder langdradig dan Moeder de Gans.

Wie kent die oude verhaaltjes nog?

Ik ben oud, heel erg oud. Wat wil je toch van Mij?

Ik wil dat U ophoudt met die flauwe grapjes. Niemand zal een woord uit dit boek geloven als U dit soort grappen en grollen blijft maken.

Zie hier. De pot verwijt de ketel dat-ie zwart ziet.

Okay, hebben we het door? Kunnen we verder met dit boek?

Als jij erop staat.

Ik wil meer weten over de vijf houdingen van God; naar mij opviel viel 'meligheid' daar *niet* onder.

Misschien had dat wel gemoeten.

Wilt u alstublieft ophouden?

Nee, Ik meen het. Veel mensen denken dat God geen gevoel voor humor heeft en niet kan lachen of dat het Gewijde alleen met ernst mag worden benaderd. Ik zou willen dat jullie allemaal wat meer ontspannen deden. Allemaal. Lach om jezelf. Iemand zei ooit: 'Je bent pas echt volwassen als je smakelijk om jezelf kunt lachen.'
Neem jezelf niet zo serieus. Gun jezelf wat extra ruimte. En als je daar toch mee begint, gun anderen dan ook wat.
Jij wilt meer weten over de vijf houdingen tot God? Kijk dan eens naar de eerste.

'Vreugdevol zijn'.

Dat is de *Eerste* Houding. Heb je het opgemerkt? Dat heb Ik op de *eerste* plaats gezet.

En wat wilt U daarmee zeggen?

Ik bedoel daarmee dat dit voor al het andere komt. Dit maakt al het andere mogelijk. Zonder vreugde is er niets.

Ik bedoel daarmee dat niets zin heeft tenzij je een beetje humor in je leven toelaat. Ik bedoel daarmee dat lachen het beste medicijn is. Ik bedoel daarmee dat vreugde goed is voor de ziel.

Ik ga zelfs verder dan dat. Vreugde *is* de ziel. De ziel is dat wat jij vreugde noemt. Zuivere vreugde. Oneindige vreugde. Onaangepaste, onbegrensde, onbeperkte vreugde. Dat is de *aard* van de ziel.

Een glimlach is een raam naar je ziel. Lachen is de deur.

O, wauw.

Wauw, ja.

Waarom is de ziel zo gelukkig? *Mensen* zijn niet zo gelukkig. Ik bedoel, de mensen aan wie die ziel toebehoort, lijken niet bepaald gelukkig. Wat is er aan de hand?

Dat is een prachtige vraag. Als de ziel zo vreugdevol is, waarom ben jij dat dan niet? Dat is een volmaakt prachtige vraag.

Het antwoord ligt in jouw geest. Je moet ook 'mentaal' vol vreugde durven zijn. Je moet de vreugde in je hart durven loslaten.

Ik dacht dat vreugde in de ziel zat.

Je hart is de verbinding tussen je ziel en je geest. De vreugde in je ziel moet langs je hart, wil zij ooit 'je geest betreden'.

Gevoelens zijn de taal van de ziel. Zij zullen zich in je hart opeenhopen als je een gesloten geest hebt. Daarom zegt men van mensen die uiterst bedroefd zijn dat hun hart zal breken. En daarom zegt men van mensen die heel erg blij zijn dat hun hart overloopt.

Open je geest, laat je gevoelens tot uitdrukking komen, eruit gedrukt worden, en je hart zal nooit breken of overlopen maar een vrije doorgang vormen voor de levensenergie van jouw ziel.

Maar als de ziel vreugde is, hoe kan zij dan ooit bedroefd zijn?

Vreugde is het leven dat tot expressie komt. Wat jullie vreugde noemen is de vrije stroom van levensenergie. De essentie van het leven is één-zijn, eenheid met Alles wat is. Dit is wat het leven is: eenheid *die tot expressie komt*. Het gevoel van eenheid is het gevoel dat jullie liefde noemen. Daarover heet het in jullie woorden dat liefde de essentie van het leven is. Vreugde is derhalve liefde die vrijelijk tot expressie komt.

Als die vrije en onbegrensde expressie van leven en liefde – dat wil zeggen de ervaring van eenheid en één-zijn met alle dingen en met ieder receptief wezen – door enigerlei voorwaarde of omstandigheid wordt beperkt of verhinderd, dan komt de ziel, die zelf vreugde is, niet tot volle expressie. Vreugde die niet tot volle expressie komt, is wat jullie bedroefdheid noemen.

Ik raak in de war. Hoe kan een ding een bepaald ding zijn terwijl het toch iets anders is? Hoe kan een ding koud zijn als het in essentie heet is? Hoe kan de ziel bedroefd zijn als haar essentie vreugde is?

Jij begrijpt de aard van het universum niet goed. Je ziet de dingen nog als gescheiden. Heet en koud zijn niet van elkaar gescheiden. *Niets is gescheiden*. Er is niets in het Universum dat van iets anders is gescheiden. Heet en koud zijn dan ook hetzelfde *in verschillende graden*. Hetzelfde gaat op voor vreugde en bedroefdheid.

Wat een schitterend inzicht! Ik heb er nog nooit zo over nagedacht. Bedroefdheid en vreugde zijn gewoon twee aanduidingen. Het zijn *woorden* die wij gebruiken om *verschillende niveaus van dezelfde energie* aan te duiden.

Verschillende expressies van de Universele Kracht, ja. En daarom kunnen deze twee gevoelens op hetzelfde moment worden ervaren. Kun jij je zoiets voorstellen?

Ja! Ik *heb* bedroefdheid en vreugde op hetzelfde moment ervaren.

Natuurlijk heb je dat. Dat is volstrekt niet ongebruikelijk.

Het televisieprogramma *M*A*S*H* was een perfect voorbeeld van deze nevenschikking. En meer recent die buitengewone film *Life is Beautiful*.

Inderdaad. Dat zijn ongelofelijke voorbeelden van hoe lachen geneest en hoe vreugde en verdriet zich kunnen vermengen.
Dit is de levensenergie zelf, deze stroom die jullie bedroefdheid/vreugde noemen.
Deze energie kan op elk moment worden uitgedrukt op een manier die jullie vreugde noemen. Dat is zo omdat *de levensenergie kan worden beheerst*. Net zoals je een thermostaat van koud naar warm draait, kun je de vibratie van de levensenergie opvoeren van bedroefdheid naar vreugde. En Ik zeg je dit: als je vreugde in je hart draagt, kun je elk moment genezen.

Maar hoe draag je vreugde in je hart? Hoe krijg je haar daar als ze daar niet zit?

De vreugde zit er.

Sommige mensen ervaren dat niet op die manier.

Zij kennen het geheim van vreugde niet.

Wat is het geheim?

Je kunt pas vreugde voelen wanneer je haar naar buiten laat.

Maar hoe kun je vreugde naar buiten laten als je haar niet voelt?

Help een ander vreugde te voelen.
Als je de vreugde die in een ander zit vrijlaat, laat je de vreugde in jezelf vrij.

Sommige mensen weten niet hoe dat moet. Dit is zo'n fantastische uitspraak, zij weten niet hoe zoiets eruitziet.

Het kan al worden gedaan met iets eenvoudigs als een glimlach. Of een compliment. Of een liefdevolle blik. En het kan worden bereikt met zoiets elegants als het bedrijven van de liefde. Met dergelijke hulpmiddelen kun je de vreugde in een ander vrijlaten, en met nog veel meer.
Met een lied, een dans, de streek van een kwast, het vormen van klei of het rijmen van woorden. Met het vasthouden van elkaars hand, het ontmoeten van elkaars geest of het samenkomen van elkaars ziel. Met de wederzijdse creatie van iets goeds, iets liefdevols en iets bruikbaars. Met al deze hulpmiddelen kun je elkaars vreugde vrijlaten, en met veel meer.
Met het delen van een gevoel, door het vertellen van de waarheid, het beëindigen van je boosheid, de genezing van het oordeelsvermogen. Met de bereidheid om te luisteren en de bereidheid om te spreken. Met het besluit om te vergeven en de keuze om te bevrijden. Met de toewijding om te geven en de gratie om te ontvangen.
Ik zeg je dat er een duizendtal manieren is om de vreugde in het hart van een ander vrij te laten. Nee, duizendmaal een duizendtal. En op het moment dat je besluit dit te doen, zul je weten wat je moet doen.

U heeft gelijk. Ik weet dat U gelijk heeft. Het kan zelfs nog op iemands sterfbed gebeuren.

Ik heb jullie een grote meester gezonden om dat te laten zien.

Ja. Dr. Elisabeth Kübler-Ross. Ik kon het niet geloven. Ik kon niet geloven dat ik haar zou ontmoeten, laat staan dat ik deel zou gaan uitmaken van haar staf. Wat een buitengewone vrouw.

Ik verliet het districtsbestuur van Anne Arundel County (nog *voor* Joe Altons problemen begonnen. *Oef!*) om een baan in het schoolsysteem aan te nemen. De oude pr-functionaris ging daar met pensioen en ik solliciteerde op de vacature. Opnieuw bevond ik mij op het juiste moment op de juiste plek. Ik ontving nog meer ongelofelijke levenservaring en werkte aan van alles, van het interventieteam voor crises tot het comité voor de opstelling van het lesprogramma. Ik moest rapporten van 250 bladzijden over desegregatie voorbereiden voor een subcomité van het Congres (nogmaals proeven aan de Zwarte Ervaring); ik reisde van school naar school en leidde een nieuw soort gezinsbijeenkomsten voor leraren, ouders, studenten, bestuurders en ondersteunde stafleden. Ik zat overal middenin.

Ik bracht op die manier de jaren zeventig door – de langste periode dat ik ooit ergens heb gewerkt – en genoot vooral de eerste zes jaar intens. Maar uiteindelijk begonnen mijn taken zich te herhalen en verloor ik mijn inspiratie. Ik kreeg uitzicht op wat steeds meer op een doodlopende weg leek; ik kon mij voorstellen dat ik over dertig jaar nog precies hetzelfde zou moeten doen. Zonder diploma had ik weinig uitzicht op vooruitgang (ik had al veel geluk gehad met de baan die ik nu bekleedde) en mijn energie begon op te drogen.

Toen werd ik in 1979 gegrepen en ontvoerd door dr. Elisabeth Kübler-Ross. Het was echt een ontvoering, laat daarover geen misverstand bestaan.

Ik was dat jaar als vrijwilliger begonnen Elisabeth te helpen, samen met Bill Griswold. Wij coördineerden een aantal lezingen aan de oostkust, waarbij geld werd ingezameld voor Shanti Nilaya, de non profit-organisatie die haar werk ondersteunde. Bill had mij een paar maanden daarvoor aan dr. Ross voorgesteld nadat hij mij had gevraagd mee te werken aan de public relations voor een optreden in Annapolis, waartoe hij haar had overgehaald.

Ik had natuurlijk al van Elisabeth Kübler-Ross gehoord. Zij was een algemeen bekende vrouw en haar revolutionaire boek uit 1969, *On Death and Dying* (Over dood en sterven), had de visie van de wereld op het stervensproces veranderd, het taboe op thanatologie geslecht, de Amerikaanse beweging voor terminale verpleegtehuizen voortgebracht en het leven van miljoenen voor altijd veranderd.

Zij heeft nadien nog diverse andere werken geschreven, onder andere *Death: The Final Stage of Growth* (Dood, de laatste fase van groei), en het meest recent: *The Wheel of Life: A Memoir of Living and Dying* (De wiel van het leven, memoires van leven en sterven).

Ik was onmiddellijk met Elizabeth ingenomen, zoals bijna iedereen die haar ontmoette. Zij heeft een buitengewone magnetische en diep overtuigende persoonlijkheid; niemand die ooit met haar in aanraking is gekomen, is hetzelfde gebleven. Ik wist na zestig minuten met haar dat ik haar in haar werk wilde assisteren; niemand hoefde mij te vragen om mij daarvoor als vrijwilliger aan te melden.

Bijna een jaar na die eerste ontmoeting regelden Bill en ik in Boston een nieuwe lezing. Na afloop van haar toespraak hadden enkelen van ons in een rustig hoekje van een restaurant een van de zeldzame momenten voor een persoonlijk gesprek met Elisabeth. Ik heb al twee of drie van dergelijke gesprekken met haar gevoerd, dus zij wist al wat ik haar die avond opnieuw vertelde, namelijk dat ik er alles voor overhad om haar in haar werkzaamheden bij te staan.

Elisabeth gaf rond die tijd overal in het land workshops 'Leven, Dood en Overgang'; samen met ongeneeslijk zieken en hun families oefende zij in wat zij het 'rouwproces' noemde. Ik had nog nooit iets vergelijkbaars meegemaakt. Zij beschreef later in *To Live Until We Say Goodbye* (Leven tot we tot ziens zeggen) welke enorme emotionele krachten bij deze bijeenkomsten vrijkwamen.

Deze vrouw beroerde het leven van mensen op een diepe, zinvolle wijze en ik zag hoe haar werk haar leven zin gaf.

Mijn werk gaf mijn leven geen zin. Ik deed gewoon wat ik dacht dat ik moest doen om te kunnen overleven (of ervoor te zorgen dat anderen konden overleven). Een van de dingen die ik van Elisabeth leerde is dat niemand dat hoeft te doen. Elisabeth onderwees dergelijke gargantueske lessen op de simpelste manier: opmerkingen van één zin waar niemand een argument tegenin mocht brengen. Ook in het restaurant in Boston schonk zij mij een van die opmerkingen.

'Ik weet het niet meer,' klaagde ik. 'Mijn werk is niet opwindend genoeg en ik heb het gevoel alsof ik mijn tijd verdoe. Ik zal wel tot mijn 65e blijven werken en dan met pensioen gaan.'

Elisabeth keek mij aan alsof ik gek was. 'Je hoeft dat niet te doen,' zei ze zacht. 'Waarom doe je dat?'

'Als het alleen om mij ging, zou ik het niet doen, geloof mij maar. Dan zou ik morgen vertrokken zijn. Maar ik moet aan mijn gezin denken.'

'En vertel mij dan eens wat zij zouden doen, jouw gezin, als jij morgen dood gaat?' vroeg Elisabeth.

'Daar gaat het nu niet om,' kaatste ik. 'Ik ben niet dood, ik leef nog.'

'Noem jij dat leven?' antwoordde zij, waarop zij zich omdraaide en iemand anders aansprak alsof het volstrekt duidelijk was dat er niets meer gezegd hoefde worden.

De volgende ochtend, bij de koffie in haar hotel, keerde zij zich plots naar mij. 'Jij rijdt mij naar de luchthaven,' zei zij.

'O, okay,' ging ik akkoord. Bill en ik waren samen uit Annapolis komen rijden en mijn auto stond voor de deur.

Onderweg vertelde Elisabeth mij dat zij naar Poughkeepsie in de staat New York ging voor een intensieve workshop van vijf dagen.

'Kom even mee naar binnen,' zei ze. 'Je kunt mij hier niet alleen afzetten. Ik heb hulp nodig voor mijn koffers.'

'Geen probleem,' antwoordde ik en wij reden het parkeerterrein op.

Bij de balie presenteerde Elisabeth haar eigen ticket en een creditcard. 'Ik wil nog een stoel op deze vlucht boeken,' vertelde zij de medewerkster.

'Eens kijken of wij nog plaats hebben,' antwoordde de vrouw.

'Aha, er is nog één stoel over.'

'Natuurlijk,' straalde Elisabeth alsof zij een of ander geheim kende.

'En wie is de andere reiziger, alstublieft?' informeerde de baliemedewerkster.

Elisabeth wees mij aan. 'Deze mijnheer hier,' prevelde zij.

'Pardon?' slikte ik.

'Je gaat toch mee naar Poughkeepsie, nietwaar?' vroeg Elisabeth alsof wij het daarover al uitgebreid hadden gehad.

'Neen! Ik moet morgen op mijn werk zijn. Ik heb maar drie dagen vrijgenomen.'

'Dat werk kan ook wel zonder jou,' zei zij nuchter.

'Maar mijn auto staat hier in Boston,' protesteerde ik. 'Ik kan hem niet gewoon op het parkeerterrein laten staan.'

'Bill komt wel naar de luchthaven en brengt hem terug.'

'Maar... Ik heb geen schone kleren bij me. Ik wist niet dat ik zo lang weg zou zijn.'

'Er zijn genoeg winkels in Poughkeepsie.'

'Elisabeth, ik kan dit niet maken! Ik kan niet zomaar op het vliegtuig stappen en ergens naartoe vliegen.' Mijn hart klopte in mijn keel want dat was precies wat ik wilde.

'Mevrouw hier moet even je rijbewijs zien,' zei zij met een vette knipoog.

'Maar Elisabeth...'

'Je zorgt er nog voor dat ik dit vliegtuig mis.'

Ik gaf de vrouw mijn rijbewijs en zij overhandigde mij mijn ticket.

Terwijl Elisabeth voortstapte naar de uitgang, zweefde mijn stem haar achterna. 'Ik moet mijn kantoor bellen en zeggen dat ik niet kom...'

Elisabeth begon verdiept te lezen in het vliegtuig en sprak nauwelijks tien woorden met mij. Maar toen wij bij de locatie van de workshop in Poughkeepsie aankwamen, stelde zij mij voor als haar 'nieuwe public relations-man'.

Ik belde naar huis naar mijn vrouw om te zeggen dat ik ontvoerd was, maar dat ik vrijdag weer thuis zou zijn. En de twee daaropvolgende dagen keek ik toe hoe Elisabeth aan de slag ging. Ik zag recht voor mijn neus het leven van mensen veranderen. Ik zag hoe oude wonden werden geheeld, hoe oude kwesties werden opgelost, hoe oude woede loskwam en oude overtuigingen werden overwonnen.

Op een gegeven moment beleefde een vrouw die dicht bij mij zat een 'doorbraak'. (Jargon van medewerkers voor de situatie waarin iemand in langdurig huilen uitbarst of anderszins zelfbeheersing verliest.) Elisabeth gaf met een korte knik van haar hoofd aan dat ik deze situatie moest oplossen.

Ik leidde de huilende vrouw voorzichtig het vertrek uit en liep met haar naar een kleine ruimte die verderop in de hal was vrijgehouden. Ik had nog nooit zoiets gedaan, maar Elisabeth had alle medewerkers vrij specifieke aanwijzingen gegeven. (Zij nam meestal drie tot vier mensen met zich mee.) Een ding had zij heel duidelijk gesteld: 'Probeer het niet te *fixen*. Blijf gewoon luisteren. Roep mij als je hulp nodig hebt, maar aanwezig zijn en luisteren is meestal al voldoende.'

Zij had gelijk. Het lukte mij op kwalitatieve wijze 'aanwezig te zijn' voor de vrouw die aan de workshop meedeed. Ik bleek in staat te zijn om haar voldoende bescherming te bieden, om haar de ruimte te geven om alles eruit te laten, om alles los te laten wat zij met zich had meegedragen en in het grotere vertrek was losgekomen. Zij schreeuwde en jammerde en liet haar boosheid gaan en praatte dan zachtjes, waarna zij de hele cyclus opnieuw doorliep. Ik had mij nog nooit zo nuttig gevoeld.

Die middag belde ik het schoolbestuur in Maryland.

'Personeelszaken, alstublieft,' zei ik tegen de telefoniste. Toen zij mij met de goede afdeling had doorverbonden, haalde ik diep adem.

'Kan iemand telefonisch ontslag nemen?' vroeg ik.

Mijn tijd als medewerker van Elisabeths staf was een van de grootste giften in mijn leven. Ik zag van heel dichtbij een vrouw als een heilige optreden, uur na uur, week na week, maand na maand. Ik stond aan haar zijde in voordrachtszalen, bij workshops en aan het bed van stervenden. Ik zag haar met bejaarden en met kinderen. Ik keek toe hoe zij omging met de angstigen en de dapperen, met de vreugdevollen en de bedroefden, met open en met gesloten mensen, met woestelingen en met makke schapen.

Ik zag een Meester.

Ik zag hoe zij de diepste wonden kon helen die de menselijke geest kunnen worden aangedaan.

Ik keek toe, luisterde en deed mijn uiterste best om iets van haar op te steken.

En ja, ik kwam er geleidelijk achter dat wat U heeft gezegd waar is.

> Ik zeg je dat er een duizendtal manieren is om de vreugde in het hart van een ander vrij te laten. En op het moment dat je besluit dit te doen, zul je weten wat je moet doen.

En dat kan zelfs op iemands sterfbed gebeuren.

Dank U voor deze les en voor de meesterlijke onderwijzer.

> Graag gedaan, Mijn vriend. En weet je nu ook hoe je vreugdevol kunt leven?

Elisabeth raadde ons allen aan onvoorwaardelijk lief te hebben, om snel te vergeten en nooit leed uit het verleden te betreuren. *Als je de ravijnen tegen wind en stormen zou beschermen, dan had je nooit de pracht van hun verweerde schoonheid kunnen waarderen.* Zij drong er ook op aan dat wij *nu* ten volste moeten leven, moeten pauzeren om van de bosaardbeien te proeven, alles moeten doen om 'onze onvoltooide zaakjes' af te handelen, zodat wij het leven zonder vrees kunnen leven en de dood zonder spijt kunnen omhelzen. *Als je niet bevreesd bent om te leven, ben je evenmin bevreesd om te sterven.* En haar grootste boodschap was natuurlijk: *De dood bestaat niet.*

> Dat is veel om van een persoon te ontvangen.

Elisabeth heeft veel te geven.

Ga dan heen en leef deze waarheden en de waarheden die Ik jullie via andere bronnen heb gebracht, opdat jullie vreugde in jullie ziel mogen verspreiden, vreugde in jullie hart mogen voelen en vreugde in jullie geest mogen kennen.

God is leven in de hoogste vibratie die vreugde zelf is.

God is *vreugdevol* en jij zult je eigen goddelijkheid dichter naderen wanneer je deze Eerste Houding van God tot expressie brengt.

Veertien

Ik heb nooit een vreugdevoller persoon ontmoet dan Terry Cole-Whittaker. Met haar betoverende glimlach, haar wonderlijk, klaterend, bevrijdend gelach, dat uiterst aanstekelijk werkte, en haar unieke vermogen om mensen diep te raken met haar begrip van de humanitaire levensomstandigheden, veroverde deze sensationele vrouw begin jaren tachtig Californië stormenderhand met een optimistische spiritualiteit die honderdduizenden terugbracht naar een gelukkige relatie tussen God en henzelf.

Ik hoorde voor het eerst over Terry toen ik in Escondido woonde en voor dr. Kübler-Ross in Shanti Nilaya werkte. Ik was nog nooit beroepsmatig zo voldaan geweest en het nabije contact met een persoon die zoveel medeleven en spirituele wijsheid had, bracht mij terug in een positie waarin ik jarenlang niet had verkeerd: een positie waarin ik verlangde naar een persoonlijke relatie met God; ik wilde God als directe ervaring in mijn leven beleven.

Ik was sinds mijn jaren als twintiger voor het laatst naar de kerk geweest; ik was toen voor de tweede keer bijna lid geworden van de geestelijkheid. In mijn tienerjaren was ik het priesterschap misgelopen, maar mijn verlangen om pastor te worden herleefde toen ik mijn theologische verkenningen hervatte in het jaar dat ik als negentienjarige Milwaukee had verlaten.

In mijn zoektocht naar een God voor wie ik niet bang hoefde te zijn, liet ik het rooms-katholicisme voorgoed los toen ik twintig werd. Ik begon boeken door te werken en bezocht een aantal kerken en synagoges in Anne Arundel County. Ik koos uiteindelijk voor de First Presbyterian Church in Annapolis als kerk die ik zou bezoeken.

Bijna direct werd ik lid van het koor en binnen een jaar was ik leken-voorlezer in de kerk. Als ik zondag op de kansel stond en de teksten uit de Schrift voorlas, herinnerde ik mij het verlangen uit mijn jeugd om mijn leven in hechte band met God door te brengen en heel de wereld over Zijn liefde te onderwijzen.

Het geloof van de presbyterianen leek minder op angst te zijn gebaseerd dan dat van de katholieken (er waren veel minder regels en rituelen en dus ook minder valkuilen) en ik voelde mij daardoor veel meer op mijn gemak met hun theologie. Ik voelde mij dermate op mijn gemak dat ik bijna een echte hartstocht in mijn zondagse voorlezingen ging leggen en wel in die mate dat de gemeente begon uit te zien naar mijn voorleesbeurten binnen het rooster. Dit werd niet alleen mij duidelijk, maar ook de leiders van de gemeente en na enige tijd nodigde de dominee mij uit voor een praatje. Hij was een van de aardigste mensen die ik ooit heb ontmoet.

'Vertel mij eens,' begon eerwaarde Winslow Shaw nadat wij wat over koetjes en kalfjes hadden gesproken, 'heb jij er ooit over nagedacht om pastor te worden?'

'Dat heb ik zeker,' antwoordde ik. 'Ik wist bijna zeker dat ik naar het seminarie zou gaan en priester zou worden toen ik dertien was, maar dat is toen niet doorgegaan.'

'Waarom niet?'

'Mijn vader was ertegen. Hij vond mij nog niet oud genoeg om zelf te beslissen.'

'Denk je dat je nu oud genoeg bent?'

Om de een of andere reden kreeg ik op dat moment bijna een inzinking en huilde.

'Ik was altijd al oud genoeg,' fluisterde ik terwijl ik weer grip op mijzelf probeerde te krijgen.

'Waarom ben je dan niet meer in de katholieke Kerk?' vroeg eerwaarde Shaw vriendelijk.

'Ik had... moeite met haar theologie.'

'Ik begrijp het.'

Wij zaten een moment in stilte.

'Wat denk je over de presbyteriaanse theologie?' vroeg de eerwaarde toen.

'Aangenaam.'

'Dat blijkt wel. Wij hebben van een aantal mensen opmerkingen gekregen over je bijbelvoorlezingen. Je lijkt er nogal wat betekenis in te kunnen leggen.'

'Wel, er zit natuurlijk ook veel betekenis in.'

Eerwaarde Shaw glimlachte. 'Dat ben ik met je eens,' zei hij warm.

'Mag ik je een persoonlijke vraag stellen?'

'Natuurlijk.'

'Waarom heb je jouw duidelijke liefde voor de theologie niet doorgezet? Je bent nu in staat om je eigen beslissingen te nemen. Wat heeft jou uit de geestelijkheid gehouden? Ongeacht welke geestelijkheid. Je had vast al een spiritueel tehuis kunnen vinden.'

'Het is niet zo eenvoudig als een huis vinden. Er is ook de uitdaging om geld te verdienen. Ik zit midden in een carrière, met een vrouw en twee kleine kinderen. Het zou een wonder vereisen om op dit moment alles te kunnen laten vallen en dit aan te pakken.'

Eerwaarde Shaw glimlachte weer.

'Onze kerk heeft een programma waarmee leden van onze gemeente, als ze ons zeer beloftevol lijken, aan het seminarie kunnen gaan studeren. Doorgaans is dat aan Princeton.'

Mijn hart sloeg over.

'U bedoelt dat u ze geld geeft om les te nemen.'

'Wel, het is een lening natuurlijk. En er is een verplichting om hier terug te komen en enkele jaren als medewerker van de gemeente te dienen. Je kunt dan werken voor de jeugd, straatwerk doen of iets anders waar je interesse in hebt. Daarnaast verleen je dan spiritueel advieswerk en neem je het leiderschap op je voor het zondagsschoolprogramma. Ook neem je zo nu en dan waar voor de predikant op de preekstoel, maar ik geloof dat je dat wel aankunt.'

Het was mijn beurt om te zwijgen. Mijn hoofd tolde.

'Hoe vind je het klinken?'

'Het klinkt fantastisch. Biedt u mij dit aan?'

'Ik denk dat de gemeente daartoe bereid is, ja. Wij staan er in ieder geval voor open om het te overwegen. Wij moeten natuurlijk nog enkele persoonlijke gesprekken voeren.'

'Vanzelfsprekend.'

'Waarom ga je niet naar huis om erover na te denken? Praat er met je vrouw over. Bid.'

En dat deed ik.

Mijn vrouw ondersteunde het plan geheel en al. 'Ik vind het fantastisch,' zei zij stralend. Ons tweede kind was 21 maanden na het eerste geboren. De twee meisjes waren nog maar net peuters. 'Waar moeten wij van leven?' vroeg ik. 'Ik bedoel, zij bieden mij slechts een beurs aan.'

'Ik kan weer gaan werken als fysiotherapeute,' bood mijn vrouw aan. 'Ik weet zeker dat ik wel iets vind. Het zal allemaal wel loslopen.'

'Je bedoelt dat jij de kost gaat verdienen terwijl ik weer naar school ga?'

Zij raakte mijn arm aan. 'Ik weet dat jij dit altijd al gewild hebt,' zei zij zachtjes.

Ik verdien de mensen niet die in mijn leven zijn gekomen. Ik verdiende beslist mijn eerste vrouw niet, een van de liefste personen die ik ooit heb ontmoet.

Maar ik deed het niet. Ik kon het niet. Alles viel op zijn plaats, alles was in orde, behalve de theologie. Uiteindelijk was het de theologie die mij ervan weerhield.

Ik deed wat eerwaarde Shaw had voorgesteld. Ik bad ervoor. En hoe meer ik bad, des te duidelijker besefte ik dat ik niet kon prediken – hoe zacht ook – over geboren zondaars en de behoefte aan verlossing.

Vanaf mijn jongste dagen als kind had ik er moeite mee mensen als 'slecht' te zien. O, ik wist wel dat mensen slechte dingen deden. Dat kon ik overal om mij heen zien terwijl ik opgroeide. Maar zelfs als tiener, en later als jongeman, hield ik koppig vast aan mijn positieve opvatting over de menselijke natuur en zijn grondslagen. Het scheen mij toe dat alle mensen *goed* waren en dat sommigen slechte dingen deden om redenen die te maken hadden met hun opvoeding, hun gebrek aan begrip of mogelijkheden, hun wanhoop of woede, of in sommige gevallen gewoon met luiheid... maar niet omdat zij een aangeboren slechtheid in zich droegen.

Het verhaal van Adam en Eva leek mij zinloos, zelfs als allegorie, en ik wist dat ik het niet kon onderwijzen. Evenmin kon ik ooit een theologie van uitsluiting onderwijzen, hoe goedaardig ook, omdat iets diep binnen in mijn ziel mij al van jongs af aan duide-lijk had gemaakt dat alle mensen broeders en zusters waren. Niets of niemand was lelijk of onaanvaardbaar in het aangezicht van God, zeker niet wegens de 'zonde' de 'verkeerde' theologie aan te hangen.

Als dat niet waar was, dan was alles wat ik intuïtief in het diepste deel van mijn hart wist niet waar. Dat kon ik niet accepteren. Maar ik wist niet wat ik moest accepteren. De mogelijkheid om toe te treden tot de christelijke geestelijkheid – voor de tweede keer in mijn leven bijzonder reëel en uitgesproken aanwezig – wierp mij in een spirituele crisis. Ik wilde werkelijk oprecht Gods werk in de wereld verrichten, maar ik kon niet accepteren dat Gods werk neerkwam op het prediken van een evangelie van ver-deeldheid en een theologie van straf voor de afgescheidenen.

Ik bad God om helderheid, niet alleen over het feit of ik tot de geestelijkheid moest toetreden, maar ook over de grote vragen met betrekking tot de relatie tussen de mens en het Goddelijke. Ik verwierf geen inzicht over het een of het ander. Vervolgens liet ik beide varen.

En nu, terwijl ik bijna veertig werd, bracht Elisabeth Kübler-Ross mij weer terug tot God. Keer op keer sprak zij over een God van onvoorwaardelijke liefde, die nooit zou oordelen en ons altijd zou aanvaarden zoals wij waren.

Als de mensen dit maar konden begrijpen, dacht ik, en dezelfde waarheid op hun leven konden toepassen, dan zouden de proble-men, wreedheden en tragedies van de wereld vanzelf oplossen. 'God zegt niet: "Ik houd van je indien...",' benadrukte Elisabeth alsmaar weer en zij stelde daarmee miljoenen stervenden over heel de wereld gerust.

Dit was een God in wie ik kon geloven. Dit was de God van mijn hart, van het diepe besef uit mijn kinderjaren. Ik wilde meer van deze God ervaren en dus besloot ik terug te gaan naar de kerk. Misschien had ik op de verkeerde plaats gezocht. Ik ging naar een lutheraanse kerk, daarna naar de methodisten. Ik probeerde de baptisten en de congregationalisten. Maar ik belandde weer mid-den in een op angst gebaseerde theologie. Ik rende ervoor weg. Ik verkende het judaïsme. Boeddhisme. Elk 'isme' dat ik kon vinden.

Niets leek geschikt. Toen hoorde ik over Terry Cole-Whittaker en haar kerk in San Diego.

Als huisvrouw in het geesteloze, suburbane Californië van de jaren zestig had Terry ook gezocht naar een buitenwaartse ervaring van de spirituele connectie die zij diep in haar hart voelde. Haar zoektocht deed haar uitkomen bij iets dat de *United Church of Religious Science* (Verenigde kerk van religieuze wetenschap) werd genoemd. Zij werd er verliefd op, zette alles opzij en begon een formele godsdienstige studie. Zij werd uiteindelijk aangesteld als predikant en ontving een brief van een worstelende gemeente in La Jolla, Californië. Zij moest toen kiezen tussen haar droom en haar huwelijk. Haar echtgenoot ondersteunde haar plotselinge transformatie niet en hij wilde beslist niet zijn eigen goede baan achterlaten om met het gezin naar een nieuwe gemeenschap te verhuizen.

Dus verliet Terry het huwelijk. En binnen drie jaar veranderde zij de *Church of Religious Science* van La Jolla in een van de grootste binnen het kerkgenootschap. Meer dan duizend mensen kwamen iedere zondagochtend naar haar twee diensten luisteren en hun aantal groeide nog steeds. De berichten over deze spirituele gemeenschap verspreidden zich snel over het zuiden van Californië, zelfs tot in Escondido, een zeer conservatieve, traditioneel wijnverbouwende gemeenschap ten noorden van San Diego.

Ik trok naar het zuiden om haar zelf te aanschouwen.

Terry's congregatie was zo groot dat zij had moeten verhuizen naar een afgehuurde bioscoop. Op de voorgevel stond: *A Celebration of Life with Terry Cole-Whittaker* (Een viering van het leven met TC-W). Toen ik er naartoe liep, dacht ik: hemeltje, wat is dit? Plaatsaanwijzers reikten aan iedereen tuinanjers uit en begroetten ons alsof zij ons al jaren kenden.

'Hallo, hoe gaat het met u? Geweldig dat u er bent!'

Ik wist niet wat ik ervan moest denken. Ik was al eerder vriendelijk ontvangen in kerken, maar nog nooit zo uitbundig. Er hing een energie in de ruimte, die stimulerend werkte.

Binnen werd het aangrijpende, opwindende thema van *Chariots of Fire* gespeeld. Een sfeer van verwachting vulde het theater. Mensen lachten en kletsten. De lichten gingen uit en er verschenen een man en een vrouw op het toneel. De man nam plaats aan een kant en de vrouw aan de andere.

'Nu is het tijd om stil te worden, om je naar binnen te keren,' sprak de man in de microfoon. Een koor zong zacht op de achtergrond over 'vrede' en de dienst begon.

Ik had nog nooit zoiets meegemaakt. Het was beslist niet wat ik verwacht had en ik voelde mij niet helemaal op mijn gemak, maar toch besloot ik te blijven. Na een paar inleidende opmerkingen stapte Terry Cole-Whittaker naar het midden van het toneel, waar een doorzichtig podium van plexiglas stond. Zij riep: 'Goedemorgen!' Zij had een stralende glimlach en haar opgewektheid werkte aanstekelijk.

'Als jullie hier zijn gekomen om iets te vinden dat op een kerk lijkt, dat als een kerk aanvoelt of dat als een kerk klinkt, dan zijn jullie aan het verkeerde adres.' Daar had zij absoluut gelijk in. Het publiek lachte instemmend. 'Maar als jullie hier zijn gekomen om God te vinden, besef dan dat God is aangekomen op het moment dat jullie door de deur zijn gekomen.'

Die was raak. Ik was meteen verkocht. Ik wist nog niet waar zij op aanstuurde, maar iemand die over genoeg verbeelding en moed beschikt om een zondagsdienst met zo'n uitspraak te beginnen, krijgt al mijn aandacht. Het was het begin van een relatie die bijna drie jaar zou duren.

Net als de eerste keer dat ik Elisabeth ontmoette, werd ik binnen tien minuten geheel door Terry Cole-Whittaker en haar werk in beslag genomen. Net als met Elisabeth maakte ik dat snel duidelijk door enthousiast mijn assistentie aan te bieden. En net als met Elisabeth maakte ik snel deel uit van Terry's organisatie. Ik accepteerde een positie in de wervingsafdeling van de congregatie (nieuwsbrieven schrijven, het kerkelijk weekblaadje vormgeven enzovoort).

'Toevallig' kwam ik binnen een paar weken nadat ik Terry's pad had gekruist zonder werk te zitten. Elisabeth ontsloeg me. Nu ja, ontslaan klinkt misschien te hard. Zij liet mij gaan. Het was niet uit woede; het was gewoon tijd voor mij om verder te gaan en Elisabeth wist dat. Zij zei gewoon: 'Het is tijd voor jou om verder te gaan. Ik geef je drie dagen.'

Ik was stomverbaasd. 'Maar waarom? Wat heb ik gedaan?'

'Het gaat niet om wat je gedaan hebt. Het gaat om wat je *niet* zult doen als je hier blijft. Je zult niet al je mogelijkheden realiseren. Je kunt niet altijd in mijn schaduw blijven staan. Vertrek. Nu. Voordat het te laat is.'

'Maar ik wil niet vertrekken,' smeekte ik.

'Je hebt lang genoeg op mijn erf mogen spelen,' zei Elisabeth nuchter. 'Ik geef je een duwtje. Net als een vogel die uit zijn nest wordt geduwd. Het is tijd om uit te vliegen.'

En dat was dat.

Ik verhuisde naar San Diego en begon een eigen commercieel reclamebureau, *The Group*.

Maar er was geen groep, alleen ik. Ik wilde dat de naam een bepaalde indruk wekte. En ik verwierf in de maanden daarop nogal wat cliënten, onder anderen een man die zich als onafhankelijk kandidaat verkiesbaar stelde voor het Congres. Ron Packard was de voormalige burgemeester van Carlsbad, Californië, en hij won als eerste in de vorige eeuw een zetel in het Congres door volmachtstemmen; ik had hem daarbij geholpen.

Maar de verbazingwekkende overwinning van Packard vormde een uitzondering en mijn dagen in marketing en reclame bleken al spoedig nogal inhoudsloos. Na met Elisabeth te hebben gewerkt was het helpen verkopen van weekendarrangementen voor hotels, restaurantvoedsel en binnenhuisversiering nogal eenzijdig en voorspelbaar onbevredigend. Ik werd weer gek. Ik moest een manier vinden om mijn leven opnieuw zin te geven. Ik besteedde al mijn energie aan het vrijwilligerswerk voor Terry's kerk. Ik spendeerde dagen, nachten, hele weekeinden aan het werk voor de kerk en ik liet mijn zaak bewust in de soep lopen. Mijn energie, mijn enthousiasme en mijn creativiteit leverden mij gelukkig al snel een aanbod op als directeur van 'Outreach', de afdeling van de kerk die voor public relations en marketing zorgde.

Terry verliet het kerkgenootschap kort nadat ik voor haar was gaan werken. Zij vertelde ons dat zij formele godsdienstige banden vaak als beperkend ervoer. Zij richtte de Terry Cole-Whittaker Ministries op en haar zondagsdiensten werden uiteindelijk overal in de Verenigde Staten uitgezonden, waardoor haar 'congregatie' zich uitbreidde tot honderdduizenden mensen.

Net als in mijn tijd met Elisabeth leverde mijn connectie met Terry mij een waardevolle training op. Ik leerde veel, niet alleen over het omgaan met mensen, met inbegrip van hen die voor emotionele en spirituele uitdagingen staan, maar ook over non-profit-organisaties en hoe die het beste kunnen functioneren om aan individuele behoeftes te kunnen voldoen en een spirituele boodschap te kunnen uitzenden. Ik wist toen nog niet hoe waardevol deze ervaring zou blijken, al had ik kunnen raden dat mijn leven zich opnieuw aan het voorbereiden was op mijn toekomst. Ik begrijp nu dat ik op het juiste moment met de juiste mensen in contact ben gekomen, zodat mijn voorbereiding kon doorgaan.

Net als Elisabeth sprak Terry over een God van onvoorwaardelijke liefde. Zij sprak ook over de macht van God, die volgens haar in ons allen aanwezig was. Daaronder viel ook de kracht om onze eigen werkelijkheid te creëren en onze eigen ervaringen te bepalen.

Zoals ik in de inleiding van de verschillende delen van *Een gesprek met God* heb gezegd, zijn sommige ideeën uit de trilogie ideeën waaraan ik eerder ben blootgesteld. Voor veel ideeën, met inbegrip van de meest verbazingwekkende, geldt dat niet. Dat zijn inzichten waar ik nog nooit eerder over had gehoord of gelezen. Ik had daar nog nooit eerder over nagedacht, laat staan dat ik ze mij had ingebeeld. Nochtans is heel mijn leven een lange les geweest, zoals de boeken duidelijk hebben gemaakt, *en dat geldt voor ons allemaal.* Wij moeten goed opletten! Wij moeten onze ogen en onze oren goed open houden! God stuurt ons de hele tijd boodschappen en houdt ieder moment van iedere dag een gesprek met ons! Gods boodschappen bereiken ons op verschillende manieren vanuit verschillende bronnen in een eindeloze overvloed.

In mijn leven was Larry LaRue een van die bronnen. Jay Jackson was een van die bronnen. Joe Alton was een van die bronnen. Elisabeth Kübler-Ross was een van die bronnen. En Terry Cole-Whittaker was een van die bronnen.

Mijn moeder was een van die bronnen en ook mijn vader.

Allemaal leerden zij mij levenslessen en brachten mij wijsheid bij waar ik tot vandaag de dag iets aan heb. Zelfs nadat ik alle ballast had 'verwijderd' die ik van hen ontving – en van andere bronnen – waar ik niets aan had, die niet met mij resoneerde of met mijn innerlijke waarheid overeenstemde, bleef er genoeg waardevols over.

In alle eerlijkheid tegenover Terry, van wie ik weet dat zij dit voor alle duidelijkheid vermeld wil zien, moet ik erop wijzen dat zij haar geestelijk ambt lang geleden heeft opgegeven. Zij is een ander spiritueel pad ingeslagen, afzijdig van de judeo-christelijke hoofdstroom en van haar eigen vroegere boodschap. Ik eerbiedig die beslissing van Terry, die heeft besloten van haar leven een blijvende zoektocht te maken naar een spirituele realiteit die diep met haar ziel resoneert. Ik zou wensen dat alle mensen even vurig naar de goddelijke waarheid zochten.

Dat heeft Terry mij bovenal geleerd. Zij leerde mij de Eeuwige Waarheid te zoeken met een oneindige vastbeslotenheid, ongeacht hoeveel opschudding dat ook veroorzaakt, ongeacht tegen hoeveel voormalige overtuigingen het ingaat, ongeacht hoeveel het anderen van mij doet afkeren. Ik hoop dat ik trouw ben gebleven aan die missie.

Dat ben je zeker, geloof Mij. Daar ben je trouw aan gebleven.

Ik heb niettemin nog enkele vragen over dat vol vreugde zijn.

Vooruit ermee.

Wel, U zei dat de manier om vreugde te ervaren is dat je anderen vreugde doet ervaren.

Dat klopt.

Hoe kon ik dan vreugde ervaren als er niemand in de buurt is?

Er is altijd een manier om iets bij te dragen aan het leven, zelfs als je alleen bent. Soms zelfs vooral als je alleen bent. Je kunt bijvoorbeeld het beste schrijven als je alleen bent.

Okay, maar veronderstel dat je geen schrijver bent? Veronderstel dat je geen kunstenaar, dichter, componist of zwoegende artiest bent? Veronderstel dat je een normaal persoon bent, met een gewone baan zoals metselaar of tandarts, en opeens ben je alleen. Misschien ben je een gepensioneerde priester die nu in een rust-huis woont, en de tijd dat je bijdroeg aan het leven van anderen is voorbij. Of eigenlijk gewoon een gepensioneerd *wie dan ook*. Met pensioen gaan is vaak een neerslachtig moment voor mensen omdat zij hun eigenwaarde voelen verdwijnen, omdat zij zich niet meer bruikbaar en in de steek gelaten voelen.

En dat geldt niet alleen voor gepensioneerden. Er zijn ook ande-ren. Mensen die ziek zijn, die opgesloten zitten, die om allerlei redenen weinig voorstelling hebben – en kunnen hebben – van het leven dat zich buiten hen om afspeelt. Dan zijn er de gewone, alledaagse mensen voor wie alles goed gaat zolang zij samen met anderen actief zijn, omdat zij, zoals U zegt, anderen vreugde kun-nen doen ervaren. Maar ook zij maken momenten door dat zij alleen zijn, alleen met hun gedachten, met niemand om zich heen en zonder duidelijke manieren om anderen vreugde te kun-nen doen ervaren.

Ik denk dat ik wil vragen hoe je vreugde in jezelf kunt vinden. Is dit idee van vreugde ervaren door anderen vreugde te doen erva-ren niet gevaarlijk? Zou het niet kunnen leiden tot de creatie van kleine martelaren, van mensen die alleen maar gelukkig denken te kunnen worden door anderen gelukkig en blij te maken?

Dit zijn goede vragen. Dat heb je heel goed opgemerkt en in kernachtige vragen weergegeven.

Dank U wel, maar wat is Uw antwoord?

Laten wij eerst iets ophelderen. Op geen enkel moment ben je ooit echt alleen. Ik ben altijd bij jou en jij bent altijd bij Mij.

Dat is punt een. En het is belangrijk om hiermee te beginnen, omdat het alles verandert. Als je denkt dat je echt alleen bent, dan kan dat vernietigend werken. Alleen al de gedachte van totale eenzaamheid op zich, nog zonder dat er iets anders aan de hand is, kan vernietigend werken. Dat is zo omdat de specifieke aard van de ziel harmonie is, eenheid met Alles wat is; als het lijkt alsof er niets of niemand anders is, zou een individu dat zo kunnen ervaren: *individueel*, niet in eenheid met al het andere. En dat zou vernietigend zijn omdat het je diepste gevoel over Wie je bent geweld aandoet.

Daarom is het belangrijk te begrijpen dat je nooit alleen bent en dat 'alleen zijn' onmogelijk is.

Krijgsgevangenen die in eenzame opsluiting hebben gezeten of opgeslotenen die slopende klappen hebben opgelopen en in hun eigen geest gevangenzitten, zijn het daar misschien niet mee eens. Ik weet dat ik extreme voorbeelden noem, maar ik probeer duidelijk te maken dat er gevallen zijn waarin 'alleen zijn' zeer wel tot de mogelijkheden behoort.

Je kunt de illusie van alleen zijn oproepen, maar iets ervaren maakt het nog geen realiteit.

Ik ben altijd bij je, of je dat nu weet of niet.

Maar als wij het niet weten, dan kunt U net zo goed *niet* bij ons zijn; het effect is dan voor ons hetzelfde.

Akkoord. Daarom moet je om het effect te veranderen weten dat *Ik altijd bij je ben, zelfs tot het einde der tijden.*

Hoe kan ik dat weten als ik het niet 'weet'? (Begrijpt U de vraag?)

Ja. En het antwoord is dat het mogelijk is voor jou om het te weten en toch niet 'te weten dat je het weet'.

Kunt U dat nader toelichten, alstublieft?

In het leven lijken er mensen te zijn die niet weten, en die niet *weten* dat zij niet weten. Zij zijn als kinderen. Koester ze.

Dan lijken er mensen te zijn die niet weten, en die *weten* dat ze niet weten. Zij zijn ontvankelijk. Onderwijs ze.

Dan lijken er mensen te zijn die niet weten, maar die *denken dat zij weten*. Zij zijn gevaarlijk. Ontwijk ze.

Dan lijken er mensen te zijn die weten, maar die niet *weten* dat zij weten. Zij slapen. Maak ze wakker.

Dan lijken er mensen te zijn die weten, maar die doen alsof ze niet *weten*. Zij zijn acteurs. Geniet van hen.

Dan lijken er mensen te zijn die weten en die *weten dat zij weten*. Volg hen niet. Want als zij weten dat zij weten, willen zij niet dat jij hen volgt. Luister nochtans zorgvuldig naar wat zij te zeggen hebben, want zij zullen je helpen herinneren wat *jij* weet. Dat is inderdaad de reden waarom zij naar jullie zijn gezonden. Dat is de reden waarom jullie ze hebben geroepen.

Als iemand weet, waarom zou hij dan doen alsof hij onwetend is? Wie doet dat nou?

Bijna iedereen. Vroeg of laat bijna iedereen.

Maar waarom?

Omdat jullie zoveel van theater houden. Jullie hebben een complete illusionaire wereld geschapen, een koninkrijk waarbinnen jullie kunnen heersen als koning en koningin.

Waarom zouden wij voor theater kiezen in plaats van een einde te maken aan al het theater?

Omdat de verrukking van het theater eruit bestaat dat jullie alle verschillende versies van Wie je bent mogen spelen, en wel op het hoogste niveau en met de grootste intensiteit, waarna jullie ook nog eens mogen uitkiezen wie jullie wensen te zijn.

En dat vinden jullie wel interessant.

U houdt mij voor de gek. Is er geen gemakkelijker manier?

Natuurlijk is die er. En uiteindelijk zullen jullie daarvoor kiezen op het moment dat jullie beseffen dat al het theater overbodig is. Toch zullen jullie nog wel eens wat theater maken om jezelf te herinneren en anderen te onderwijzen.
Alle Leraren van Wijsheid doen dat.

Waar herinneren zij ons aan en wat onderwijzen zij?

De illusie. Zij herinneren zichzelf eraan en onderrichten anderen erover dat het leven een illusie is, dat het een doel heeft, en dat je naar eigen keuze binnen of buiten de illusie kunt leven als je het doel eenmaal kent. Je kunt ervoor kiezen om met de illusie te experimenteren, haar echt te maken, of je kunt ervoor kiezen om de ultieme werkelijkheid te ervaren, op ieder willekeurig moment.

Hoe kan ik de ultieme werkelijkheid op een bepaald moment ervaren?

Wees stil en weet dat Ik God ben.
Ik bedoel dat letterlijk.
Wees stil.
Dat is de manier waarop jij zult weten dat Ik God ben en dat Ik altijd bij jou ben. Dat is de manier waarop jij zult weten dat *jij* één met Mij bent. Dat is de manier waarop jij de Schepper binnenin zult ontmoeten.
Als je Mij hebt leren kennen, vertrouwen, liefhebben en omhelzen – als je de stappen hebt gezet om een vriendschap met God te hebben – dan zul je nooit betwijfelen dat Ik altijd bij je ben, op alle manieren.
Omhels Mij dus, zoals Ik al eerder heb gezegd. Besteed elke dag een paar momenten aan de omhelzing van jouw ervaring met Mij. Doe dit nu, als je het niet hoeft, als je levensomstandigheden je er niet toe verplichten. Nu, als het lijkt dat je er geen tijd voor hebt. Nu, als je je niet alleen voelt. Op die

manier zul je weten dat je niet alleen bent als je je 'alleen' voelt.

Cultiveer de gewoonte om eenmaal daags via een goddelijke verbinding tot Mij te komen. Ik heb je al aanwijzingen gegeven over een manier waarop je dat kunt doen. Er zijn vele andere manieren. Vele manieren. God is onbeperkt en ook de manieren waarop jij God kunt bereiken zijn onbeperkt.

Als je God eenmaal werkelijk hebt omhelsd, als je eenmaal echt die goddelijke verbinding hebt gelegd, zul je die nooit meer willen kwijtraken, want zij zal jou de grootste vreugde brengen die je ooit hebt gehad.

Deze vreugde is Wie Ik ben en Wie jij bent. Het is het Leven zelf, dat vrijkomt in de hoogste vibratie. Het is *bovenbewust-zijn*. Op dit niveau van vibratie vindt creatie plaats.

Je zou zelfs kunnen zeggen dat het de *Creatievibratie* is!

Ja, inderdaad. Dat is het precies!

Maar ik dacht dat je vreugde alleen kon voelen wanneer je die weggaf. Hoe kun je deze vreugde voelen als je gewoon alleen bent en alleen met de God in je binnenste een verbinding legt?

Alleen? Zei jij 'alleen'?
Ik zeg je, je legt een verbinding met *Alles wat is*!
Je bent niet 'gewoon alleen' en je kunt dat ook nooit zijn! Dat is niet mogelijk. En als je inderdaad je eeuwige verbinding met de God binnenin ervaart, geef je vreugde weg. Je geeft haar aan Mij! Want het is Mijn vreugde om één te zijn met jou, en Mijn allergrootste vreugde is als jij dat weet.

Dus ik geef U vreugde als ik U mij vreugde laat geven?

Is er ooit een mooiere beschrijving van liefde gegeven?

Nee.

En is God niet liefde? Is liefde niet wat wij zijn?

Ja.

Goed. Heel goed. Je legt alle stukjes bij elkaar. Je begint het te snappen. Je bent je weer aan het voorbereiden, zoals je al vaker in je leven hebt gedaan. Je bent een boodschapper. Jij en veel anderen met jou. Allemaal komen jullie tot dezelfde inzichten – sommigen door deze dialoog, anderen op hun eigen unieke wijze – allemaal op hetzelfde doel gericht: niet langer zoekende te zijn maar een brenger van het Licht.
Spoedig zullen jullie allemaal met één stem spreken.
De rol van boodschapper is iedereen gegeven, in waarheid. Jullie sturen allemaal een boodschap naar de wereld over het leven en hoe het is, en over God. Welke boodschap heb jij gestuurd? Welke boodschap kies je om nu te sturen?
Is het tijd voor een nieuw evangelie?

Ja. Ja. Daar is het tijd voor. Maar ik voel mij soms zo alleen hierin. Zelfs als ik de waarheid aanvaard dat ik nooit echt alleen ben, vraag ik mij af hoe dat de dingen verandert wanneer ik mij alleen *voel*. Als ik mij alleen voel en ik ervaar niet al te veel vreugde, wat moet ik dan doen?

Wat je kunt doen als je je *verbeeldt* dat je alleen bent, is naar Mij toe komen.
Kom naar Mij toe in het diepste van je ziel. Praat met Mij vanuit je hart. Wees samen met Mij in je geest. Ik zal bij jou zijn en jij zult dat weten.
Als je dagelijks contact met Mij hebt gehad, zal dat gemakkelijker zijn. Maar ook als je dat niet hebt gehad, zal Ik je niet in de steek laten. Ik zal bij je zijn vanaf het moment dat jij Mij roept. Want dit is Mijn belofte: nog voordat je Mijn naam hebt uitgesproken, zal Ik er zijn.
Dat is omdat Ik er altijd ben; alleen al jouw besluit om Mijn naam uit te spreken verhoogt jouw besef van Mijn aanwezigheid.

Zodra je je van Mijn aanwezigheid bewust bent, zal je bedroefdheid je verlaten. Want bedroefdheid en God kunnen niet op een en dezelfde plaats bestaan. God is levensenergie op volle toeren en bedroefdheid is levensenergie op een laag pitje.
Wijs Mij daarom niet af als Ik tot jou kom.

O, nou, verbazingwekkend. Daar doet U het weer, de dingen op zo'n manier voorstellen dat wij ze kunnen snappen. Maar ik geloof niet dat mensen dat zullen doen, hè? Ik geloof niet dat de mensen U ooit zullen afwijzen.

Elke keer als jij ergens een voorgevoel over hebt en jij negeert het, wijs jij Mij af. Elke keer als jij een aanbod krijgt om een einde te maken aan negatieve gevoelens of een conflict te beëindigen en jij negeert het, wijs jij Mij af. Elke keer als jij niet reageert op de glimlach van een onbekende, of onder de pracht van een ontzagwekkende sterrennacht wandelt en niet omhoog blikt, of langs een bloembed loopt en niet van de schoonheid ervan geniet, wijs jij Mij af.
Elke keer als jij Mijn stem hoort of de aanwezigheid van een overleden geliefde voelt en zegt dat het gewoon je inbeelding is, wijs je Mij af. Elke keer als jij liefde voor een ander in je ziel voelt, of een lied in je hart, of als je een verheven visie voor je geestesoog ziet, en daar niets aan doet, wijs je Mij af.
Elke keer als je merkt dat je het goede boek leest, de juiste preek hoort, de juiste film bekijkt, de juiste vriend ontmoet en dat aan toeval of serendipiteit of 'geluk' toeschrijft, wijs je Mij af.
En Ik zeg je dit: voordat de haan drie keer gekraaid heeft, zullen sommigen Mij geloochend hebben.

Maar ik niet, hoor! Ik zal U nooit meer loochenen en ook zal ik U nooit meer afwijzen als U mij uitnodigt om de communie met U te ervaren.

Die uitnodiging is continu en permanent, en meer en meer mensen ervaren deze levensenergie in haar volle kracht en zij wijzen haar niet af. Jullie laten de kracht met jullie zijn! En dat is goed. Dat is heel erg goed. Want in dit nieuwe millennium zullen jullie de zaadjes planten voor de grootste groei die de wereld ooit gezien heeft.

Jullie zijn gegroeid in jullie wetenschap en in jullie techniek, maar nu zullen jullie groeien in jullie *bewustzijn*. En dit zal de grootste groei van allemaal zijn, die al jullie overige vooruitgang nietig zal doen lijken.

Deze 21e eeuw zal de eeuw van het ontwaken zijn, van de ontmoeting met de Schepper Binnenin. Vele wezens zullen eenheid met God en met de rest van het leven ervaren. Dit zal het begin zijn van een nieuwe gouden tijd van de Nieuwe Mens over wie geschreven staat; de tijd van de universele mens, die zo welbespraakt is beschreven door diegenen onder jullie met diep inzicht.

Er zijn momenteel in de wereld veel van dat soort leraren en boodschappers, Meesters en zieners, die de mensheid deze visie voorhouden en de werktuigen aanbieden waarmee zij die kunnen realiseren. Deze boodschappers en zieners zijn de herauten van een Nieuw Tijdperk.

Jij kunt ervoor kiezen een van hen te zijn. Jij, aan wie deze boodschap nu wordt gestuurd. Jij, die dit op dit moment leest. Velen worden geroepen, maar slechts weinigen maken de keuze voor henzelf.

Wat is jouw keuze? Zullen wij nu met één stem gaan spreken?

Om hetzelfde te kunnen *zeggen*, moeten wij allemaal hetzelfde *weten*. Toch heeft U gezegd dat er mensen zijn die *niet* weten. Dat verwart mij.

Ik zei niet dat er mensen zijn die niet weten. Ik zei dat er mensen *lijken* te zijn die niet weten. Je moet echter niet oordelen naar de schijn.

Jullie allemaal weten alles. Niemand is in dit leven gezonden zonder deze kennis. Dat is omdat jullie deze kennis *zijn*. Die kennis is Wat jullie zijn. Maar jullie hebben vergeten wie en wat jullie zijn, zodat jullie dat opnieuw kunnen creëren. Dit is het proces van re-creatie waarover wij nu al vele malen hebben gesproken.

Het eerste boek uit de trilogie van *Een gesprek met God* verklaart dit alles prachtig tot in het detail, zoals jij wel weet. En zo *lijkt* het alsof jij 'niet weet'. In meer passende bewoordingen zou gezegd kunnen worden dat jij het 'vergeten bent'.

Er zijn degenen die het vergeten zijn, en die niet weten dat zij het zijn vergeten.

Er zijn degenen die het vergeten zijn, maar die zich herinneren dat zij het vergeten zijn.

Er zijn degenen die het vergeten zijn, maar die denken dat zij het zich herinneren.

Er zijn degenen die het zich herinneren, maar die vergeten zijn dat zij het zich herinneren.

Er zijn degenen die het zich herinneren, maar die doen alsof zij het vergeten zijn.

Er zijn degenen die het zich herinneren, en die zich herinneren dat zij het onthouden hebben.

En zij die zich dit alles goed kunnen *her-inneren*, zijn opnieuw een ledemaat van het lichaam van God geworden.

Vijftien

Ik wil mij alles te herinneren. Ik wens met God te worden her-enigd. Daar verlangt iedere menselijke ziel toch naar?

Ja. Sommige mensen weten het niet, sommigen 'hebben niet onthouden dat zij het zich herinneren', maar zij voelen niette-min een verlangen in hun hart. Sommigen geloven zelfs niet in het bestaan van God, terwijl toch het verlangen diep in hen niet wil verdwijnen. Zij denken dat het een verlangen naar iets anders is, maar vroeg of laat zullen zij ontdekken dat het een verlangen naar huis is, het verlangen om weer een deel te worden van het lichaam van God.

Zij zullen dit ontdekken, deze ongelovigen, als zij vaststellen dat niets anders waar zij naar reiken of wat zij kunnen berei-ken, hun diepste innerlijke verlangen kan bevredigen. Zelfs niet de liefde van een ander.

Alle aardse liefdes zijn tijdelijk en van korte duur. Zelfs de lief-de van een leven, een partnerschap dat een halve eeuw of lan-ger duurt, is van korte duur in vergelijking met het leven van de ziel, want dat is zonder einde. En de ziel zal dat beseffen, als het al niet eerder gebeurt, op het moment dat jullie de dood noemen. Want de ziel zal op dat moment weten dat de dood niet bestaat, dat het leven eeuwig duurt en dat jij altijd al een wereld zonder einde bent geweest. Je bent dat nu en je zult dat voor altijd zijn.

Als de ziel dit beseft, zal zij ook de tijdelijke aard begrijpen van wat als een permanente liefde wordt beschouwd. En dan, tij-dens de volgende reis door het fysieke leven, zal zij de dingen nog beter begrijpen en gemakkelijker herinneren. Zij zal weten dat alles waarvan men in het fysieke leven houdt, kort-stondig en vergankelijk is.

Op de een of andere manier lijkt mij dat nogal troosteloos. Het haalt voor mij de vreugde uit de liefde. Hoe kan ik honderd procent van iemand houden als ik weet dat het slechts tijdelijk is, zo... betekenisloos op de totale schaal van het Al?

Ik zei niet dat liefde betekenisloos is. Niets wat met liefde te maken heeft is betekenisloos. Liefde *is* de zin van het leven zelf. Het leven is liefde in expressie. Dat *is* het leven. Daarom is iedere daad van liefde het leven dat op het hoogste niveau tot expressie komt. Het feit dat iets, een bepaalde ervaring, tijdelijk of relatief van tijdelijke aard is, maakt het niet betekenisloos. Het verleent het misschien wel juist meer betekenis.

Laat Mij hier over liefde uitweiden; misschien begrijp jij het dan beter.

Ervaringen van liefde zijn tijdelijk, maar liefde zelf is eeuwig. Deze ervaringen zijn slechts uitdrukkingen in het hier en nu van een liefde die overal en eeuwigdurend is.

Dat maakt het voor mij niet vreugdevoller.

Laat ons eens nagaan of wij het idee van vreugde voor jou kunnen hervinden. Houd jij op dit moment van iemand in het bijzonder?

Ja, van zoveel mensen.

En misschien van iemand in het bijzonder, zoals je partner?

Ja. Van Nancy, zoals U weet.

Ja, dat weet Ik. Ik leid je echter stap voor stap hier doorheen, dus voer je gesprek met Mij.

Okay.

Die Nancy, voor wie jij zo'n bijzondere liefde voelt, heb je daar wel eens seksuele ervaringen mee?

Wel heb ik ooit!

En deze ervaringen, zijn die continu, constant en eindeloos?

Ik zou wel willen.

Nee, Ik denk niet dat je dat echt zou willen. Niet als je er goed over nadenkt. Maar voor het moment neem Ik aan dat jullie ervaringen tijdelijk zijn, is dat correct?

Ja. Periodiek en tijdelijk.

En van korte duur?

Dat hangt ervan af hoe lang geleden het is.

Wat bedoel je?

Een grapje. Gewoon een grapje. Ja, relatief gezien zijn deze ervaringen van korte duur.

En zijn ze daardoor minder betekenisvol?

Nee.

En maakt het ze minder vreugdevol?

Nee.

Dus jij zegt dat je liefde voor Nancy eeuwig is, maar dat de expressie van jouw liefde voor haar op deze bepaalde manier periodiek, tijdelijk en van korte duur is, correct?

Ik zie waar U heen wilt.

Goed. Dan is de vraag: waar wil *jij* heen?
Wil je een positie waarin je niet kunt genieten van of betekenis

kunt ontlenen aan jouw expressie van liefde als een eeuwig iets, enkel omdat de expressiemiddelen tijdelijk zijn? Of wil je een positie van groter begrip innemen, die jou toelaat je liefde 'ten volste' te ervaren, zelfs als je weet dat de ervaring van liefde in deze specifieke vorm tijdelijk is?

Als je voor de laatste positie kiest, steven je af op meester-schap, want meesters weten dat *de volle liefde voor het leven, en voor alles wat het leven in elk moment vertegenwoordigt, de expressie van Goddelijkheid is.*

Dit is de tweede houding van God. God is totaal liefdevol.

Ja, ik ken deze tweede houding en ik weet hoe zij mijn leven kan veranderen. Deze houding hoeft voor mij niet verder te worden uitgelegd. Ik begrijp volstrekt wat totaal liefdevol zijn inhoudt.

Werkelijk?

Ik dacht het wel, ja.

Jij begrijpt wat het betekent om totaal lief te hebben?

Ja. Het betekent dat je onvoorwaardelijk en onbegrensd van ieder-een houdt.

Wat betekent dat dan? Hoe werkt dat?

Tja, daar probeer ik nog achter te komen. Dat is mijn dagelijkse verkenningstocht, een ontdekkingsreis van moment tot moment.

Je kunt er beter een scheppingsproces van moment tot moment van maken. Het leven is geen ontdekkingsreis; het is een scheppingsproces.

Hoe schep ik dan van moment tot moment de ervaring van onvoorwaardelijke, onbegrensde liefde?

Als je het antwoord op die vraag niet weet, kun je ook niet beweren dat je begrijpt wat het betekent om volop lief te hebben. Je begrijpt wat de woorden willen zeggen, maar je weet niet wat ze betekenen. Als praktische aangelegenheid hebben ze geen betekenis voor jou.

Dat is tegenwoordig ook het probleem met het begrip 'liefde'.

En met de frase 'Ik hou van jou'.

En met de frase 'Ik hou van jou', inderdaad. Mensen zeggen het wel, maar zij weten niet wat het betekent – wat het *werkelijk* betekent – om van iemand te houden. Zij begrijpen wat het betekent om iemand *nodig* te hebben, om iets te *verlangen*, en zelfs om bereid te zijn iets terug te geven in ruil voor wat zij nodig hebben of verlangen, maar zij begrijpen niet wat het betekent om werkelijk van iemand te houden, om waarlijk te beminnen.

Veel mensen ervaren het begrip 'liefde' en de frase 'Ik hou van jou' als een echte uitdaging, een echt probleem.

Met inbegrip van mij, natuurlijk. Mijn leven is een ramp wat de liefde betreft. Ik wist niet wat het inhield om ten volle van iemand te houden en wellicht doe ik dat nog steeds niet. Ik kan de woorden uitspreken, maar ik kan ze niet ten volste in mijn leven uitdragen. Kan iemand werkelijk liefhebben zonder voorwaarden, zonder grenzen? Kunnen wij mensen dat?

Sommigen kunnen het en doen het. Deze wezens worden Meesters genoemd.

Goed, ik ben geen Meester, niet in dit of in enig ander opzicht.

Je *bent* een Meester! Jullie zijn allemaal Meesters! Maar jullie ervaren dat gewoon niet. Niettemin ben je wel op de goede weg om het meesterschap te ervaren, Mijn zoon.

Ik zou willen dat ik dat kon geloven.

Ik ook.

Tot voor kort begreep ik echt helemaal niets van liefde. Ik dacht dat ik er alles van af wist. Maar ik wist niets en mijn leven was daar het bewijs van. En U heeft zoëven bewezen dat ik er nog steeds geen snars van begrijp. Ik bedoel, ik kan er een aardige boom over opzetten, maar dat maakt mij nog geen kampioen.

Ik ben tot dusver in mijn verhaal niet ingegaan op mijn belangrijkste relaties en mijn huwelijken, omdat ik de privacy wilde eerbiedigen van de mensen wier leven ik op zo'n pijnlijke wijze heb beïnvloed. Ik heb mijn 'verhaal' beperkt tot mijn eigen persoonlijke omzwervingen. Maar in het algemeen kan ik stellen dat ik alles heb ondernomen wat een persoon kan doen om de ander binnen een liefdesrelatie pijn te doen (behalve iemand lichamelijk pijnigen). Ik heb iedere vergissing begaan die mogelijk is. Iedere egoïstische, ongevoelige, zorgeloze actie die je kunt ondernemen, heb ik ondernomen.

Ik trouwde voor het eerst toen ik 21 was. Ik dacht natuurlijk dat ik volwassen was en alles wist wat er over liefde te weten viel. Ik begreep er feitelijk niets van. Over egoïsme wist ik genoeg, maar van de liefde wist ik niets.

De vrouw die de pech had dat zij met mij trouwde, dacht een zelfverzekerde, gevoelige, zorgzame man binnen te halen. Wat zij kreeg was echter een egocentrische, egoïstische, dominante vent die, net als zijn vader, ervan uitging dat hij de 'baas' was en die zichzelf opblies door anderen te kleineren.

Vlak nadat wij getrouwd waren, verhuisden wij voor korte tijd naar het zuiden, waarna wij weer terugkeerden naar Annapolis. Ik raakte diep betrokken bij het culturele leven van die stad en ik droeg mijn steentje bij aan de eerste producties van de 'Koloniale Spelers' in het Zomertuintheater. Ik was ook een van de stichters van de Maryland Hal voor de creatieve kunsten en ik maakte deel uit van een kleine groep die het eerste kunstfestival van Annapolis bedacht en coördineerde.

Door mijn voltijdbaan en mijn overige 'verplichtingen' was ik bijna drie of vier nachten per week en de meeste weekeinden niet thuis bij mijn vrouw en kinderen. In mijn wereld betekende 'liefde' 'voorzien in...' en bereid zijn om te doen wat daarvoor nodig is. Deze bereidheid had ik en niemand hoefde mij ooit van mijn verantwoordelijkheden te overtuigen. Maar ik dacht dat ze begonnen en eindigden bij mijn portefeuille, net zoals mijn vader had gedacht.

Pas later, toen ik ouder werd, was ik in staat toe te geven dat mijn vader veel dieper bij mijn leven betrokken was dan ik tegenover hem zou willen erkennen. Hij verstelde mijn pyjama's (hij was ongelofelijk handig met de naaimachine), bakte appeltaarten (de lekkerste van de wereld), nam mij mee uit kamperen (hij werd hopman toen wij bij de scouting gingen), sleepte mij mee op vistochten in Canada en op excursies naar Washington D.C. en elders, leerde mij fotograferen en typen; de lijst is eindeloos.

Wat ik niet van mijn vader kreeg, was een verbaal of fysiek bewijs van zijn liefde. Hij zei nooit 'Ik hou van jou' en lichamelijk contact kwam nooit voor, behalve met Kerstmis en op verjaardagen, als onze moeder ons vertelde dat wij onze vader moesten omhelzen nadat wij de meest prachtige cadeaus hadden gekregen. Wij deden dat dan zo snel als wij konden. Het was 'oppervlakkige nabijheid'.

Voor mij was pa de bron van alle gezag in het huis. Ma was de bron van alle liefde.

Pa's uitspraken en beslissingen, zijn middelen van gezagsuitoefening, waren vaak arbitrair en zwaar op de hand; ma was de stem van medeleven, geduld en toegevendheid. Wij benaderden haar met onze smeekbeden om pa's voorschriften en restricties te helpen omzeilen of om hem van gedachten te doen veranderen. Vaak hielp zij ons. Samen speelden zij het spelletje van aardige agent/kwaaie agent heel goed.

Ik stel mij zo voor dat dit in de jaren veertig en vijftig een tamelijk gemiddeld voorbeeld van ouderschap was, en ik nam hun model in de jaren zestig als vanzelf over, zij het met de nodige aanpassingen. Als ik bij hen was, zorgde ik ervoor dat ik mijn kinderen regelmatig vertelde dat ik van ze hield. Ik omhelsde ze en kuste ze zoveel als ik kon. Maar ik was maar zelden bij hen.

In het model dat mij was aangereikt, was het de taak van de vrouw 'voor de kinderen te zorgen' terwijl de man de wereld in ging en zijn 'dingen deed'. Een van de dingen die ik steeds vaker ging 'doen', was flirten met andere vrouwen en uiteindelijk begon ik een affaire. Die leidde tot het einde van mijn eerste huwelijk en ging over in mijn tweede.

Ik ben nooit trots geweest op de manier waarop ik mij heb gedragen en mijn diepe schuldgevoel werd door de jaren heen alleen maar erger. Ik heb mijn eerste vrouw vaak mijn verontschuldigingen aangeboden en doordat zij altijd een vergevingsgezind persoon is geweest, konden wij vele jaren hartelijk met elkaar blijven omgaan. Maar ik weet dat ik haar diep heb gekwetst en ik zou willen dat er een manier was waarop je zou kunnen terugkeren en de dingen zou kunnen overdoen, ongedaan zou kunnen maken of minstens *anders* zou kunnen doen dan het geval was.

Mijn tweede huwelijk mislukte en leidde tot een derde huwelijk, dat ook geheel misliep. Het leek erop dat ik niet in staat was een relatie in stand te houden en de oorzaak daarvan was dat ik niet in staat was om te *geven*. Ik had (zij het niet bewust, denk ik) de uitgesproken egoïstische, onvolwassen instelling dat relaties ertoe dienden mij mijn plezier en gemak te verschaffen; de uitdaging was ze in stand te houden zonder zelf al te veel in te hoeven leveren.

In feite was dat hoe ik romantische relaties zag: interacties waarvoor ik stukjes en beetjes van mijzelf moest opgeven totdat ik bijna geheel verdwenen zou zijn. Ik wilde niet dat dat gebeurde, maar ik wist evenmin hoe ik gelukkig kon zijn zonder een 'significante ander' in mijn leven. Het draaide dus altijd om de vraag hoeveel ik bereid was van mijzelf 'op te geven' voor de zekerheid van een permanente bron van liefde, kameraadschap en affectie (lees: seks) in mijn leven. Zoals ik al zei, ik ben hier niet bepaald trots op. Maar ik probeer hierover open te zijn. Mijn vriend, eerwaarde Mary Manin Morrissey, stichtster van het 'Levend verrijkingscentrum' in Wilsonville, Oregon, noemt mij een 'genezend manspersoon'.

Toen mijn derde huwelijk zo'n beetje ten einde liep, dacht ik dat ik het wel gehad had, maar ik zou dit *nog tweemaal* meemaken voordat ik in staat was langetermijnrelaties werkelijk te doen slagen. Tijdens dit proces verwekte ik nog eens zeven kinderen, waarvan vier bij een vrouw met wie ik een langetermijnrelatie had zonder getrouwd te zijn.

Het zou te mild zijn uitgedrukt om te zeggen dat ik onverantwoordelijk heb gehandeld, maar iedere keer geloofde ik (a) dat dit eindelijk de ware relatie was die zou blijven voortduren, en (b) dat ik er alles aan deed om de relatie te doen slagen. Gegeven mijn complete onbegrip over wat liefde werkelijk is, besef ik nu hoe leeg die woorden waren.

En ik zou willen dat ik kon zeggen dat dit gedrag beperkt bleef tot mijn partners, maar dat zou slechts de halve waarheid zijn. Gaandeweg en tussendoor knoopte ik relaties aan met veel andere vrouwen en ook in die relaties gedroeg ik mij even onvolwassen en egoïstisch.

Nu besef ik ten volste dat er in dezen geen sprake is van slachtoffers en schurken en dat alle levenservaringen co-creaties zijn, maar ik erken de voorname rol die ik binnen deze scenario's heb vervuld. Ik herken nu het patroon waar ik dertig jaar voor nodig had om het te doorbreken, en dat zijn akelige realiteiten die ik niet kan en wil toedekken met New Age-aforismen.

Het hoeft in ieder geval geen verbazing te wekken dat ik rond mijn vijftigste alleen was. En zoals ik al heb gezegd stonden mijn carrière en mijn gezondheid er niet beter voor dan mijn liefdesleven. Ik zag mijn vijftigste verjaardag zonder enige hoop naderbij kruipen. Dit was de toestand waarin ik mij bevond toen ik in uiterste wanhoop midden in een nacht in februari 1992 wakker werd en mijn kwade brief aan God schreef.

Ik kan jullie niet vertellen hoeveel het voor mij betekende dat God antwoordde.

Het betekende ook veel voor Mij.

Maar ik vraag mij nog vaak af waarom mij dit is overkomen. Ik ben onwaardig.

Iedereen is het waard om een gesprek met God te voeren! Daar draait het juist om! Maar Ik kan dat natuurlijk niet duidelijk maken door Mij tot het hele koor te richten.

Okay, maar waarom ik dan? Er zijn zoveel mensen die minder dan volmaakte levens hebben geleid. Waarom koos U mij? Die vraag stellen zoveel mensen mij. 'Waarom jij, Neale, en waarom niet ik?'

En wat antwoord je?

Ik zeg dat God met iedereen spreekt, de hele tijd. De vraag is niet met wie God praat, maar wie er luistert.

Uitstekend. Dat is een prima antwoord.

Dat mag ook wel. U heeft het mij gegeven. Maar nu moet ik U vragen mijn eerdere vraag te beantwoorden. Hoe creëer ik van moment tot moment de ervaring van onvoorwaardelijke, onbegrensde liefde? Hoe kan ik me de goddelijke houding van liefdevol zijn eigen maken?

Liefdevol zijn is volstrekt natuurlijk zijn. Liefhebben is het natuurlijkste wat je kunt doen. Normaal is het niet, maar het is wel natuurlijk.

Kunt U mij het verschil nog eens uitleggen?

'Normaal' is een woord dat wordt gebruikt om aan te geven wat gebruikelijk, algemeen, consistent is. Het begrip 'natuurlijk' verwijst naar de elementaire aard van de dingen. Je elementaire aard als mens is lief te hebben, van iedereen en alles te houden, ook al is het niet _normaal_ voor jullie om dat te doen.

Waarom niet?

Omdat jullie is aangeleerd in te gaan _tegen je elementaire aard_ – niet natuurlijk te zijn – in je handel en wandel in deze wereld.

En waarom is *dat* zo? Waarom is ons dat aangeleerd?

Omdat jullie hebben leren geloven dat jullie natuurlijke Zelf slecht is, het kwaad, iets wat moet worden getemd, ingeperkt, onderworpen. En zo hebben jullie je ras gedwongen 'normaal', niet-natuurlijk gedrag te vertonen. 'Natuurlijk' zijn was zondig, wellustig, misschien zelfs gevaarlijk slecht. Zelfs jezelf in een 'natuurlijke' staat aan anderen te vertonen werd als slecht beschouwd.

Dat geldt nog tot op de dag van vandaag. Sommige bladen worden door sommigen nog steeds als 'vieze blaadjes' aangeduid. Velen vinden naakt zonnen 'afwijkend' gedrag. Naakte lijven moeten in het algemeen worden gemeden, en mensen die thuis bij hun zwembad of in hun tuin naakt rondlopen, worden als 'pervers' beschouwd.

En het gaat nog veel verder dan het tonen van onze 'geheime delen'. In sommige culturen mogen vrouwen niet eens hun *gezicht* laten zien of hun pols of enkels.

Dat is natuurlijk wel te begrijpen. Als je ooit een paar echt aantrekkelijke vrouwenenkels hebt gezien, dan weet je waarom die beter niet in het openbaar kunnen worden getoond. Ze kunnen erg provocatief zijn en iemand zelfs aan s-e-k-s doen denken.

Goed, ik maak er een lolletje van. Maar sommige huizen en culturen kunnen zo repressief zijn.

En dat is niet het enige natuurlijke aspect van jullie wezen dat velen van jullie hebben onderdrukt. Jullie zien er ook van af *de waarheid te vertellen*, ook al is het heel natuurlijk voor jullie om dat te doen. Jullie hebben je elementaire vertrouwen in het universum ontkracht, ook al is het heel natuurlijk voor jullie om dat vertrouwen te koesteren. Jullie keuren zingen en dansen en genieten en feestvieren af, hoewel iedere spier en vezel in jullie lichaam op het punt staat uit te barsten in de zuivere vreugde van Wie jij bent!

Jullie hebben al deze dingen gedaan omdat jullie bang zijn jezelf pijn te doen als jullie aan die natuurlijke neigingen 'toegeven'; jullie zijn bang jezelf en anderen pijn te doen als jullie die natuurlijke geneugten ondergaan. Jullie voelen die angst omdat jullie een ondersteunende gedachte over het menselijk ras hebben, die stelt dat jullie soort in wezen slecht is. Jullie koesteren de voorstelling dat jullie 'in zonde' zijn geboren en dat het in jullie aard ligt om slecht te zijn.

Dit is de belangrijkste beslissing die jullie ooit over jezelf hebben genomen en aangezien jullie je eigen werkelijkheid creëren, is dat een beslissing die jullie hebben geïmplementeerd. Jullie willen jezelf niet als verkeerd voorstellen en doen daarom buitengewoon veel moeite om jezelf alsnog in een goed daglicht te stellen. Jullie leven heeft jullie *bewezen* dat jullie gelijk hadden en daarom hebben jullie dit aanvaard als jullie culturele geschiedenis. 'Zo zitten de zaken in elkaar,' herhalen jullie alsmaar, en door dat te doen hebben jullie ervoor gezorgd dat het inderdaad daarop lijkt.

Maar als jullie je verhaal niet aanpassen, als jullie je idee niet veranderen over wie en hoe jullie als ras of soort zijn, dan kunnen jullie nooit ten volste beminnen, omdat jullie jezelf niet eens ten volste kunnen liefhebben.

Dat is de eerste stap om ten volste te kunnen liefhebben. Je moet geheel en al van jezelf houden. En dat is onmogelijk zolang je gelooft dat je in zonde bent geboren en van nature slecht bent.

Deze vraag – wat is de elementaire aard van de mens? – is momenteel de belangrijkste vraag voor de mensheid. Als je gelooft dat mensen van nature niet te vertrouwen en kwaadaardig zijn, creëer je een samenleving die deze visie ondersteunt, wetten aanneemt, regels instelt, voorschriften invoert en beperkingen oplegt die daardoor gerechtvaardigd worden. Als je gelooft dat mensen van nature goedaardig en te vertrouwen zijn, zul je een geheel ander soort samenleving creëren, waarin wetten, regels, voorschriften en beperkingen amper nodig zijn. De eerste samenleving zal ieders vrijheid *beperken*, de andere zal iedereen vrijheid *schenken*.

God kan ten volste liefhebben omdat God volledig vrij is. Wie volledig vrij is, is volledig vreugdevol, omdat volledige vrijheid ruimte schept voor iedere vreugdevolle ervaring. Vrijheid is in de elementaire aard van God. Het is ook in de elementaire aard van de ziel. De mate waarin je niet volstrekt vrij bent, is de mate waarin je niet volledig vreugdevol bent, en dat is ook de mate waarin je niet volledig liefdevol bent.

U heeft dit al eerder besproken en daar leid ik uit af dat het nogal belangrijk is. U zegt dat totaal liefdevol zijn betekent dat je totaal vrij bent.

Ja, en dat stelt anderen in staat volledig vrij te zijn.

Bedoelt U dat iedereen moet kunnen doen waar hij of zij zin in heeft?

Dat bedoel Ik inderdaad. In de mate waarin dat menselijker-wijs mogelijk is, ja. Dat bedoel Ik.
Dat is de manier waarop God liefheeft.
God laat toe.
Ik laat iedereen toe te doen waar hij of zij zin in heeft.

Zonder consequenties? Zonder straffen?

Die twee dingen zijn niet hetzelfde.
Zoals Ik je nu al bij herhaling heb verteld, bestaan er geen straffen in Mijn koninkrijk. Aan de andere kant bestaan er wel consequenties.
Een consequentie is een *natuurlijk* gevolg, een straf is een *normaal* gevolg. Het is in jullie samenleving normaal om te straf-fen. Het is in jullie samenleving abnormaal om een conse-quentie uit zichzelf te doen gelden, zichzelf te laten onthullen. Straf is jullie verkondiging van het feit dat jullie te ongeduldig zijn om een natuurlijk gevolg af te wachten.

Zegt U nu dat niemand ergens voor hoeft te worden gestraft?

Dat is iets wat jullie moeten beslissen. In feite beslissen jullie daar iedere dag over.

Als jullie je huidige keuzes hierover willen doorzetten, kunnen jullie er misschien van leren als jullie overwegen welke methode jullie het effectiefst vinden om jullie samenleving of de leden daarvan van gedrag te doen veranderen. Dat is per slot van rekening de reden waarom jullie straffen opleggen. Straffen uit vergelding – oog om oog – zal niet het soort samenleving opleveren waar jullie naar zeggen te streven.

Hoogontwikkelde beschavingen hebben al vastgesteld dat je van straffen weinig kunt leren. Zij hebben vastgesteld dat consequenties een betere leermeester zijn.

Alle receptieve wezens kennen het verschil tussen straffen en consequenties.

Straffen zijn kunstmatig gecreëerde gevolgen. Consequenties zijn natuurlijk optredende gevolgen.

Straffen worden van buitenaf opgelegd door iemand die een ander waardesysteem aanhoudt dan degene die gestraft wordt. Consequenties worden van binnenuit door het Zelf ervaren.

Straffen zijn iemands beslissing dat een ander iets verkeerds heeft gedaan. Consequenties zijn iemands eigen ervaring dat iets niet werkt. Dat wil zeggen dat iets niet het beoogde effect heeft opgeleverd.

Met andere woorden, wij leren niet snel genoeg van straffen, omdat wij ze beschouwen als iets wat iemand anders ons aandoet. Wij leren daarentegen eerder van consequenties, omdat wij ze beschouwen als *iets wat wij onszelf aandoen*.

Precies. Je hebt het goed door.

Maar kan een straf een consequentie zijn? Draait het daar niet om?

Straffen zijn kunstmatig gecreëerde uitkomsten, geen natuurlijk optredende resultaten. De poging om een straf in een consequentie om te zetten door haar simpelweg zo te noemen, werkt niet. Alleen een uiterst onvolwassen wezen laat zich door zo'n verbaal slimmigheidje misleiden en dan nog niet eens voor heel lang.

Dit heeft veel ouders er niet van weerhouden dit slimmigheid-je tegenover hun kinderen te gebruiken. En de grootste straf die jullie hebben bedacht is de onthouding van jullie liefde. Jullie hebben je kinderen laten merken dat jullie hun geen lief-de geven als zij zich op een bepaalde manier gedragen. Door liefde wel of niet te geven proberen jullie het gedrag van jullie kinderen te reguleren en aan te passen ofwel te controleren en te creëren.

Zoiets zou God nooit doen.

Niettemin hebben jullie je kinderen verteld dat Ik hetzelfde doe, ongetwijfeld om jullie eigen optreden te rechtvaardigen. Maar Ik zeg jullie dit: ware liefde trekt zich nooit terug. En dat is waar ten volste liefhebben op neerkomt. Het betekent dat jullie liefde omvattend genoeg is om zelfs het slechtste gedrag te kunnen omvatten. Het betekent zelfs meer dan dat. Het houdt in dat geen enkel gedrag ooit 'verkeerd' of 'slecht' wordt *genoemd*.

Erich Segal had gelijk. Liefde betekent dat je geen sorry hoeft te zeggen.

Dat is geheel correct. Nochtans is het een zeer hoogwaardig principe dat niet door veel mensen wordt nageleefd.

De meeste mensen kunnen zich niet eens voorstellen dat het door God wordt nageleefd.

Je hebt gelijk. Ook Ik leef dat principe niet na.

Pardon, wat zegt U nu?

Ik *ben* het principe. Je hoeft niet na te leven wat je zelf bent; je *bent* het gewoon.

Ik ben de liefde die geen voorwaarden of beperkingen kent.

Ik ben totaal liefdevol, en volledig liefhebben betekent bereid zijn ieder ontvankelijk, volgroeid wezen totaal de vrijheid te geven om te zijn, te doen en te bezitten wat het zelf wenst.

Zelfs als dat slecht voor hem of haar is?

Het is niet aan jou om dat voor hen te beslissen.

Zelfs niet als het kinderen betreft?

Nee, niet als het gerijpte, ontvankelijke wezens zijn. Niet als het volgroeide kinderen zijn. En als zij nog niet tot volle wasdom zijn gekomen, kun je ze het snelste tot rijpheid laten komen door ze de vrijheid te geven om zo vroeg mogelijk zoveel mogelijk beslissingen zelf te nemen.

Dat doet de liefde. De liefde laat los. Wat jullie behoeftebevrediging noemen en vaak met liefde verwarren, doet het tegenovergestelde. Op die manier kun je het verschil tussen liefde en behoeftebevrediging herkennen. Liefde laat gaan, behoeftebevrediging wil vasthouden.

Om dus totaal te kunnen liefhebben, moet ik alles laten varen?

Dat is een van de dingen ja. Laat alle verwachtingen varen, laat alle eisen, regels en voorschriften varen die jullie je geliefden opleggen. Want wie je beperkingen oplegt, bemin je niet. Niet ten volste.

En ook jijzelf wordt dan niet ten volste bemind. Je houdt niet honderd procent van jezelf als je jezelf restricties oplegt, als je jezelf, op welk gebied ook, minder dan totale vrijheid gunt.

Onthoud echter dat keuzes geen restricties zijn. Noem de keuzes die je hebt gemaakt dan ook niet restricties. En geef je kinderen en al je geliefden met liefde alle informatie waarvan jij denkt dat die hen helpt de goede keuzes te maken; 'goed' in de zin dat die keuzes zowel een bepaald gewenst resultaat voortbrengen als hun grootste gewenste resultaat, namelijk een gelukkig leven.

Deel met alle anderen wat jij daarover weet. Bied alles aan wat jij hebt leren begrijpen. Maar probeer niet je ideeën, regels of keuzes aan anderen op te leggen. En ontzeg niemand jouw liefde, ook niet als zij andere keuzes maken dan jij zou doen. Feitelijk moet jij hun juist jouw liefde *tonen* als je denkt dat zij de verkeerde keuzes hebben gemaakt.

Dat is medeleven en er bestaat geen hogere expressie van liefde.

Wat betekent het nog meer om totaal lief te hebben?

Het betekent volledig aanwezig zijn, met een compleet bewustzijn, op ieder enkelvoudig moment. Volledig open, eerlijk en doorzichtig zijn. Het betekent volledig bereid zijn om de liefde in je hart ten volste uit te drukken. Ten volste liefhebben betekent geheel naakt zijn, zonder verborgen agenda of geheime motieven, zonder ook maar *iets* te verstoppen.

En U zegt dat het voor gewone mensen, voor doorsnee types zoals ik, mogelijk is om een dergelijke liefde te ervaren? Is dit iets waartoe wij allemaal in staat zijn?

Het is meer dan iets waartoe jullie in staat zijn. Het is wat jullie *zijn*. Dit is de aard van Wie jullie zijn. Het moeilijkste ding dat jullie doen, is dit te ontkennen. En jullie doen al iedere dag moeilijk. Daarom voelt jullie leven zo zwaar aan. Maar als jullie gemakkelijk doen, als jullie besluiten te worden en te zijn Wie jullie werkelijk zijn – namelijk zuivere liefde, onbegrensd en onvoorwaardelijk – dan wordt jullie leven ook weer gemakkelijk. Alle beroering verdwijnt, alle worstelingen verdwijnen.

Deze vrede kunnen jullie op ieder moment bereiken. De manier waarop jullie haar kunnen vinden, is gewoon deze vraag stellen: *Wat zou liefde nu doen?*

Weer de magische vraag?

Ja. Dit is een prachtige vraag, omdat je altijd het antwoord zult weten. Het is net magie. Het reinigt als een stuk zeep. Het haalt de angel eruit wanneer je ergens te dicht op zit. Het wast alle twijfel weg, alle angst. Het doorspoelt de geest met de wijsheid van de ziel.

Een frisse manier om dat te beschrijven.

Het is waar. Als je deze vraag stelt, zul je *onmiddellijk* weten wat je moet doen. Onder alle omstandigheden, onder alle voorwaarden zul je weten wat je moet doen. Jou zal het antwoord worden gegeven. Jij *bent* het antwoord en de vraag stellen brengt dit deel van jou naar voren.

Wat als je jezelf voor de gek houdt? Kun je jezelf voor de gek houden?

Blijf niet naar het antwoord vissen als het al vanzelf in je opkomt. Als je blijft gissen en vissen, houd je jezelf voor de gek; alleen dan kun je jezelf voor de gek houden. Duik in het hart van de liefde, treed vanuit die plek al je keuzes en beslissingen tegemoet, en je zult vrede vinden.

Zestien

Wat betekent het om totaal accepterend, zegenend en dankbaar te zijn? Deze laatste drie van de vijf houdingen van God zijn mij minder duidelijk, vooral drie en vier.

Totaal accepterend zijn betekent geen kritiek hebben op wat zich op dit moment voordoet. Het betekent niet dat je iets verwerpt, weggooit of ervan wegloopt, maar dat je het omhelst, vasthoudt en liefhebt alsof het van jezelf is. Omdat het van jou *is*. Het is jouw eigen creatie, waarmee je geheel tevreden bent, tenzij je dat niet bent.

Als je niet tevreden bent, zul je je tegen je eigen creatie verzetten en *de dingen waartegen je je verzet, houden stand*. Geniet daarom en wees blij; als je de huidige omstandigheden of voorwaarden wilt veranderen, kies er dan gewoon voor om ze op een andere wijze te ervaren. De uiterlijke verschijning, de uiterlijke manifestatie, past zich misschien niet aan, maar jouw innerlijke ervaring ervan kan voor altijd veranderen, gewoon door jouw beslissing daarover.

Denk eraan, dit is waarnaar je streeft. Je geeft niet om uiterlijke verschijningsvormen, je geeft alleen om jouw innerlijke ervaring. Laat de buitenwereld voor wat zij is. Creëer je eigen innerlijke wereld zoals jij haar wenst. Dit is wat wordt bedoeld met 'in jouw wereld' maar niet 'van de wereld' zijn. Dit is levenskunst.

Even voor alle duidelijkheid: je moet alles aanvaarden, zelfs de dingen waarmee je het oneens bent?

Iets aanvaarden betekent niet dat je weigert het te veranderen. Het tegenovergestelde is in feite waar. Pas als je iets aanvaardt, kun je het veranderen, zowel in jezelf als daarbuiten.

Aanvaard daarom alles als de goddelijke manifestatie van de goddelijkheid in jezelf. Erken jezelf als de schepper en pas dan kun je het 'ont-scheppen'. Pas dan kun je de kracht om iets nieuws te creëren in jezelf herkennen, dat wil zeggen opnieuw kennen.

Iets aanvaarden is niet hetzelfde als het ermee eens zijn. Het komt gewoon neer op het omhelzen ervan, of je het ermee eens bent of niet.

U zou ons de duivel en zijn ouwe moer zelf nog laten omhelzen, nietwaar?

Hoe kun je hem anders genezen?

Daar hebben wij het al eens over gehad.

Ja, en wij zullen het er nog wel eens over hebben. Deze waarheden zal Ik steeds weer opnieuw met jullie bespreken. Steeds weer opnieuw totdat jullie ze *horen*. Als je merkt dat Ik Mijzelf herhaal, dan komt dat doordat jullie *jezelf* herhalen. Jullie herhalen ieder gedrag, elke actie of elke gedachte, die jullie steeds weer opnieuw bedroefdheid, ellende en mislukkingen heeft gebracht. Maar de overwinning ligt voor het grijpen, de overwinning op die duivel van jullie.

De duivel en zijn ouwe moer bestaan natuurlijk niet, zoals wij al zo vaak hebben besproken. Wij spreken hier in metaforen.

Hoe kun je iets genezen wat je niet eens kunt vasthouden? Je moet iets eerst stevig vasthouden, in je werkelijkheid verankeren, voordat je het kunt loslaten.

Ik weet niet of ik het begrijp. Help mij dit te begrijpen.

Je kunt niet iets laten vallen wat je niet vasthoudt. Aanschouw daarom! Ik breng jullie een blijde boodschap van grote vreugde.

God accepteert totaal.

Mensen hebben de neiging uit te sluiten.

Mensen houden van elkaar *behalve* als de ander dit of dat doet. Zij houden van hun wereld *behalve* als die hun niet bevalt. Zij houden van Mij *behalve* als zij dat niet doen. God sluit niet uit, God aanvaardt. Alles en iedereen. *Er zijn geen uitzonderingen.*

Totaal accepterend zijn klinkt niet hetzelfde als totaal liefdevol zijn.

Toch komt het op hetzelfde neer. Wij gebruiken verschillende woorden om dezelfde ervaring te beschrijven. Liefde en acceptatie *zijn* uitwisselbare concepten.

Als je iets wilt veranderen, moet je eerst accepteren dat het zo is. Als je iets wilt liefhebben, moet je hetzelfde doen.

Je kunt niet houden van het deel van jezelf waarvan jij stelt dat het niet bestaat of dat je verwerpt. Je hebt vele delen van jezelf verworpen waarop je geen aanspraak wilt maken. Door afstand te doen van die delen van jezelf maak je het onmogelijk om totaal van jezelf te houden, en dus ook van anderen.

Deborah Ford schreef een prachtig boek over dit onderwerp, *The Dark Side of the Light Chasers* (De donkere zijde van de lichtjagers). Het gaat over mensen die het 'licht' zoeken, maar die niet met hun eigen 'duistere' kanten kunnen omgaan en de gave niet herkennen. Ik kan iedereen dit boek aanraden. Het verandert je leven. Het legt in heldere, bevattelijke termen uit waarom acceptatie zo'n zegening is.

Het *is* een zegening. Zonder acceptatie zou je jezelf en anderen veroordelen. Maar door liefde en acceptatie zegen je allen die in jouw leven een rol spelen. Als je totaal liefdevol en accepterend bent, ben je totaal zegenend; en dit maakt jou en alle anderen totaal vreugdevol.

Alles komt samen, alles staat met alles in verbinding, en je begint nu in te zien en te begrijpen dat de vijf houdingen van God werkelijk een en dezelfde zijn. Zij zijn wat God *is*.

Het aspect van God dat totaal zegenend is, is dat aspect dat niet veroordeelt. Het is Gods wereld waarin veroordeling niet bestaat, slechts aanbeveling. Jullie zullen allen worden aanbevolen voor het werk dat jullie verrichten, voor de baan die jullie vervullen, voor het leren kennen en ervaren van Wie jij echt bent.

Als mijn moeder iets vervelends overkwam, zei zij altijd 'God zegene!' Alle anderen vloeken dan, maar ma zei: 'God zegene!' Een dag vroeg ik haar waarom. Zij keek mij aan alsof zij niet goed begreep dat ik die vraag stelde. Toen antwoordde zij mij met de liefde en het geduld alsof zij een klein kind toesprak: 'Ik wil niet dat God het *veroordeelt*. Ik wil dat God het *zegent*. Dat is het enige wat de zaken beter kan maken.'

> Je moeder was een zeer 'bewust' persoon. Zij begreep vele zaken.
> Ga heen, nu, en zegen alle dingen in je leven. Onthoud, Ik heb je niets dan engelen gezonden en Ik heb je niets dan wonderen gebracht.

Hoe kun je de dingen zegenen? Ik begrijp niet wat dat inhoudt, waar die woorden op slaan.

> Je zegent iets als je je beste energie, je hoogste gedachten eraan besteedt.

Moet ik mijn beste energie, mijn hoogste gedachten, besteden aan dingen die ik haat? Zoals oorlog, geweld, hebzucht? Aan onvriendelijke mensen? Aan onmenselijk beleid? Dat begrijp ik niet. Ik kan die dingen niet 'zegenen'.

> Maar je hebt juist je hoogste gedachten en je beste energie nodig om deze dingen te kunnen veranderen.
> Begrijp je dat niet? Je verandert niets door het te veroordelen. Je veroordeelt het alleen maar zodat het nog eens kan gebeuren.

Ik moet moedwillig moorden, verwoestende vooroordelen, wijd-verspreid geweld en tomeloze hebzucht dus niet veroordelen?

Je moet niets veroordelen.

Niets?

Niets. Heb ik je niet mijn leraren gezonden die zeiden: 'Oordeel niet en veroordeel niet'?

Maar als wij niets veroordelen, lijken wij alles maar goed te vinden.

Verzuimen te oordelen is niet hetzelfde als verzuimen te veran-deren. Als je iets niet veroordeelt, betekent dat nog niet dat je het goedkeurt. Het betekent gewoon dat je weigert erover te oordelen. Je kunt anderzijds nog altijd ervoor kiezen om het te veranderen.

De keuze om iets te veranderen hoeft niet altijd uit woede voort te komen. In feite *nemen je kansen om werkelijke verandering te bewerkstelligen recht evenredig toe met de afname van je woede.*

Mensen gebruiken woede vaak als rechtvaardiging voor hun streven naar verandering en hun oordelen als de rechtvaardi-ging van hun woede. Jullie creëren daar een hoop toneel omheen, in jullie speurtocht naar onrecht voor de rechtvaardi-ging van jullie oordelen.

Velen beëindigen relaties op die manier. Jullie hebben niet de kunst geleerd om te zeggen: 'Ik ben nu compleet. Onze relatie in de huidige vorm is mij niet langer van dienst.' Jullie staan erop eerst een of ander onrecht waar te nemen, vellen dan een oordeel en worden vervolgens kwaad, zolang de verandering die jullie nastreven maar gerechtvaardigd lijkt. Alsof jullie zon-der woede niet voor elkaar kunnen krijgen wat jullie willen ver-anderen. Daarom bouwen jullie daar een hoop toneel omheen.

Nu zeg Ik jullie dit: zegen, zegen, zegen. *Zegen* jullie vijanden en bid voor hen die jullie vervolgen. Stuur ze jullie beste ener-gie en jullie hoogste gedachten.

Jullie zullen daar alleen toe in staat zijn als jullie iedereen en alle levensomstandigheden als een gave zien; als een engel en een wonder. Als jullie dat doen, dan belanden jullie in de volheid van het dankbaar zijn. Jullie zullen totaal dankbaar zijn – de vijfde houding van God – en dan is de cirkel rond.

Dit is ook een belangrijk element, dit gevoel van dankbaarheid, nietwaar?

Ja. Dankbaarheid is de houding die alles doet veranderen. Ergens dankbaar voor zijn komt neer op geen verzet meer bieden, het als een gave zien en erkennen, ook als die gave niet meteen herkenbaar is.

Bovendien is je al onderwezen dat dankbaarheid *vooraf* voor een bepaalde ervaring, voorwaarde of gevolg, een krachtig instrument is in de creatie van jouw werkelijkheid; het is een duidelijk teken van meesterschap.

Het is zo krachtig dat je bijna zou denken dat de vijfde houding op de eerste plaats moet komen.

Het fantastische van de vijf houdingen van God is in feite dat *hun volgorde kan worden omgedraaid*, net als de zeven stappen naar vriendschap met God. God is volstrekt dankbaar, zegenend, accepterend, liefdevol en vreugdevol!

Dit is weer een goed moment om mijn favoriete gebed te noemen, het krachtigste gebed dat ik ooit heb gehoord: *Dank U God, dat U mij helpt begrijpen dat dit probleem al is opgelost voor mij.*

Ja, dat *is* een krachtig gebed. De volgende keer dat je wordt geconfronteerd met een voorwaarde of omstandigheid die je als problematisch ervaart, moet je niet alleen je directe dankbaarheid voor de oplossing uitdrukken, maar ook voor het probleem zelf. Als je dat doet, verander je rechtstreeks je perspectief op en je houding ten aanzien van het probleem.

Zegen het vervolgens, net zoals je moeder deed. Besteed er je beste energie en je hoogste gedachten aan. Daarmee maak je het tot vriend in plaats van vijand, tot iets wat jou ondersteunt in plaats van ondermijnt.

Aanvaard het dan en bied geen verzet tegen het kwaad. Want dat waar je je tegen verzet, houdt stand. Alleen dat wat je aanvaardt, kun je veranderen.

Omhul het nu met liefde. Wat je ook ervaart, je kunt iedere ongewenste ervaring letterlijk met liefde overwinnen. Je kunt alles met de mantel der liefde bedekken.

Wees tot slot vreugdevol voor de precieze, volmaakte uitkomst die zich aandient. Niets kan jou weg leiden van jezelf, want vreugde is Wie jij bent en wie jij altijd zult zijn. Doe daarom *een vreugdevol ding* als je met een probleem wordt geconfronteerd.

Net zoals Anna zong in de musical *The King and I*: 'Ik fluit een vrolijk deuntje en elke keer weer overtuigt de vrolijkheid van het liedje mij ervan dat ik niet bang ben.'

Ja, dat is het precies.

Ik heb een vriend die deze houding elke dag in alle situaties toepast. Hij helpt en geneest anderen door hun duidelijk te maken hoe gemakkelijk en snel zij hun houding kunnen veranderen en welk verschil dat voor hun leven uitmaakt. Hij heet Jerry Jampolsky – dr. Gerald G. Jampolsky voluit – en hij schreef een revolutionair boek, *Love Is Letting Go of Fear* (Liefde is angst loslaten).

Jerry stichtte het Centrum voor attitudinale genezing in Sausalito, Californië, en tegenwoordig zijn er honderddertig vergelijkbare centra in steden overal ter wereld. Hij is de vriendelijkste, zachtaardigste man die ik ken. Hij heeft een positieve houding ten opzichte van alles. *Alles*. Ik heb in zijn huis nog nooit een 'onvertogen' woord gehoord. In die zin alleen al is hij opmerkelijk en zijn houding ten opzichte van het leven is even inspirerend.

Nancy en ik brachten enkele dagen door bij Jerry en zijn mooie, getalenteerde vrouw Diane Cirincione toen ik, zoals dat in het leven gaat, in de clinch raakte met een van hun andere huisgasten. Het spijt mij dat ik moet zeggen dat ik toen niet 'honderd procent' was. Moe en uitgeput van het vele maanden op pad zijn, ging ik niet bepaald vredelievend met deze situatie om.

Jerry merkte dat ik geagiteerd was en hij vroeg of hij iets kon doen om te helpen. Zoals iedereen die hem beter kent je zal vertellen, is dat typisch een vraag van Jerry als hij merkt dat iemand in zijn omgeving het ergens moeilijk mee heeft.

Ik vertelde hem dat ik bepaalde negatieve gevoelens had over een eerdere interactie met een van de andere huisgasten en Jerry stelde direct voor dat het misschien goed was om samen met hem, Diane en de andere persoon aan een tafel te gaan zitten en 'na te gaan wat nodig was om dit te helen'.

Toen stelde hij mij een indringende vraag: 'Wil je dit helen of wil je liever vasthouden aan je negatieve gevoelens?'

Ik vertelde hem dat ik dacht dat ik geen bewuste beslissing had genomen om aan de negatieve gevoelens vast te houden, maar dat ik moeite ondervond om ze los te laten. 'Wel, alles zal afhangen van de houding die je hierover inneemt,' antwoordde Jerry op een zachte, zeer vriendelijke wijze. 'Er zal waarschijnlijk iets heel positiefs uit dit alles voortkomen. Laten wij gaan uitvinden wat dat is.'

Wij voerden het gesprek dat hij had voorgesteld en met hulp van Jerry en Diane zetten de andere gast en ik de eerste stappen terug op de weg naar liefde. Ik was werkelijk dankbaar dat Jerry in de buurt was in een periode dat ik volledig het contact kwijt was met mijn centrum en met Wie ik werkelijk ben. Zonder een positie in te nemen, zonder een oordeel te vellen, zonder drastische ingrepen behalve de continue suggestie de dingen anders te bekijken en mijzelf toestemming te geven een andere invalshoek te kiezen, speelden Diane en Jerry niet alleen een belangrijke rol in de genezing van het moment, maar zij reikten mij ook de hulpmiddelen aan waarmee ik de principes van het genezen van je attitudes in het leven van alledag kan toepassen.

Wij kunnen niet allemaal het geluk hebben in de omgeving van Jerry's wijsheid te verkeren op momenten dat wij moeilijkheden ondervinden. Daarom ben ik opgewonden over zijn nieuwe boek,

Forgiveness: The Greatest Healer of All (Vergiffenis: de grootste genezer van allemaal).

Jerry Jampolsky valt op door zijn opmerkelijke houding. Die geneest alles wat binnen zicht komt en genas zelfs Jerry's gezichtsvermogen.

In de periode die wij samen doorbrachten, ondervond Jerry problemen met zijn gezichtsvermogen. Hij zou een oogoperatie ondergaan en er bestond zelfs een kans dat zijn gezichtsvermogen verder zou verslechteren in plaats van verbeteren. Hij liep zelfs het risico aan een oog blind te worden.

Jerry leek dat allemaal weinig uit te maken. Hij dacht er verder niet over na. Hij wilde zich er niet meer in verdiepen dan nodig was. Hij vermeed alle gesprekken hierover in de dagen voor de operatie en ik herinner mij dat hij met een grote glimlach naar het ziekenhuis vertrok. 'Alles komt prima in orde,' verkondigde hij, 'ongeacht de uitkomst.'

Ik leerde die dag iets van een Meester.

> Iets accepteren betekent niet ermee akkoord gaan. Je omhelst het gewoon, of je ermee akkoord gaat of niet.

Ja. Ik kon zien dat Jerry deze ervaring aanvaardde en zegende.

> Je geeft iets je zegening wanneer je er je beste energie en je hoogste gedachten aan besteedt.

Daarom moet ik meteen aan Jerry denken als ik over de vijf houdingen van God hoor. Hij brengt die houdingen consequent in de praktijk.

Mensen vragen mij altijd hoe mijn leven is veranderd sinds mijn boeken zijn verschenen. Het ontmoeten van en bevriend raken met mensen als Jerry Jampolsky is een verandering die mij diep heeft gezegend. In contact komen en een persoonlijke relatie ontwikkelen met velen die ik persoonlijk over de jaren heen heb bewonderd, is een van de leerzaamste en uiterst nederig stemmende gevolgen van de productie van de trilogie van *Een gesprek met God*. Ik heb in deze buitengewone mensen dingen herkend die ik zelf nog meester moet worden en zij hebben mij blijvend geïnspireerd.

Er zijn natuurlijk ook andere veranderingen geweest en de belangrijkste daarvan is in mijn relatie met God.

Ik heb nu een persoonlijke relatie met God en dat heeft geresulteerd in een ervaring van continu welbevinden, van rustige versterking, van persoonlijke groei en expansie, van diep verrijkende inspiratie en van verzekerde, standvastige liefde. Als gevolg hiervan is elk ander aspect van mijn leven ook veranderd.

Ook hoe ik relaties ervaar, is geheel veranderd en mijn persoonlijke houding weerspiegelt dat. Mijn persoonlijke interacties met anderen zijn vreugdevol en bevredigend. Wat het partnerschap voor het leven betreft, ik schrijf dit in het vijfde jaar van mijn huwelijk met Nancy en onze liefdesrelatie is sprookjesachtig. Het was prachtig vanaf het begin en het wordt alsmaar prachtiger. Dat wil niet zeggen dat deze relatie in haar huidige vorm altijd onveranderd zal blijven voortbestaan. Dat ga ik niet voorspellen, want ik wil Nancy en mijzelf niet onder een dergelijke druk zetten. Maar ik geloof dat onze relatie, zelfs als de vorm ervan ooit zou veranderen, altijd eerlijk, zorgzaam, medelevend en liefdevol zal zijn.

Niet alleen zijn mijn relaties verbeterd, en dus mijn emotionele gezondheid, ook mijn fysieke gezondheid is een stuk beter. Ik ben nu in een betere conditie dan tien jaar geleden en ik voel mij vol nieuw leven en nieuwe energie. Opnieuw ga ik niet voorspellen dat dat altijd zo zal blijven, omdat ik mijzelf niet onder die druk wil zetten; ik kan jullie wel vertellen dat mijn innerlijke vrede en mijn diepe vreugde onveranderd zullen blijven, ongeacht mijn gezondheidstoestand, want ik heb de perfectie van mijn leven ervaren en ik stel de uitkomsten ervan niet langer ter discussie en ik worstel er ook niet meer mee.

Mijn begrip van overvloed is ook veranderd en ik ervaar nu een wereld zonder gebrek of beperkingen. Aangezien ik weet dat dit niet de ervaring is van de meerderheid van mijn medemensen, werk ik er bewust iedere dag aan om anderen te helpen hun ervaring te veranderen. Ik deel mijn overvloed vrijelijk en ondersteun doelen en projecten van mensen met wie ik het eens ben, als een andere manier om uit te drukken en te ervaren en te re-creëren Wie ik werkelijk ben.

En ja, ik ben geïnspireerd door talrijke prachtige leraren en zieners die ik op een persoonlijk niveau heb leren kennen. Ik heb van hen geleerd wat maakt dat mensen bijzonder zijn en boven het maaiveld uitsteken. Het gaat daarbij niet om heldenverering of *name dropping*, omdat voor mij duidelijk is dat dezelfde principes die deze mensen omhoog hebben gebracht ons ook kunnen verheffen. Deze magie schuilt in ons allen en hoe meer wij leren over mensen die de magie van het leven hebben toegepast, des te beter kunnen wij die magie in ons eigen leven toepassen. In die zin zijn wij allemaal elkaars leraren. Wij zijn gidsen die naar elkaar roepen, niet zozeer om te leren, maar om onszelf eraan te herinneren Wie wij werkelijk zijn.

Marianne Williamson is zo'n gids. Laat mij je vertellen wat ik van Marianne heb geleerd.

Moed.

Zij heeft mij uitgebreid over dapperheid onderwezen, over het engagement om een hoger pad te bewandelen. Ik ken niemand anders met zoveel persoonlijke kracht en spiritueel uithoudingsvermogen. Of met een verhevener visie. Maar Marianne spreekt niet alleen over haar visie op de wereld, zij brengt deze ook dagelijks in de praktijk en werkt er onvermoeid aan om haar idealen te realiseren. Dat heb ik van haar geleerd: werk onvermoeid aan de realisatie van de visie die jou is gegeven en doe dat op moedige wijze. *Doe het nu.*

Ik was ooit in bed met Marianne Williamson. Zij zal mij wat aandoen omdat ik dit vertel, maar het is waar. En ik leerde vele prachtige dingen van haar tijdens de momenten die wij deelden.

Okay, misschien niet *in* maar *op* bed. En mijn vrouw Nancy liep het vertrek in en uit, rustig kletsend terwijl wij aan het inpakken waren. Wij waren op bezoek bij Marianne thuis en genoten van een van de weinige waardevolle momenten alleen met haar. En vroeg op de ochtend van ons vertrek zaten Marianne en ik op het bed en praatten met elkaar over het leven terwijl wij jus d'orange dronken en pasteitjes aten. Ik vroeg haar hoe zij almaar kon blijven doorgaan, hoe zij haar razende race zoveel jaren had kunnen volhouden en hoe zij zoveel levens op zo'n bijzondere wijze had kunnen beïnvloeden. Zij keek mij kalm aan, maar met een kracht achter haar ogen die ik me tot op dit moment nog herinner. 'Het draait om engagement,' zei zij, 'om het *uitleven* van de hoogste keuzes die je maakt, de keuzes waar veel mensen alleen maar over praten.'

Toen daagde zij mij uit. 'Ben jij bereid dat te doen?' vroeg zij. 'Als je dat bent, prachtig. Als je niet bereid bent, doe dan een stapje terug en verdwijn uit het oog van het publiek. Want als je mensen hoop geeft, word je een model en moet je bereid zijn een zekere mate van leiderschap op je te nemen. Je moet bereid zijn aan de verwachtingen te voldoen of dat althans met heel je wezen te proberen. Mensen kunnen je vergeven als je faalt, maar zij vinden het moeilijker om je te vergeven als je het niet eens probeert.'

'Als je je eigen ontwikkelingsproces met anderen deelt, brengt dat je op een versneld spoor. Als jij anderen vertelt dat iets voor hen mogelijk is, moet je bereid zijn om te laten zien dat het voor jou mogelijk is. Je moet je leven daaraan wijden.'

Dit wordt ongetwijfeld bedoeld met 'doelbewust' leven.

Maar ook als wij onze intenties doelbewust bepalen, lijken de dingen soms per toeval te gebeuren. Ik heb echter geleerd dat het toeval niet bestaat en dat een samenloop van omstandigheden gewoon Gods manier is om de dingen voor ons te regelen, als onze intenties maar eenmaal duidelijk zijn. Het blijkt dat je alsmaar meer coïncidenties in je leven bemerkt naarmate je doelbewuster leeft.

Toen het eerste deel van *Een gesprek met God* was gepubliceerd, was het bijvoorbeeld mijn intentie om het in de handen van zoveel mogelijk mensen te doen belanden, omdat het naar mijn mening belangrijke informatie voor heel de mensheid bevatte. Twee weken na de verschijning gaf dr. Bernie Siegel een lezing in Annapolis over het verband tussen de medische wetenschap en spiritualiteit. Midden in zijn voordracht zei hij: 'Wij spreken allemaal de hele tijd met God en ik weet niet hoe het met u zit, maar ik schrijf mijn dialoog op. Mijn volgende boek draagt zelfs de titel *Gesprekken met God*; het gaat over een man die God alles vraagt wat hij ooit wilde weten en God antwoordt hem. Hij begrijpt niet alle antwoorden en hij ruziet zelfs een beetje met God en op die manier voeren zij een gesprek. Het is authentiek mijn eigen ervaring.'

Iedereen in het publiek moest grinniken, behalve een jonge vrouw.

Mijn dochter.

Samantha bleek 'toevallig' die dag deel uit te maken van het publiek en tijdens de eerste pauze stormde zij naar het podium. 'Dr. Siegel,' begon zij buiten adem, 'schrijft u echt dat boek waarover u sprak?'

'Inderdaad,' glimlachte Bernie. 'Ik ben al over de helft.'

'Nou, dat is dan heel erg interessant,' bracht Samantha uit, 'want mijn vader heeft pas een boek gepubliceerd dat precies op dat van u lijkt, zelfs wat de titel betreft.'

Bernies ogen sperden zich wijd open. 'Werkelijk? Dat is fascinerend. Al verbaast het mij niet. Als een idee eenmaal "in de lucht hangt", kan iedereen het aanboren. Ik geloof trouwens dat wij allemaal onze persoonlijke bijbel moeten schrijven. Ik zou graag met hem erover willen praten.'

De volgende dag belde ik met dr. Siegel in zijn huis te Connecticut. Wij deelden onze ervaringen en naar bleek schreef hij aan precies hetzelfde boek dat ik net had laten verschijnen. Op dat moment zag ik niet de perfectie in van wat er gebeurde; ik werd bang. Ik stelde mij al het ergste voor: twee maanden nadat Bernies boek was verschenen, vond men mijn boek op een achterafplank en werd ik van plagiaat beschuldigd.

Ik schaamde mij te zeer om mijn gedachten tijdens ons gesprek aan te snijden. Per slot van rekening waarschuwde mijn eigen boek tegen op angst gebaseerde gedachten; wij moeten afstand nemen van onze negatieve gedachten en ze vervangen door een positieve zienswijze. Bernie zei vriendelijk dat hij mijn boek graag wilde lezen en ik beloofde hem een exemplaar toe te zenden. Ik legde de hoorn op de haak en probeerde positieve gedachten te denken. Enkele weken lang schipperde ik tussen bezorgdheid en verwondering. Verwondering is het tegenovergestelde van bezorgdheid. Verwondering is even verwonderlijk als bezorgdheid onrustbarend is. Tegenwoordig verwonder ik mij vaak, dat wil zeggen dat ik met mijn mentale energie een boel *wonderen* produceer. Toentertijd besteedde ik de helft van de tijd nog aan getob. Maar ook de helft van de tijd je verwonderen is kennelijk genoeg, want wat deed Bernie Siegel? Niet alleen herschreef hij zijn eigen boek en gaf het een andere titel, maar ook *betuigde hij mijn boek steun*. Hij was de eerste bekende persoon die mijn boek onderschreef, en veel lezers bleken daarna bereid het debuut van een onbekende auteur aan te schaffen en op zijn waarde te schatten.

Welnu, mensen, dat is pas klasse. Dat is de daad van een groot mens die weet dat hij niets heeft te verliezen door een medemens verder te helpen. Ook al bevindt die medemens zich op hetzelfde terrein en houdt hij zich met dezelfde dingen bezig, hier is een man die in staat is te zeggen: hé, er is genoeg ruimte voor iedereen, of zelfs: *ik geef deze persoon wat ruimte van mijzelf.*

Ik heb Bernie sindsdien op een persoonlijk niveau leren kennen. Wij hebben samen presentaties gedaan. Hij is een wandelende bron van plezier, met een vonkje in zijn ogen dat iedere ruimte doet oplichten. Dat is de vonk van onzelfzuchtigheid, of wat ik in mijn eigen jargon de Bernie-factor ben gaan noemen.

Jouw ogen zullen ook vonken als je als een Bernie door het leven gaat en iedereen verder helpt die in je buurt komt. Dit wordt ongetwijfeld bedoeld met 'weldoend' leven.

Elisabeth Kübler-Ross zei altijd: 'Alle echte voordelen zijn wederzijds.' Dat is een goede les, want als wij anderen bevoordelen, doen wij ook onszelf een voordeel. Ik ken een man die dit tot in de puntjes begrijpt.

Gary Zukav woont een uur van mij vandaan. Wij hebben samen wat tijd doorgebracht – Garry en zijn spirituele partner Linda Francis en Nancy en ik – in mijn huis in het zuiden van Oregon. Hij vertelde mij eens bij het avondeten hoe hij tien jaar geleden *The Seat of the Soul* (De zetel van de ziel) had geschreven. Ik kende het boek natuurlijk en had het vlak na verschijning al gelezen. Hij schreef ook *The Dancing Wu Li Masters* (De dansende Woe Li-meesters). Beide boeken werden bestsellers en Gary was opeens een beroemdheid, tegen wil en dank. In zijn hart wist hij dat hij hetzelfde wilde worden behandeld als iedereen. Maar het schrijven van bestsellers laat dat niet altijd toe en daarom verdween Gary bewust een aantal jaren van het publieke toneel. Hij wees interviews en uitnodigingen om lezingen te geven af en trok zich terug op een rustige plek om na te gaan wat hij allemaal had gedaan. Hadden zijn boeken werkelijk een bijdrage geleverd? Waren ze al die aandacht echt wel waard? Wat was zijn rol hierin? Terwijl Gary dit proces voor mij beschreef, besefte ik dat ik zelf niet de tijd had genomen om deze vragen te beantwoorden. Ik was gewoon in het diepe gedoken. Ik wist dat ik moest leren van hen die zichzelf een langere blik op diepere onderwerpen hadden gegund en ik nam mij voor hetzelfde te doen, al wist ik niet waar en wanneer ik daarvoor in de gelegenheid zou zijn.

Tien maanden later. Ik spoed me naar het vliegtuig naar Chicago. Als ik in de cabine de hoek om kom, zit daar Gary Zukav. Wij hebben 'toevallig' dezelfde vlucht, zitten in dezelfde sectie en ontdekken dat wij hetzelfde hotel hebben geboekt. Wij gaan alleen om verschillende redenen naar dezelfde stad. Okay, zeg ik tegen mijzelf, wat is hier aan de hand? Is dit weer een van die 'toevalligheden'?

Toen wij bij het hotel aankwamen, stelden wij voor om samen te gaan eten. Ik was bezig aan het boek dat jij nu aan het lezen bent en het verliep moeizaam. Het schoot voor geen meter op en ik vertelde dat aan Gary terwijl wij de menukaart doornamen. Ik vertelde hem dat ik extra bezorgd was, omdat ik voorvallen uit mijn leven in dit boek verwerkte en ik niet wist of dat de lezers zou interesseren.

'Wat de lezers interesseert, is de *waarheid*,' zei Gary eenvoudig. 'Als je anekdotes vertelt, gewoon om anekdotes te vertellen, dan heeft dat een beperkte waarde. Maar als je voorvallen uit je leven beschrijft omdat je wilt meedelen *wat jij daarvan hebt geleerd*, dan zijn ze van onschatbare waarde.'

Natuurlijk moet je wel bereid zijn jezelf geheel bloot te geven, voegde hij daar rustig aan toe. Je kunt je niet verstoppen achter een *persona*. Je moet bereid zijn authentiek en transparant te zijn en je moet de dingen zeggen zoals ze zijn. Als jij niet op een situatie reageert vanuit een positie van meesterschap, dan moet je dat zeggen. Als jij niet aan je eigen lering voldoet, geef dat dan toe. Mensen kunnen daarvan leren.

'Dus,' zei Gary, 'vertel je anekdotes, maar maak altijd duidelijk waar jij staat en wat jij ervan hebt geleerd. Dan kunnen wij bij jouw verhaal blijven omdat het *ons* verhaal wordt. Snap je het? Wij lopen allemaal hetzelfde pad af.' Hij glimlachte warm.

Gary Zukav verscheen toen alweer in het openbaar. Hij nam een uitnodiging aan om bij *Oprah* te verschijnen, gaf lezingen en signeerde zijn boeken. En zijn boek over de ziel was opnieuw een bestseller. Ik vroeg hem hoe hij met zijn bekendheid omging. Hij begreep natuurlijk dat ik in feite om advies vroeg hoe ik met mijn bekendheid moest omgaan. En daarom dacht hij een moment na. Zijn blik werd eventjes wazig en ik merkte dat hij ergens anders was. Toen sprak hij weer, zachtjes.

'Eerst moet ik mijn focus vinden, mijn innerlijke waarheid, mijn authenticiteit. Ik zoek daar iedere dag naar. Ik zoek er actief naar. Ik zocht ernaar voordat ik je vraag ging beantwoorden. Daarna probeer ik van daaruit over te stappen naar wat ik doe, naar wat ik schrijf, naar een interview voor de media, een signeersessie of wat dan ook. Als ik bijvoorbeeld bij *Oprah* ben, probeer ik te vergeten dat ik het tegen zeventig miljoen mensen heb. Ik moet blijven praten met de mensen die ik voor mij heb, met het publiek in de studio. En als ik mijn focus niet verlies, blijf ik op mijn eigen golflengte en daardoor kan ik communiceren met iedereen en alles om mij heen.'

Dit wordt ongetwijfeld bedoeld met 'in harmonie' leven.

Mijn authentieke waarheid is dat mijn leven sinds de verschijning van *Een gesprek met God* opwindend *is* geweest. Opwindend was bijvoorbeeld om te ontdekken dat beroemde en belangrijke mensen *niet* zo ontoegankelijk, onbenaderbaar en zelfingenomen zijn als ik vroeger wel eens dacht. Eigenlijk is precies het tegenovergestelde het geval. De mensen met een hoog profiel die ik heb ontmoet, zijn wonderbaarlijk 'reëel', oprecht, gevoelig en zorgzaam; en ik begin in te zien dat alle bijzondere mensen deze kwaliteiten delen.

Op een dag rinkelde de telefoon bij mij thuis, en het was Ed Asner. Hij leest samen met Ellen Burstyn de tekst van God voor op de cassettebandjes van *Een gesprek met God*. Wij raakten aan de praat over de achtkoloms hekeling van mijn persoon die ochtend in *The Wall Street Journal*. 'Hé,' gromde Ed, 'laat ze je niet te pakken nemen, joh.' Ik kon zijn energie voelen terwijl hij zocht naar woorden van bemoediging op een moment waarvan hij wist dat het mij zwaar viel. Ik zei dat ik erover dacht een brief te schrijven aan de *Journal* als reactie op hun aanval.

'Hmm, dat moet je niet doen. Dat is niet wie jij bent. Ik weet wel het een en ander over hoe de pers jou verscheurt,' grinnikte hij. Toen werd hij serieus: 'Zij weten niet wie jij bent, maar jij weet dat wel. Wijk daar niet van af, want dat is het belangrijkste. Zij draaien wel bij. Zij draaien uiteindelijk allemaal wel bij. Zolang jij maar *blijft wie jij bent*. Laat niemand of niets je van jouw waarheid losweken.' Ed Asner is net als Gary een zachtaardig, beminnelijk persoon, die authenticiteit volledig begrijpt. En ernaar leeft.

Hetzelfde geldt voor Shirley MacLaine.

Ik leerde Shirley kennen via Chantal Westerman, toen nog correspondente 'Amusement' voor *Good Morning, America*. Wij zouden een interview opnemen voor haar programma en op de opnamedag zouden Chantal, Nancy en ik gaan lunchen in Santa Monica. 'Ik ken iemand die jij moet leren kennen en die jou ook moet leren kennen. Ik weet zeker dat ze geïnteresseerd is om jou te ontmoeten,' bood Chantal vanachter haar salade aan. 'Zal ik haar bellen?'

'Over wie hebben wij het?' vroeg ik.

'Shirley MacLaine,' antwoordde Chantal terloops.

Shirley MacLaine? galmde het door mijn hoofd. *Ga ik Shirley MacLaine ontmoeten?* Ik probeerde onaangedaan over te komen. 'Nou, als jij dat wilt regelen,' zei ik zo onbewogen mogelijk, 'dan vind ik dat best.'

Beelden wij ons in dat wij op de een of andere manier een stuk kwetsbaarder zijn als wij mensen laten merken dat wij ergens echt opgewonden over raken? Ik weet het niet. Ik weet niet wat dat is. Ik weet alleen dat ik ermee stop. Ik doe afstand van alle beschermende lagen die verhinderen dat mensen weten wat ik denk, hoe ik mij voel of wat er in mij omgaat. Wat voor zin heeft het om te leven als je de helft van de tijd jezelf aan het verstoppen bent? Ik heb geprobeerd te leren van mensen als Gary, Ed en Shirley.

Wij dineerden die avond met Shirley in de privé-eetzaal van het Beverly Hills Hotel. Shirley MacLaine is een authentieke persoonlijkheid en zij windt er geen doekjes om dat zij door jou zo echt en authentiek mogelijk wil worden benaderd. Ik bedoel daarmee te zeggen dat zij weinig tijd heeft voor allerlei plichtplegingen en beleefdheden. Zij geeft niet om borrelpraat.

'Vertel eens,' vroeg zij terwijl ik naast haar aan tafel schoof, 'heb jij echt met God gesproken?'

'Ik denk het,' antwoordde ik bescheiden.

'Je denkt het?' vroeg zij ongelovig. 'Je *denkt het?*'

'Nou,' stamelde ik, 'dat was mijn ervaring.'

'Geloof je dan niet dat je dát moet zeggen? Is dat dan niet wat er is *gebeurd?*'

'Dat is gebeurd. Het is alleen zo dat sommige mensen dat moeilijk kunnen accepteren als ik het zo plompverloren op tafel leg.'

'O, jij geeft er nog om wat anderen denken?' peilde Shirley terwijl zij mij onderzoekend in de ogen keek. 'Waarom?'

Shirley stelt altijd vragen. Wat denk jij daarover? Wat weet jij daarvan? Waardoor denk jij dat jij weet wat jij denkt dat jij weet? Wat vind jij ervan als zus of zo gebeurt? Ik heb haar nog verschillende keren ontmoet en het is mij nu volstrekt duidelijk waarom zij zo'n ongelofelijke actrice is. Zij maakt iedereen die zij ontmoet tot een *case study*, zij stelt oprecht belang in iedereen en zij *geeft* iedereen een zeer reëel stuk van zichzelf terug. Zij houdt niets achter. Haar vreugde, haar lachen, haar tranen, haar waarheid, het is allemaal waar, geschonken als een gave van een oprecht persoon die helemaal zichzelf is. Zij past haar gedrag, haar persoonlijkheid, haar gesprekken en haar commentaren op geen enkele wijze en voor niemand aan.

En dit heeft Shirley met mij gedeeld, niet specifiek door iets wat zij tijdens onze gesprekken heeft gezegd maar gewoon door haar aanwezigheid: neem nooit het antwoord van een ander als dat van jezelf aan, geef nooit op wie je bent en stop nooit met te onderzoeken wie je kunt zijn als je naar het volgende niveau wilt. Dat vergt moed.

En dat brengt mij bij de twee moedigste mensen die ik ken: Ellen DeGeneres en Anne Heche.

In december 1998 ontvingen Nancy en ik een uitnodiging om een paar dagen met twee opmerkelijke vrouwen door te brengen. Zij vroegen ons of wij op tijd konden arriveren voor een bijeenkomst met enkele vrienden, die zij op nieuwjaarsdag hadden gepland. 'Wij beginnen dit jaar een nieuw leven en wij zouden nieuwjaarsdag het liefste met jullie doorbrengen,' luidde hun boodschap. 'De boeken hebben ons bijzonder geïnspireerd.'

Nancy en ik namen het vliegtuig in Estes Park, Colorado, waar wij net die ochtend ons jaarlijkse 'Eindejaars re-creëer jezelf'-uitstapje hadden afgesloten.

Ik geloof niet dat er een plaats op aarde is waar ik mij zo snel op mijn gemak voelde als bij Ellen en Anne thuis. Het is lastig om je er *niet* op je gemak te voelen, want in hun ruimte wordt niets geveinsd; alle onwaardige dingen zijn verdwenen en wat overblijft is een onvoorwaardelijke aanvaarding van wie jij bent zoals jij bent. Je bent geen uitleg verschuldigd en ook ontbreken alle schuldgevoelens, schaamte, angst en gevoelens van 'minderwaardigheid'. Die ervaring is niet het resultaat van het een of ander dat Anne en Ellen doen, maar van wat zij *zijn*.

Ten eerste zijn zij liefdevol. Open, eerlijk, continu. Dit uit zich in warmte en ongekunstelde genegenheid voor alle aanwezigen. Verder zijn zij transparant, wat natuurlijk een andere manier is om liefdevol te zijn. Er is geen geheime agenda, er zijn geen onuitgesproken waarheden, er heerst in deze ruimte geen enkele vorm van misleiding. Zij zijn wat zij zijn en jij bent wat jij bent, alles is okay, en het feit dat alles okay is, maakt dat je van ieder moment kunt genieten.

Het huis van Anne en Ellen, hun hart, zegt gewoon: 'Welkom, hier ben je veilig.'

Dat is zo'n bijzondere gave om elkaar te schenken. Ik hoop alleen dat ik altijd een vergelijkbare veiligheid in mijn ruimte kan bieden voor iedereen die ik beroer. Vele Meesters hebben het mij tot dusver voorgedaan.

Ik zou bijna wensen dat ik al deze prachtige mensen enkele jaren eerder had ontmoet.

Alles is volmaakt. Je hebt hen precies op het goede moment ontmoet.

Ja, maar had ik ze een paar jaar eerder ontmoet, dan had ik van hun levens kunnen leren voordat ik anderen zo erg kwetste.

Je hebt niemand gekwetst, zeker niet erger dan anderen jou hebben gekwetst. Zijn er niet enkele lieden in jouw leven die jij als ware schurken beschouwt?

Hooguit een of twee.

En ben je onherstelbaar door hen gekwetst?

Nee, ik geloof van niet.

Je gelooft van niet?

U lijkt op Shirley.

Dat klinkt beter dan dat Ik op George Burns lijk.

Grappig.

Het punt is dat jij in je leven *niet* gekwetst bent door anderen die datgene deden waarvan jij wilde dat zij het niet hadden gedaan, of die niet deden wat jij wenste dat ze hadden gedaan.
Ik zeg je dit nogmaals: Ik heb jullie niets dan engelen gezonden. Deze mensen hebben jullie allemaal gaven gebracht, prachtige gaven die zijn ontworpen om jullie te helpen te herinneren Wie je werkelijk bent. En *jullie* hebben hetzelfde voor anderen gedaan. En als jullie allemaal dit grote avontuur tot een einde hebben gebracht, zullen jullie dat helder inzien en elkaar bedanken.
Ik zeg je dat de dag zal komen waarop jullie je leven zullen overzien en dan zullen jullie dankbaar zijn voor *iedere minuut*

ervan. Alle pijn, alle zorgen, iedere vreugde, iedere viering, elk moment van je leven zal een schat voor jou zijn, omdat je de volslagen volmaaktheid van het ontwerp zult begrijpen. Je zult een stap terug doen om het weefsel ervan te kunnen overzien en je zult huilen om de schoonheid ervan.

Houd daarom van elkaar. Van *elk* ander. Van *alle* anderen. Zelfs van hen die je jouw vervolgers hebt genoemd. Zelfs van hen die je als jouw vijanden hebt vervloekt.

Houd van elkaar en houd van jezelf. Houd in godsnaam van *jezelf* en dat bedoel Ik letterlijk. Houd van je Zelf *in Gods naam*.

Soms is dat knap lastig. Vooral als ik erover nadenk hoe ik vroeger was. Een groot deel van mijn leven was ik niet bepaald een aangenaam mens. Tussen mijn twintigste en mijn vijftigste was ik een grote...

Zeg het niet. Belaster jezelf niet op die manier. Je was niet de ergste persoon die ooit over het aardoppervlak heeft rondgeschuimd. Je was niet de vleesgeworden duivel. Je was, en je bent, een *mens* die vergissingen begaat en zijn weg terug naar huis probeert te vinden. Je was verward. Je hebt al die dingen gedaan omdat je verward was. Je was verdwaald en *nu ben je teruggevonden*.

Raak nu niet weer de weg kwijt in het labyrint van je zelfmedelijden, de doolhof van je eigen schuldgevoel. Roep in plaats daarvan jezelf op in de volgende verhevenste versie van de meest grootse visie die je ooit hebt gehad over Wie jij bent.

Vertel je verhaal, ja, maar *wees* het niet zelf. Jouw verhaal is als het levensverhaal van ieder ander. Het is gewoon wie jij *dacht* dat je was. Het is niet Wie jij werkelijk bent. Als je het gebruikt om je te herinneren Wie jij werkelijk bent, heb je het wijselijk gebruikt. Je hebt het dan precies gebruikt waar het voor bedoeld was.

Vertel daarom je verhaal en laat ons zien wat je je verder hebt herinnerd als gevolg daarvan en wat er nog meer is voor alle mensen om zich te herinneren.

Nou, misschien was ik niet een grote... *wat dan ook*, maar ik was beslist niet goed in mensen een veilig gevoel te geven. Zelfs begin jaren tachtig, toen ik dacht iets te hebben geleerd over persoonlijke groei, paste ik niet alles toe wat ik had geleerd.

Ik hertrouwde, verliet het kerkgenootschap van Terry Cole en verhuisde van de drukte van San Diego naar het plaatsje Klickitat in de staat Washington. Maar ook daar pakte het leven niet goed uit, simpelweg omdat het met mij als persoon kwaad kersen eten was. Ik was zelfzuchtig en manipuleerde alles en iedereen om maar te krijgen wat ik wilde.

Er veranderde weinig toen ik verhuisde naar Portland, Oregon, waar ik hoopte opnieuw te kunnen beginnen. In plaats van dat de dingen zich bergopwaarts ontwikkelden, werd mijn leven alleen maar nog ingewikkelder. De grootste klap kwam toen al onze huisraad werd verwoest door een brand in het flatgebouw waar wij woonden. Maar ik was nog niet op de bodem van het dal aanbeland. Ik moest spartelen als een drenkeling om te blijven drijven en ik trok bijna iedereen in mijn omgeving met mij mee.

Tegen deze tijd dacht ik dat de dingen niet nog slechter konden gaan. Maar ik vergiste mij. Een tachtig jaar oude man in een Studebaker ramde mijn auto frontaal, waardoor ik mijn nek brak. Ik moest een jaar lang een kunststof kraag dragen en maandenlang dagelijks intensieve fysiotherapie ondergaan. Geleidelijk nam dat af van therapie om de andere dag tot twee bezoeken per week en uiteindelijk hield ook dat op, maar toen was mijn leven ook zowat voorbij. Ik had geen inkomsten meer, ik had mijn laatste relatie ten onder zien gaan en toen ik op een dag naar buiten liep, zag ik dat mijn auto was gestolen.

Het was een klassiek voorbeeld van 'van de regen in de drup' en ik zal mij dat moment de rest van mijn leven herinneren. Overspoeld door alle andere ellende die mij was overkomen, liep ik een paar straten af in de hoop dat ik gewoon was vergeten waar ik de auto had geparkeerd. Maar uiteindelijk zakte ik in uiterste berusting en diepe bitterheid op mijn knieën op de stoep en liet een dierlijke kreet ontsnappen. Een voorbijkomende vrouw keek mij angstig aan en stak snel de straat over.

Twee dagen later pakte ik de laatste dollars die mij restten bijeen en kocht ik een buskaartje naar het zuiden van Oregon, waar drie van mijn kinderen bij hun moeder woonden. Ik vroeg haar of zij mij kon helpen, of ik misschien een paar dagen in een lege kamer in haar huis kon verblijven tot ik de zaken weer op een rijtje had. Begrijpelijkerwijs keerde zij mij de rug toe en wees mij de deur. Ik vertelde haar dat ik nergens anders heen kon en zij zei: 'Je hebt altijd de tent en de kampeerspullen nog.'

En zo belandde ik op een grasveld in Jackson Hot Springs, net buiten Ashland, Oregon, waar je 25 dollar per week moet betalen voor een kampeerplek. Zoveel geld bezat ik niet op dat moment. Ik smeekte de campinghouder om een paar dagen respijt zodat ik wat geld bijeen kon sprokkelen, maar hij schudde zijn hoofd. Het park zat al vol met kampeerders op doorreis en hij had geen behoefte aan nog zo'n geval. Toch luisterde hij naar mijn verhaal. Hij hoorde over de brand, het ongeluk, de gebroken nek, de gestolen auto, mijn ongelofelijke tegenspoed, en toen voelde hij toch wat medeleven. 'Okay,' zei hij, 'voor een paar dagen dan. Zie wat je voor elkaar krijgt. Je kunt je tent daarginds opzetten.'

Ik was vijfenveertig en mijn leven was op een eindpunt beland. Ik was van goedbetaald vakman in het radiowezen, eindredacteur van een krant, persvoorlichter van een van de grootste schoolsystemen van het land en persoonlijk assistent van dr. Kübler-Ross afgezakt tot verzamelaar van lege bierblikjes en limonadeflesjes om 5 dollarcent statiegeld te kunnen innen. (Twintig blikjes leveren een dollar op, honderd blikjes vijf dollar en voor 25 dollar per week kon ik op de kampeerplaats blijven.)

In die paar maanden die ik daar heb doorgebracht, leerde ik wel een paar dingen over het leven op straat. Ik leefde weliswaar nog niet echt op straat, maar veel scheelde het niet. En ik ontdekte dat daar in de openlucht, op de straten, onder de bruggen en in de parken, een erecode bestaat die de wereld zou veranderen als ze ook elders werd gevolgd: help elkaar.

Als je langer dan een paar weken op die manier leeft, leer je de anderen kennen die ook onder die omstandigheden moeten zien te overleven en zij leren jou eveneens kennen. Niets persoonlijks, let wel, niemand vraagt je hoe jij daar bent beland. Maar als deze mensen merken dat jij in de problemen zit, laten ze je niet links liggen zoals zoveel 'huisbewoners' doen. Zij stoppen en vragen: 'Alles goed?' Als jij iets nodig hebt waaraan zij jou kunnen helpen, dan komt dat voor elkaar.

Er waren daklozen die mij hun laatste paar droge sokken leenden of mij zelfs de opbrengst van een halve dag blikjes inzamelen schonken als ik mijn 'quotum' niet had gehaald. En als iemand flink incasseerde (een tientje of een geeltje van een voorbijganger), dan kwam hij terug naar de kampeerplaats met eten en drinken voor iedereen.

Ik herinner mij hoe ik mij die eerste nacht moest installeren. Het schemerde al toen ik op het terrein arriveerde. Ik wist dat ik snel moest handelen, maar ik had niet bepaald veel kampeerervaring. De wind stak op en elk moment kon het gaan regenen.

'Je moet hem aan die boom zekeren,' klonk een ruwe stem ergens vandaan. 'Daarna leg je een lijn om die telefoonpaal. Hang er een doekje of iets anders aan; anders onthoofd je jezelf nog als je vannacht naar de plee moet.'

Het begon zachtjes te regenen. Plotseling waren wij met zijn tweeën de tent aan het opzetten. Mijn anonieme vriend sprak niet meer dan nodig was en beperkte zich tot opmerkingen als: 'Ik moet daar een haring hebben.' 'Laat de voorflap maar los, want anders ontwaak je morgen in het meer.'

Toen wij klaar waren (hij leverde feitelijk de grootste bijdrage), wierp hij mijn hamer op de grond. 'Dat zal wel houden,' mompelde hij. Daarna liep hij weg.

'Hé, bedankt nog,' riep ik hem na. 'Hoe heet je?'

'Doet er niet toe,' antwoordde hij zonder om te kijken.

Ik heb hem nooit meer teruggezien.

Mijn leven in het park was erg eenvoudig. Mijn grootste uitdaging (en mijn grootste verlangen) was warm en droog te blijven. Ik verlangde niet naar promoties; ik maakte mij geen zorgen of ik een leuk meisje aan de haak zou slaan; ik hoefde mij niet te ergeren aan hoge telefoonrekeningen; ik stelde mijzelf geen vragen over wat ik met de rest van mijn leven ging doen. Het regende veel en de koude wind van maart overheerste, dus ik had genoeg aan mijn hoofd om warm en droog te blijven.

Van tijd tot tijd vroeg ik mij toch wel af hoe ik ooit uit deze situatie zou raken, maar meestentijds hield ik mij bezig met de vraag hoe ik nu op deze plek kon blijven. Die 25 dollar was veel geld om elke week op te hoesten uit het niets. Ik nam mij natuurlijk voor om naar werk te zoeken. Maar op dat moment draaide het vooral om het hier en nu. Ik keek niet verder vooruit dan de komende avond, de volgende ochtend en eventueel de dag daarop. Ik moest nog steeds herstellen van mijn gebroken nek, ik had geen auto of geld, erg weinig eten en geen plek om te wonen. In ieder geval was het lente en kwam de zomer eraan, dat was het enige pluspunt.

Elke dag rommelde ik door de vuilnisbakken in de hoop een krant te vinden, een halve appel die iemand had weggegooid of een lunchzakje met een boterham die Junior niet lustte. De krant was voor extra isolatie onder de tent. Kranten hielden de warmte binnen en het vocht buiten de tent; bovendien lagen ze een stuk comfortabeler dan de harde grond. En ze boden dus informatie over vacatures. Elke keer als ik een krant in handen kreeg, keek ik de vacatures door, op zoek naar een baantje. Met mijn nog herstellende nek kon ik geen zwaar lichamelijk werk aannemen, maar de meeste aangeboden banen kwamen juist daar op neer. Dagloner, medewerker ploegendienst enzovoort. Maar na twee maanden had ik geluk.

OMROEPER RADIO/WEEKEND INVALKRACHT
Met ervaring
Tel. enzovoort enzovoort

Mijn hart sloeg over. Hoeveel mensen waren er in Medford, Oregon, met ervaring in radiowerk, die nog niet aan de slag waren? Ik rende naar de telefooncel, zocht in de gouden gids naar de radiozendgemachtigden, nam een van mijn zuurverdiende kwartjes en belde het nummer. De programmadirecteur die de sollicitatiegesprekken voerde, was niet aanwezig. Of hij mij kon terugbellen, vroeg de dame aan de andere kant van de lijn.

'Natuurlijk,' zei ik ontspannen met mijn beste radiostem. 'Ik ben hier tot vier uur vanmiddag.' Ik gaf haar het nummer van de telefooncel, hing de hoorn aan de haak en wachtte drie uur lang naast de telefooncel op een telefoontje dat niet kwam.

De volgende ochtend vond ik een pocketboek in de vuilnisbak en ik nam dat mee naar de telefooncel. Ik was erop voorbereid de hele dag te moeten wachten. Ik ging om negen uur 's ochtends zitten, sloeg de pocket open en zei tegen mijzelf dat ik hen pas zou bellen als zij mij niet voor twaalf uur hadden gebeld. De telefoon ging over om 9.35 uur.

'Sorry dat ik u gisteren niet heb teruggebeld,' zei de programmadirecteur. 'Ik had het te druk. Ik begrijp dat u reageert op onze advertentie voor een hulp in de weekenddienst. Heeft u ervaring?'

'Ja, ik heb de afgelopen twintig jaar op verschillende plaatsen voor de radio gewerkt,' bracht ik zo nonchalant mogelijk met diepe stem uit. Ik hoopte dat tijdens het gesprek geen grote kampeerauto langs de telefooncel zou komen razen. Ik wilde niet hoeven uitleggen waarom er een groot voertuig door mijn woonkamer reed.

'Waarom komt u niet eventjes langs?' bood de programmadirecteur aan. 'Heeft u een air check?'

Een air check is een stemopname voor de radio zonder muziek, toeters of bellen. Ik had duidelijk zijn interesse gewekt.

'Nee, ik heb al mijn spullen in Portland achtergelaten,' verzon ik. 'Maar ik kan een live-opname maken op een kopie die jullie mij kunnen geven. Dat geeft u dan een idee van wat ik kan.'

'In orde,' besloot hij.'Kom rond drie uur langs. Na vier uur moet ik verder, dus kom op tijd.'

'Prima.'

Ik maakte een luchtsprong en zuchtte diep toen ik de telefooncel verliet. Een paar jongens kwamen net aangelopen.

'Goed nieuws, zeker,' vroeg een van hen.

'Ik denk dat ik werk heb gevonden,' riep ik uit.

Zij waren echt blij voor mij. 'Als wat?' wilde eentje weten.

'Als diskjockey in het weekeinde! Ik heb om drie uur een gesprek.'

'Terwijl je er zo uitziet?'

Ik had niet nagedacht over mijn uiterlijke verschijning. Ik was wekenlang niet naar de kapper geweest, maar dat zou niet al te veel uitmaken. Bijna de helft van de diskjockeys in de Verenigde

Staten heeft een paardenstaart. Maar ik moest wel iets aan mijn kleding doen. Er was een wasserette op het kampeerterrein, maar ik had niet genoeg geld om waspoeder te kopen, om mijn spullen te wassen en te drogen en om het busretourtje naar Medford te betalen.

Ik was er tot dat moment nog niet werkelijk van doordrongen geweest hoe arm ik was. Ik kon geen basale stappen zetten, zoals naar een sollicitatiegesprek in de stad gaan, zonder dat er een wonder zou gebeuren. Ik ervoer toen op welke obstakels daklozen stuiten als zij weer een gewoon leven willen gaan leiden.

De twee mannen keken mij aan alsof zij mijn gedachten konden lezen.

'Je hebt geen geld, zeker?' snorkte een van hen.

'Een paar dollar, hooguit,' schatte ik uiterst optimistisch.

'Okay, kom maar mee, kerel.'

Ik volgde hen naar een cirkel tenten waar een aantal andere mannen kampeerde. 'Hij heeft een kans om hier weg te komen,' legden zij aan hun vrienden uit en daarbij mompelden zij nog iets wat ik niet kon verstaan. Zij keerden zich weer naar mij toe en de oudste van de twee vroeg: 'Heb je iets fatsoenlijks om aan te doen?'

'Ja, in mijn rugzak. Maar niets wat schoon is en wat ik zo kan aandoen.'

'Breng die handel maar hierheen.'

Tegen de tijd dat ik was teruggekeerd, had een vrouw die ik wel eens bij de bronnen had gezien, zich bij de mannen gevoegd. Zij woonde in een van de kleinere trailers op het terrein. 'Zorg jij er maar voor dat die spullen gewassen en gedroogd worden, dan zal ik ze voor jou strijken, schat,' zei zij hartelijk.

Een van de mannen stapte naar voren en overhandigde mij een bruine papieren zak met allemaal muntjes erin. 'Wij hebben allemaal een bijdrage gedaan,' verklaarde hij. 'Nu kun je je kleren wassen.'

Vijf uur later gaf ik acte de presence op het radiostation alsof ik net uit mijn appartement in de stad was gekomen.

Ik kreeg de baan.

'Het werk komt neer op twee dagen van acht uur en wij bieden

6,25 dollar per uur,' zei de programmadirecteur. 'Het spijt mij dat ik u niet meer kan bieden. U bent overgekwalificeerd en ik begrijp het als u dit aanbod afslaat.'

Honderd dollar per week! Ik kon *honderd dollar per week* verdienen. Dat was *vierhonderd per maand*, in mijn leven was dat toen een fortuin. 'Nee, nee, het is precies waar ik op het moment naar op zoek ben,' reageerde ik nuchter. 'Ik heb genoten van mijn carrière in het radiowerk, maar ik doe tegenwoordig iets anders. Ik zocht gewoon naar een manier om toch met radio bezig te blijven. Dit is ideaal voor mij.'

En ik loog niet, want het was ideaal voor mij. Ideaal om te overleven. Ik bleef nog een aantal maanden in mijn tent bivakkeren tot ik genoeg geld had gespaard om voor driehonderd dollar een Nash Rambler uit 1963 te kopen. Ik voelde mij de koning te rijk. Ik was de enige van onze groep op de kampeerplaats die een auto en een vast inkomen had, en ik deelde alles vrijelijk met de anderen. Ik was niet vergeten wat zij voor mij hadden gedaan.

Zenuwachtig over de dalende temperaturen betrok ik in november een van de kleine vakantiehuisjes in het park, die voor 75 dollar werden verhuurd. Ik voelde mij schuldig dat mijn vrienden buiten bleven – geen van hen had zoveel geld – dus bood ik een of twee van hen aan de ruimte met mij te delen tijdens de echt koude, natte nachten. Ik probeerde iedereen aan de beurt te laten komen, zodat zij allemaal van tijd tot tijd niet onder het weer hoefden te lijden.

Net tegen de tijd dat het erop begon te lijken dat ik voor altijd in deeltijd zou blijven werken, ontving ik tot mijn verbazing een aanbod van een ander radiostation in dezelfde stad om hun middagprogramma te presenteren. Zij hadden mijn weekendprogramma opgemerkt en waren geïnteresseerd geraakt. Medford is echter geen grote radiomarkt en zij boden mij negenhonderd dollar per maand om te beginnen. Ik had weer een voltijdbaan en kon de kampeerplaats verlaten. Ik had er negen maanden gewoond. Het was een tijd die ik nooit zal vergeten.

Ik zegen de dag dat ik met mijn kampeerspullen dat park binnenliep, want het was niet het eindpunt van mijn leven maar het begin. Ik leerde in dat park nieuwe dingen over loyaliteit, eerlijk-

VRIENDSCHAP MET GOD ~

heid, authenticiteit, vertrouwen, eenvoud, samen delen en overleven. Ik leerde dat ik niet aan nederlagen moest toegeven, maar dat ik dankbaar moet zijn voor het hier en nu, en dat ik mijn leven moet aanvaarden zoals het is.

Ik heb dus niet alleen van filmsterren en beroemdheden lering getrokken. Ik heb ook geleerd van de daklozen die mij met open armen ontvingen en van de mensen die ik iedere dag tegenkom, mensen die ik tijdens mijn leven ontmoet. De postbode, de supermarktbediende, de dame in de wasserette.

Iedereen kan jou iets leren, jou iets als gave schenken. En dit is het grote geheim: allen zijn gekomen om ook van jou een gave te ontvangen.

Welke gave heb jij hun gegeven? En als je in je verwarring iets hebt gedaan wat jij denkt dat hen heeft gekwetst, neem dan maar aan dat dit ook een gave was. Het kan een grote schat zijn geweest, net zoals jouw tijd in het park.

Heb jij geen lering getrokken van je grootste kwetsuren, soms zelfs meer dan van je grootste pleziertjes? Wie is dan de schurk en wie is het slachtoffer in jouw leven?

Je zult echt meesterschap hebben bereikt als je hierover helderheid kunt bereiken vóórdat de uitkomst van een bepaalde ervaring jou bekend is in plaats van daarna.

Je periode van kommer en kwel heeft je geleerd dat het leven nooit voorbij is. Denk nooit en te nimmer dat je leven voorbij is, maar weet altijd dat elke dag, elk uur, elk *moment* een nieuw begin is, een nieuwe gelegenheid, een andere mogelijkheid om jezelf opnieuw te re-creëren.

Zelfs als je dit pas op het allerlaatste moment beseft, op het moment dat je overlijdt, *zul je heel je ervaring hebben gerechtvaardigd en voor God hebben verheerlijkt.*

Zelfs als je een doorgewinterde crimineel, een moordenaar in de dodencel of een terdoodveroordeelde op de elektrische stoel bent, zal dit waar zijn.

Je moet dit weten. Je moet erin vertrouwen. Ik zou het je niet vertellen als het niet waar was.

Zeventien

Dat zijn de meest hoopgevende woorden die ik ooit heb gelezen. Het betekent dat wij allemaal – zelfs de grootste slechteriken onder ons – een plaatsje in uw hart hebben, als wij er maar een beroep op doen. En dit is dan ook de ware betekenis van een vriendschap met God.

Toen ik aan dit boek begon, zei ik dat ik mij op twee dingen wilde concentreren: hoe je een gesprek met God in een echte, effectieve vriendschap kunt omzetten en hoe je die vriendschap kunt *gebruiken* om de wijsheid van *Een gesprek met God* toe te passen in het leven van alledag.

En nu leer je wat Ik al eerder tegen je zei, namelijk dat je vriendschap met God niet verschilt van jullie relaties met elkaar.

Net als in je relaties met anderen begin je met een gesprek. Als het gesprek goed verloopt, ontwikkel je een vriendschap. Als de vriendschap zich goed ontwikkelt, ervaar je echte eenheid. Dit is wat alle zielen onderling van elkaar verlangen. Het is wat alle zielen met Mij hopen te ervaren.

Het idee achter dit boek was jullie te laten zien hoe je die vriendschap tot ontwikkeling kunt brengen als je het gesprek eenmaal hebt gevoerd. Jullie hebben het gesprek gevoerd in de drie boeken die aan dit boek voorafgingen. Nu is het tijd om vriendschap te sluiten.

Het spijt Mij te moeten zeggen dat veel mensen niet de eerste stap zullen zetten in hun relatie met Mij. Zij beschouwen het als onmogelijk dat Ik echt een gesprek met hen zal voeren, en daarom beperken zij hun ervaring van Mij tot interacties in één richting; de meesten noemen dat bidden. Zij praten *tegen* Mij maar niet *met* Mij.

Sommigen die tegen Mij praten zijn uiterst gelovig, zodat Ik hun woorden goed kan horen. Nochtans verwachten zij niet *Mijn* woorden te horen. Wel kijken zij uit naar tekenen. Zij zeggen: 'God, geef ons een teken.' Maar als Ik hun een teken geef op de meest algemene wijze die zij kunnen bedenken – door dezelfde taal te gebruiken die zij spreken – loochenen zij Mij. En Ik zeg jullie dit: sommigen van jullie zullen Mij alsnog loochenen. Niet alleen zullen jullie loochenen dat dit een teken is, maar ook zullen jullie loochenen dat het ontvangen van een dergelijk teken mogelijk is.

Niettemin zeg Ik jullie dit: *in Gods wereld is niets onmogelijk.* Ik ben niet opgehouden met rechtstreeks met jullie te spreken en Ik zal dat ook nooit doen.

Jullie kunnen misschien niet altijd duidelijk verstaan of volstrekt accuraat interpreteren wat Ik te zeggen heb, maar zolang jullie dat proberen, zolang jullie de dialoog open houden, geven jullie onze vriendschap een kans. En zolang jullie God een kans geven, zullen jullie nooit alleen zijn, nooit in je eentje voor belangrijke vragen komen te staan, nooit in tijden van nood zonder een directe hulpbron zijn. Ja, jullie zullen in Mijn hart altijd een huis hebben. Dit *is* wat het betekent om vriendschap te hebben met God.

En die vriendschap staat open voor iedereen?

Voor iedereen.

Ongeacht hun overtuigingen, ongeacht hun religie?

Ongeacht hun overtuigingen, ongeacht hun religie.

Of hun gebrek aan religie?

Of hun gebrek aan religie.

Iedereen kan altijd een vriendschap met God hebben, klopt dat?

Jullie hebben allen een vriendschap met God. Alleen weten sommigen onder jullie dat niet. Zoals Ik al heb gezegd.

Ik weet dat wij onszelf herhalen, maar ik wil dit zeker weten, ik wil absolute zekerheid dat ik dit goed begrijp. U zei net dat wij niet altijd alles even accuraat interpreteren en dit is iets wat ik zo duidelijk mogelijk wil hebben. Ik wil niet dat hier misverstanden over bestaan. U zei dat er geen 'juiste weg' naar God is?

Dat zeg ik inderdaad. Exact, precies, onherroepelijk. Er is een duizendtal paden naar God en iedere weg brengt je bij Mij.

Dus wij kunnen eindelijk het verband tussen God en 'beter' opgeven. Wij kunnen ermee ophouden te zeggen dat 'onze' God de beste is.

Ja, daar kunnen jullie mee stoppen. Maar zullen jullie dat doen? Dat zou vereisen dat jullie de ideeën over jullie superioriteit opgeven en dat is het meest verleidelijke idee dat de mensheid ooit heeft gehad. Het heeft het hele menselijke ras verleid. Het heeft de grootschalige slachting van leden van jullie eigen soort gerechtvaardigd, en van iedere andere soort receptieve wezens op jullie planeet.
Deze ene gedachte, dit ene idee dat jullie op de een of andere manier *beter* zijn dan anderen, heeft alle hartenpijn, al het leed, alle wreedheid, alle onmenselijkheid veroorzaakt die jullie elkaar hebben aangedaan.

U heeft dit punt al eens eerder duidelijk gemaakt.

En net als de vele andere punten waar Ik het in deze dialoog met jou over heb gehad, zal Ik ook hierop steeds weer wijzen. Dit punt in het bijzonder wil Ik benadrukken in zulke felle taal, in zulke heldere en specifieke bewoordingen, dat jullie het nimmer meer vergeten. Want door de eeuwen heen hebben mensen Mij vragen gesteld als: wat is de weg naar een volmaakte wereld? Hoe kunnen wij in harmonie samenleven? Wat is het geheim van blijvende vrede? En door de eeuwen heen heb Ik jullie geantwoord. Door de eeuwen heen heb Ik jullie deze wijsheid gebracht, duizenden keren op duizenden manieren. Maar jullie hebben niet geluisterd.

Nu verklaar Ik het keer op keer hier weer, in deze dialoog, in duidelijke taal waar jullie niet omheen kunnen. Jullie moeten het volledig kunnen begrijpen en diep kunnen internaliseren, zodat jullie hierna voor altijd alle suggesties zullen verwerpen dat een van jullie groepen beter is dan andere groepen.

Nogmaals zeg Ik: *maak een einde aan 'beter'.*

Want dit is het nieuwe evangelie: er *is* geen meesterras. Er *is* geen verhevenste natie. Er *is* geen ene ware godsdienst. Er *is* geen inherent perfecte filosofie. Er *is* geen politieke partij die altijd gelijk heeft. Er *is* geen moreel verheven economisch systeem. Er *is* geen enige weg naar de hemel.

Verwijder deze ideeën uit jullie geheugen. Elimineer ze uit jullie ervaring. Schrap ze uit jullie cultuur. Want dit zijn gedachten over scheiding en afscheiding, en jullie hebben elkaar om deze gedachten afgemaakt. Alleen de waarheid die Ik jullie hier geef zal jullie redden: WIJ ZIJN ALLEN ÉÉN.

Draag deze boodschap wijd en zijd uit, over de oceanen en alle werelddelen, direct om de hoek en over heel de wereld.

Dat zal ik doen. Waar ik ook ga en waar ik ook sta, ik zal dit luid en duidelijk verkondigen.

En drijf met deze verkondiging van het nieuwe evangelie ook voor altijd het op een na gevaarlijkste idee uit waarop mensen hun gedrag baseren, namelijk de gedachte dat je iets moet doen om te kunnen overleven.

Jullie hoeven niets te doen. Jullie overleving is verzekerd. Het is een *feit*, niet een verwachting. Het is een realiteit, niet een belofte.

Jullie zijn er altijd geweest, jullie zijn er nu en jullie zullen er altijd zijn.

Het leven is eeuwig, de liefde is onsterfelijk en de dood is slechts een horizon.

Hé, die woorden heb ik eerder gehoord in een liedje van Carly Simon.

Heb Ik je niet gezegd dat Ik met jullie op talrijke manieren communiceer: een artikel in een drie maanden oud blad bij de kapper, een toevallig levensteken van een vriend, de tekst van het eerstvolgende liedje dat je zult horen?
Door dit soort 'continue' gesprekken met God stuur Ik jullie Mijn eeuwige boodschap: jullie overleving is verzekerd.
De vraag is niet of jullie zullen overleven, maar wat jullie ervaring tijdens deze overleving zal zijn.
Jullie beantwoorden die vraag op dit moment in wat jullie je leven noemen en wat jullie het volgende noemen. Want wat jullie in het volgende leven ervaren, kan alleen een reflectie zijn van wat jullie in dit leven hebben gecreëerd, omdat er in waarheid *slechts één altijddurend leven* is, waarin *elk moment het volgende creëert*.

En aldus creëren wij onze *eigen* hemel en onze *eigen* hel!

Ja, nu en voor altijd. Maar als je eenmaal doorhebt dat je overleving niet ter discussie staat, kun je ermee stoppen je zorgen te maken over wie van jullie beter is dan de ander. Je hoeft jezelf niet voor altijd te straffen, je naar de top omhoog te worstelen of anderen te bestrijden om veilig te stellen dat jij een van de sterksten bent. En daardoor kun je eindelijk 'deze hel achter je laten'. *Letterlijk.*
Vooruit, kom. Sluit een diepe, blijvende vriendschap met Mij. Ik heb je hiervoor de benodigde stappen aangereikt. En Ik heb je de vijf houdingen van God aangereikt, die je leven zullen veranderen.
Vooruit, kom. Laat deze 'hel' achter je. Richt je op de zegeningen en de vreugde van de hemel. Want aan u *is* het Koninkrijk en de macht en de glorie, voor eeuwig en altijd.
Ik zou je dit niet vertellen als het niet zo was.

Ik accepteer het! Ik accepteer Uw uitnodiging om een ware *vriendschap met God* te beginnen. Ik zal de zeven stappen volgen. Ik zal de vijf houdingen aannemen. En ik zal nooit meer geloven dat U gestopt bent met mij te spreken of dat ik niet direct met U kan praten.

Goed.

En aangezien wij nu goede vrienden zijn, wil ik U om een gunst vragen.

Het maakt niet uit. Vraag, en je zult ontvangen.

Kunt U hier uitleggen hoe je enkele van de verhevenste waarheden uit *Een gesprek met God* kunt implementeren? Ik wil dat iedereen begrijpt hoe je die wijsheid functioneel kunt maken in het leven van alledag.

Welk deel van die wijsheid wens je te bespreken? Laten wij ons richten op een bepaald deel van de boodschap en Ik zal jou dan vertellen hoe je het functioneel kunt gebruiken in al je interacties van moment tot moment.

Goed! Nu kunnen wij aan de slag. Okay, aan het einde van de trilogie van *Een gesprek met God* zei U dat de volledige dialoog in drie punten kon worden samengevat: (1) wij zijn allen één, (2) er is genoeg, en (3) er is niets wat we moeten doen. In zekere zin bent U net teruggekomen op de punten een en drie toen U sprak over het einde van 'beter'...

Ja.

Maar kunt U mij vertellen hoe dit in het dagelijks leven werkt? En hoe zit het met punt twee? Hoe pas ik dat in het leven van alledag toe? Hoe pas ik *al* deze punten toe?

Bedankt dat je dit vraagt. Wij komen nu inderdaad 'terzake'.

De eerste boodschap is heel gemakkelijk toe te passen. Ga door het leven alsof iedereen, en inderdaad alles, een extensie van jou is. Behandel alle anderen alsof zij een deel van jou zijn. Behandel ook alle andere dingen op dezelfde manier.

Wacht, wacht. Daar. Precies daar. Dat is een goed voorbeeld van wat ik bedoel. Hoe pas ik een dergelijke uitspraak toe op mijn leven van alledag? Houdt dit in dat ik geen mug mag doodmeppen?

Er is hier geen sprake van iets wel of niet mogen. Er is geen sprake van iets wel of niet kunnen. Je mag doen wat je wilt. Elke beslissing is een uitspraak over Wie jij bent.

Welnu, 'wie ik ben' is een persoon die niet door een mug wil worden gestoken!

Prima. Doe dan wat ervoor nodig is om jezelf op die manier te ervaren. Dat is gemakkelijk, zie je?

Maar als ik één ben met alles, dood ik dan niet een deel van mijzelf als ik een mug doodmep?

Niets sterft, het verandert alleen maar van vorm. Maar laten wij in het belang van deze discussie voorlopig even jouw definities gebruiken. Ja, volgens jouw definitie dood je een deel van jezelf als die mug doodmept. Je doet dat ook als je een boom omhakt, een bloem plukt of een koe slacht en opeet.

Dan kan ik dus *niets* aanraken! Ik moet alles precies zo laten als het is! Als termieten mijn huis opvreten, moet ik maar verhuizen en het huis aan hen overlaten. Ik wil ze tenslotte niet *vermoorden*. Hoe ver moet je die lijn doortrekken?

Dat is een goede vraag. Hoe ver trek je die lijn door? Betekent het feit dat je geen mensen doodt ook dat je geen termieten doodt? En betekent andersom het feit dat je termieten doodt, dat het okay is om mensen te doden?

Nee, natuurlijk niet.

Nou dan, daar heb je het. Je hebt je eigen vraag beantwoord.

Ja, omdat ik *een ander waardesysteem* heb gehanteerd. Het is niet hetzelfde waardesysteem dat U hier voorstelt. Ik zeg niet dat 'wij allen één' zijn. Ik zeg dat mensen en termieten dat niet zijn. En als ik dat onderscheid heb gemaakt, behandel ik ze anders! Volgens Uw waardesysteem zou ik dat niet kunnen doen.

Natuurlijk kun je dat wel. Bedenk dat Ik heb gezegd dat jullie allemaal één zijn, maar Ik heb niet gezegd dat jullie allemaal *hetzelfde* zijn. Is je haar hetzelfde als je hart?

Pardon?

Als je je haar kunt afknippen, betekent dat dan ·dat je ook je hart kunt uitsnijden?

Ik begrijp wat U bedoelt.

Begrijp je het werkelijk? Want veel mensen handelen alsof zij dat niet begrijpen. Zij behandelen iedereen en alles alsof het hetzelfde is. Zij behandelen een mensenleven alsof het niet meer waard is dan dat van een mug of een termiet. Als zij zien dat het okay is om je haar af te knippen, snijden zij ook hun hart uit. Zij gooien hun eigen glazen in.

Niet iedereen handelt zo.

Ik zeg je dit: *iedereen van jullie heeft wel eens zoiets gedaan.* Iedereen heeft wel eens gehandeld zonder onderscheid te maken, het ene ding behandeld alsof het hetzelfde als het andere was, zelfs een persoon behandeld alsof hij of zij iemand anders was.

Je loopt over straat, ziet een blank iemand en denkt dat zij hetzelfde is zoals jij je alle blanken voorstelt. Je loopt over straat, ziet een donker iemand en denkt dat hij hetzelfde is zoals jij je alle donkere mensen voorstelt. Je maakt dan twee fouten.

Jullie hebben stereotypen bedacht voor blanken en zwarten, joden en heidenen, mannen en vrouwen, Russen en Amerikanen, Serviërs en Albaniërs, werkgevers en werknemers, zelfs voor blondines en brunettes... En jullie zullen niet ophouden nieuwe stereotypen te bedenken, omdat ermee stoppen zou betekenen dat jullie moeten stoppen met het *rechtvaardigen* van de manier waarop jullie elkaar behandelen.

Okay, maar waar komen wij nu op uit? Hoe moet ik iedereen en alles behandelen als deel van Mijzelf? Hoe zit het als ik besluit dat iemand of een groep als een kanker in mijn lichaam is? Snij ik die er dan niet uit? Is dat niet wat wij etnische zuivering of de holocaust noemen?

Jullie nemen inderdaad dat soort besluiten.

Ja, kijk maar naar de joden in nazi-Duitsland en de Albaniërs in Kosovo.

Ik dacht meer aan de inheemse volkeren van Amerika.

O.

O, ja. Mensen uitroeien is mensen uitroeien, of dat nu gebeurt in Wounded Knee of in Auschwitz.

Zoals U al eerder heeft opgemerkt.

Zoals Ik eerder heb opgemerkt.

Maar als wij allemaal deel uitmaken van hetzelfde lichaam, hoe zit het dan als ik besluit dat iets of iemand als een 'kankergezwel' *is*? Hoe ga ik daarmee om? Dat is mijn vraag.

Je zou kunnen proberen die kanker te genezen.

Hoe doe ik dat dan?

Je zou het met liefde kunnen proberen.

Maar sommige dingen en sommige mensen reageren niet op liefde. Soms betekent van kanker genezen dat je hem moet doden, uit je lichaam moet verwijderen. Wij proberen het *lichaam* te genezen, niet de kanker.

Wat als het lichaam niet hoeft te worden genezen?

Wat?

Altijd rechtvaardigen jullie wreedheid tegenover anderen, zelfs het doden van anderen, als een middel ter zelfbescherming. Dit brengt ons echter terug bij een ander onderwerp, bij een andere vraag. Ik sprak eerder over het op een na gevaarlijkste idee waaraan mensen vasthouden. Welnu, laten wij hier de cirkel sluiten. Wat denk jij dat er gebeurt als jij je niet ontdoet van die kanker waar jij het over hebt?

Dan zal ik sterven.

En om te voorkomen dat je sterft, snijd je die kanker uit je lichaam. Het is dus een kwestie van overleven.

Precies.

En dat is dezelfde reden waarom mensen andere mensen doden, hele *groepen* andere mensen uitroeien, hele bevolkingen en etnische minderheden verdringen. Zij denken dat zij dat moeten doen omdat het voor hen een kwestie van overleven is.

Ja.

Nochtans zeg Ik je dit: *er is niets wat jullie hoeven te doen om te overleven.* Jullie overleving is verzekerd. Jullie zijn er altijd geweest, jullie zijn nu en jullie zullen er altijd zijn, een wereld zonder einde.

Jullie overleving is een *feit*, niet een verwachting. Het is een realiteit, niet een belofte. Daarom is alles wat jullie hebben ondernomen om te 'overleven' in feite overbodig. Jullie hebben voor jezelf een hel op aarde geschapen teneinde de hel te vermijden die jullie je inbeelden te vermijden door de hel te creëren die jullie creëren.

U spreekt over een vorm van overleven – eeuwig leven – en ik heb het over een andere vorm, namelijk Wie wij op dit moment, op deze plek zijn. Wat moeten wij doen als wij tevreden zijn met wie wij hier en nu zijn, als wij niet willen dat iemand daar verandering in brengt?

Jullie weten niet Wie je hier en nu werkelijk bent. Als jullie dat wisten, zouden jullie al deze dingen nooit doen. Jullie zouden ze nooit hoeven doen.

Maar U ontwijkt het onderwerp. Hoe zit het als wij tevreden zijn met wie wij hier en nu zijn en *als wij niet willen dat iemand daar verandering in brengt?*

Dan zou je niet zijn Wie je werkelijk bent. Je zou slechts zijn wie je *denkt* dat je bent, hier en nu. En je zou het onmogelijke proberen, namelijk *altijd te blijven* wie je denkt dat je bent. Dat kun je niet.

Ik snap het niet. Ik kan U niet volgen.

Wie je bent is het leven. Je bent het leven zelf! En wat is het leven? Het is een proces. En wat is dat proces? Dat is *evolutie* of wat jij *verandering* noemt.

Alles in het leven verandert! Alles.

Het leven *is* verandering. Dat is wat het leven *is*. Als je de verandering beëindigt, beëindig je het leven. Maar dat kun je niet doen. En daarom creëer je een hel op aarde en probeer je iets te doen wat je niet kunt doen. Je spant je in om onveranderd te blijven, terwijl Wie jij bent de verandering zelf is. Jij bent dat wat verandert.

Maar sommige dingen veranderen ten goede en andere dingen veranderen ten kwade! Het enige wat ik probeer te bereiken is die veranderingen ten kwade tegen te houden.

Wat jij 'goed' of 'kwaad' noemt, bestaat niet. Dat verzin jij maar. Jij *beslist* wat je goed of kwaad noemt.

Okay, maar stel dat ik het beter vind om in mijn huidige fysieke vorm in leven te blijven, dat ik niet wil overlijden? Dat noem ik een verandering ten kwade! U vertelt mij toch niet dat ik niets moet doen als ik kanker in mijn lijf heb omdat het leven eeuwig is? Want als ik niets doe, eindigt mijn leven in dit lichaam. Dat bedoelt U toch niet?

Ik zeg dat elke daad een daad van zelfdefiniëring is. Dat is het enige wat jullie hier doen. Jezelf definiëren, creëren, tot uitdrukking brengen en ervaren wie je denkt te zijn. Kortom, jullie *ontwikkelen* jezelf. Hoe jullie je ontwikkelen is *jullie* keuze, maar *het feit dat* jullie je ontwikkelen is dat niet.
Als je een wezen bent dat ervoor kiest een kankergezwel uit je lichaam te laten snijden teneinde je grotere levensvorm te behouden, dan zul je dat uiten.
Als je een wezen bent dat anderen van jouw soort als een kanker ziet omdat zij van jou verschillen of het niet met jou eens zijn, dan zul je dat uiten. Velen onder jullie hebben dat al geuit.
Ik ga jullie nu uitnodigen het leven op een volstrekt nieuwe wijze te bekijken. Ik ga jullie uitnodigen het leven te bekijken als niets anders dan een onafgebroken veranderingsproces.
Beschouw het als volgt: alles verandert de hele tijd door. Met inbegrip van jou. Je bent zowel degene die de verandering

aandrijft als degene die de verandering ondergaat. Dat is omdat jij – zelfs tijdens je eigen verandering – de verandering in jouw Zelf en in de wereld om jou heen veroorzaakt.

Ik nodig je uit aan het volgende te denken als je 's ochtends opstaat: wat gaat er vandaag veranderen? Niet: *zal* er vandaag iets veranderen? Dat is een 'vaststaand' gegeven. Maar wat zal die verandering vandaag zijn? En welke rol speel jij bij de creatie van die verandering? Ben je er de bewuste veroorzaker van?

Iedere seconde van iedere minuut van elk uur van iedere dag neem je beslissingen. Deze keuzes gaan over wat er zal veranderen op welke manier. Ze gaan nergens anders over.

Zelfs een eenvoudige keuze als het kammen van je haar. Laten wij dat voorbeeld gebruiken, omdat het gemakkelijk te begrijpen is. Je beeldt je in dat je elke dag op dezelfde manier je haar kamt en op die manier verandert er helemaal niets. Nochtans is de daad van het kammen van je haar al een daad van verandering. Je gaat vlak nadat je bent opgestaan naar de spiegel en kijkt naar je haar. Je denkt: jakkes, het zit helemaal door elkaar. Zo kun je niet naar buiten. Je moet er iets aan doen. Je moet je uiterlijk aanpassen. Dus was je je gezicht, kam je je haar en zorg je ervoor dat je je weer kunt vertonen.

De hele tijd neem je beslissingen. Sommige beslissingen draaien de dingen *terug* zoals ze *waren*. En op die manier creëer je de illusie dat je de dingen *in stand houdt zoals ze zijn*. Maar je *re-creëert* eigenlijk alleen *jezelf opnieuw* in de verhevenste versie van de verhevenste visie die je ooit hebt gehad over Wie jij bent!

Het hele leven is een proces van re-creatie! Dit is Gods grootste vreugde. Dit is Gods *recreatie*!

De implicaties die dit voor jouw leven heeft, zijn fenomenaal. Als je erover nadenkt, dan is dit een buitengewone onthulling. *Je doet niets anders dan veranderen.* Je doet niets anders dan jezelf ontwikkelen. Hoe jij verandert, moet jij bepalen. Maar het feit dat je verandert, staat niet ter discussie. Het is een *gegeven*. Dat is wat er aan de hand is. Dat is wat het leven *is*. Dat is wat God is. Het is wat jij bent.

Leven, God, jij = Dat wat verandert.

Maar U heeft het dilemma nog niet opgelost. Als ik één ben met alles, hoe zit het dan met het doodmeppen van die mug?

Welke verandering wens jij te bereiken in dat deel van jouw Zelf dat je de mug noemt? Dat is de vraag die je stelt en dat is de implicatie van de wijsheid dat wij allen één zijn.

Je 'verandert' het deel van het Al dat je de mug noemt. Je kunt de mug niet 'doden', snap je? Het leven is eeuwig en jij kunt het niet beëindigen. Je beschikt alleen over de kracht om je vorm te veranderen. Net zoals in de sciencefiction van Star Trek zou je jezelf een vormwisselaar kunnen noemen. Maar weet dit: al het bewuste treedt gezamenlijk op. In de hoogste zin is het voor ieder van jullie onmogelijk om controle uit te oefenen op elkaar. Elk aspect van de goddelijkheid heeft medescheppende controle over de bestemming ervan. Daarom kun je een mug tegen haar zin niet doodmeppen. Op een bepaald niveau heeft de mug daarvoor gekozen. Alle veranderingen in het universum vinden plaats met de instemming van het universum zelf in zijn verschillende verschijningsvormen. Het universum kan het niet met zichzelf oneens zijn. Dat is onmogelijk.

Dit is gevaarlijke praat. Dit is een gevaarlijke les. Mensen kunnen dit gebruiken om te zeggen: 'Wel, ik kan iedereen alles aandoen omdat zij mij hun toestemming hebben gegeven! Ze zijn per slot van rekening mijn "medescheppers"!' Dit kan gedragsmatige anarchie oproepen.

Die anarchie bestaat al. Het leven *is* wat jij 'gedragsmatige anarchie' noemt, zie je dat dan niet? Jullie doen allemaal wat jullie willen, wanneer jullie dat willen en hoe jullie dat willen, en *Ik houd jullie niet tegen*. Zie je dat dan niet? De mensheid heeft zogenaamde vreselijke dingen gedaan, doet ze keer op keer opnieuw, en God houdt haar niet tegen. Heb je je nooit afgevraagd waarom?

Natuurlijk heb ik mij dat wel eens afgevraagd. Wij hebben het in onze harten uitgeschreeuwd: 'God, waarom laat U dit toe?' Natuurlijk hebben wij ons dat afgevraagd.

Welnu, wil je het antwoord niet weten?

Natuurlijk wil ik het antwoord weten.

Goed, want Ik heb het je net gegeven.

Als dat waar is, moet ik er even over nadenken. Als dat waar is, dan lijkt het erop dat er niets is dat ons ervan weerhoudt elkaar vreselijke dingen aan te doen, gewoon onder het mom van de overtuiging dat alles in het universum het met onze daden eens is. Ik maak mij daar nogal zorgen over. Ik weet niet hoe ik daarmee moet omgaan. De doctrine van goed en kwaad, van eeuwigdurende beloning en eeuwige verdoemenis, al die dingen die ons in het gareel houden, al die dingen die de onderdrukten hoop hebben gegeven, al die dingen worden weggevaagd door deze boodschap. Als wij niet over een nieuwe boodschap ter vervanging ervan beschikken, ben ik bang voor de mensheid en voor de nieuwe diepten van verdorvenheid die zij kan bereiken.

Maar jullie *beschikken* over een boodschap. Eindelijk is hier de waarheid. En deze boodschap is de *enige* boodschap die de wereld kan redden. De oude boodschap heeft dat niet gedaan. Zien jullie dat dan niet? Is het jullie nog niet duidelijk? De oude boodschap, die volgens jullie de mensheid hoop bracht, heeft *niet het resultaat opgeleverd waarop jullie gehoopt hadden.*
Die oude boodschap van goed en kwaad, misdaad en boete, juist en verkeerd, eeuwigdurende beloning en eeuwige verdoemenis, heeft geen einde gemaakt aan het lijden op jullie planeet en evenmin aan de moorden en martelingen die jullie elkaar aandoen. En dat komt doordat het een boodschap van afscheiding is.
Er is slechts één boodschap die het verloop van de geschiede-

nis van de mensheid voor eeuwig kan veranderen, die een einde aan de martelingen kan maken en die jullie bij God kan terugbrengen. Die boodschap is het nieuwe evangelie: WIJ ZIJN ALLEN ÉÉN.

Uit dit nieuwe evangelie treedt een nieuwe boodschap van totale verantwoordelijkheid naar voren, die jullie vertelt dat jullie *volledig verantwoordelijk* zijn voor wat jullie kiezen, dat jullie allemaal gezamenlijk kiezen en dat de enige manier om jullie keuzes te veranderen is dat jullie dat met zijn allen doen.

Jullie zullen die zelfmarteling niet beëindigen zolang jullie je blijven inbeelden dat jullie alleen een ander martelen. Jullie zullen de marteling alleen kunnen beëindigen wanneer jullie duidelijk beseffen dat jullie in feite ook jezelf martelen.

Dit kun je alleen inzien wanneer je volledig beseft dat het onmogelijk is om iets tegen de wil van een ander in te doen. Alleen in dat moment van helderheid kun je een glimp opvangen van wat je voor een onmogelijke waarheid hield. *Jullie doen dit allemaal jezelf aan.*

En *deze* waarheid kun je alleen maar inzien als je het nieuwe evangelie begrijpt, omhelst en naleeft.

WIJ ZIJN ALLEN ÉÉN.

Daarom kunnen jullie vanzelfsprekend elkaar niets aandoen wat niet op de een of andere manier samen met jou gecreëerd is. *Dat zou alleen mogelijk zijn als wij niet allemaal één waren.* Maar WIJ ZIJN ALLEN ÉÉN. Er is er maar één van ons. Wij creëren deze realiteit samen.

Doorzie je de implicaties hiervan? Begrijp je de geweldige uitwerking ervan?

Ga heen, nu, en onderwijs dit aan alle naties: wat je voor elkaar doet, doe je voor jouw Zelf, en waarin je tekortschiet voor een ander, daarin doe je jezelf tekort. Doe aan anderen wat je aan jezelf zou doen, omdat het aan jou wordt gedaan! Dat is de Gouden Regel. En nu begrijp je die volledig.

Achttien

Waarom worden deze prachtige waarheden ons niet op deze manier vanaf het begin onderwezen? De Gouden Regel was al prachtig, maar lijkt nu ook veel steekhoudender. Hij is perfect symmetrisch. De cirkel van de logica is compleet. Wij zien er de *reden* van in. Wij zien waarom het in *ons eigen belang* is om deze wijsheid toe te passen. Het is niet langer een daad van altruïsme, maar ook een praktische zaak. Het is gewoon *wat werkt*, voor *ons*. Waarom wordt de Gouden Regel niet vanaf het vroegste begin aan jonge kinderen onderwezen?

> De vraag is niet: 'Waarom is dit niet in het verleden gedaan?' maar: 'Wat zijn jullie van plan in de toekomst te doen?' Ga daarom heen en onderwijs alle naties, verspreid het nieuwe evangelie wijd en zijd:
>
> WIJ ZIJN ALLEN ÉÉN.
> WIJ VOLGEN NIET EEN BETERE WEG, WIJ VOLGEN SLECHTS EEN ANDERE WEG.
> Predik dit niet alleen van het preekgestoelte, maar ook in jullie regeringsgebouwen; niet alleen in jullie kerken, maar ook in jullie scholen; niet alleen door jullie collectieve geweten, maar ook door jullie collectieve economieën.
> Maak jullie spiritualiteit reëel, juist in het hier en nu, *aan de basis*.

Het lijkt alsof U spreekt over het politiseren van onze spiritualiteit. Nochtans zijn er mensen die vinden dat je spiritualiteit en politiek niet moet vermengen.

> Je kunt de politisering van je spiritualiteit niet voorkomen. Je politieke standpunt is je *aanschouwelijk gemaakte* spiritualiteit. Misschien is het ook geen kwestie van je spiritualiteit politiseren maar van je politiek spiritualiseren.

Maar ik dacht dat wij staat en kerk gescheiden moesten houden.
Krijgen wij geen problemen als wij religie en politiek verenigen?

Inderdaad, dan krijg je problemen en daar heb Ik het ook niet
over.

Je kunt besluiten dat de kerk en de staat het beste gescheiden
kunnen worden gehouden. Uitgaande van je resultaten besluit
je misschien dat religie en staat niet samengaan. *Spiritualiteit*
is aan de andere kant misschien een andere kwestie.

De reden dat je besluit dat kerk en staat gescheiden moeten
blijven, is dat de kerk staat voor een bepaald standpunt, een
bepaalde godsdienstige overtuiging. Je hebt misschien opgemerkt dat je grote discussies en felle strijd oproept als je dergelijke overtuigingen de politiek laat inspireren. Dit komt
doordat niet iedereen dezelfde religieuze overtuiging is toegedaan. En dan zijn er ook nog heel veel mensen die geen deel
uitmaken van een religie of kerk, in welke vorm dan ook.

Spiritualiteit is anderzijds universeel. Alle mensen nemen er
deel aan. Alle mensen zijn het ermee eens.

Is dat zo? U houdt mij voor de gek?

De meeste mensen zijn het daarmee eens, ook als zij het niet
zelf weten, ook als zij het niet zo noemen. 'Spiritualiteit' is
immers het leven zelf, zoals het is.

Spiritualiteit zegt dat *alle dingen een deel van het leven vormen*,
en dat is een uitspraak waarmee niemand het oneens kan zijn.
Je kunt zoveel kissebissen als je wilt over de vraag of er een
God bestaat en of alle dingen deel uitmaken van God, maar je
kunt niet twisten over de vraag of het leven bestaat en of alle
dingen deel uitmaken van het leven.

De enige discussie die dan overblijft, is of het leven en God
hetzelfde zijn. En Ik zeg je dat dat zo is.

Zelfs een agnosticus, zelfs een atheïst, zal het ermee eens zijn
dat er een kracht in het universum is die alles bij elkaar houdt.
Er bestaat ook iets dat alles in gang heeft gezet; er moet iets
hebben bestaan voordat het universum zoals jullie het kennen
bestond.

Het universum ontstond niet plotsklaps uit het niets. En zelfs als dat wel het geval zou zijn geweest, dan is 'niets' *iets*. En zelfs als je volhoudt dat het universum uit niets is voortgekomen, heb je rekening te houden met de eerste oorzaak. Wat *veroorzaakte* dat iets uit niets ontstond?

Deze eerste oorzaak is het leven zelf, dat aldus in een fysieke vorm tot expressie komt.

Het is leven *in vorming*. Niemand kan het hiermee oneens zijn, want 'dit is duidelijk het geval'. Je kunt er echter voor altijd over blijven twisten (en dat doen jullie tot dusver!) hoe je dit proces beschrijft, hoe je het noemt, wat je eruit kunt opmaken en welke conclusies je kunt trekken.

Niettemin heb Ik jullie verteld: dit is God. Dit is wat jullie bedoelen, wat jullie altijd hebben bedoeld met het woord God. God is de eerste oorzaak. De onbewogen beweger. Dat Wat was voordat dat Wat is was. Dat Wat zal zijn na dat Wat nu is niet meer bestaat. De alfa en de omega. Het begin en het einde.

Opnieuw vertel Ik je dat de woorden leven en God uitwisselbaar zijn. Als het proces dat jij waarneemt het proces is van het leven in vorming, dan is het zoals Ik je al eerder heb gezegd: jullie zijn allemaal God in vorming. Dat wil zeggen, jullie zijn allemaal *Gods informatie*.

Okay, veronderstel ik... Maar waar heeft dit mee te maken? Met politiek?

Als spiritualiteit een ander woord is voor leven, dan bevestigt dat wat spiritueel is het leven. Als je spiritualiteit in jullie politiek injecteert, zouden alle politieke activiteiten en alle politieke beslissingen het leven gaan bevestigen.

Dit is inderdaad wat jullie proberen te doen met jullie politiek. Daarom zeg Ik dat jullie politieke standpunt jullie *aanschouwelijk gemaakte* spiritualiteit is. De enige reden dat jullie politiek hebben gecreëerd, is om een systeem te produceren waardoor het leven in harmonie, geluk en vrede kan worden geleefd. Dat wil zeggen een systeem waardoor het leven zelf wordt bevestigd.

Ik heb er eigenlijk nooit op die manier over nagedacht.

> Zij die jouw land hebben gesticht, dachten er zo over. De Verenigde Staten hebben een onafhankelijkheidsverklaring die stelt dat jullie allen gelijk zijn geschapen, met bepaalde onvervreemdbare rechten zoals leven, vrijheid en het nastreven van geluk. Jullie regering was *gebaseerd* op de notie dat individuen een systeem van zelfbestuur konden opzetten dat deze rechten garandeerde. Alle regeringen zijn in feite om dezelfde reden gesticht. Jullie hebben misschien verschillende opvattingen over de *vorm*, maar nooit over de *doelstellingen* van bestuur. Verschillende culturen en samenlevingen zullen hun ideeën anders uitleggen, evenals de manieren waarop ze moeten worden bereikt, maar hun verlangens zijn in principe hetzelfde.
>
> Aldus zie je dat regeringen en politiek zijn *gecreëerd* om de ervaring veilig te stellen van wat spiritualiteit *is*, namelijk het leven zelf.

Niettemin horen de meeste mensen God liever niet praten over politiek of politieke onderwerpen. Als ik in het nieuwsblaadje van onze stichting beschrijf hoe politieke onderwerpen worden beïnvloed door de boodschap uit *Een gesprek met God*, ontvang ik talrijke afwijzende brieven. 'Ik zeg mijn abonnement op!' schrijven ze. 'Dit is niet Gods werk! Dit zijn politieke standpunten en ik heb geen abonnement op dit blad genomen om politieke standpunten te vernemen!'

Toen Marianne Williamson, James Redfield en ik enkele jaren geleden een nachtwake met vredesgebed hielden in Washington, D.C., vond iedereen dat geweldig. Wij riepen alle mensen overal ter wereld op om de kracht van het gebed te gebruiken om vrede op aarde te brengen en wij ontvingen toen ruime bijval. Maar zodra wij begonnen te vertellen *hoe* vrede kan worden bereikt – de onderliggende spirituele principes toelichtten – ontvingen wij bergen post van woedende mensen.

Ja. Mensen willen dat je *bidt* voor vrede, maar zij willen er zelf verder niets aan doen. Zij willen dat *God* met een oplossing komt, maar zij elimineren de mogelijkheid dat Gods oplossing erop neerkomt dat *je Zelf er iets aan moet doen.*
Feitelijk is dat de enig mogelijke oplossing, omdat God in de wereld werkt door de mensen die zich daarin bevinden.

O, ik denk niet dat de mensen er veel om geven dat anderen er iets aan doen. Wat zij vervelend vinden, is dat God hun vertelt wat er moet worden gedaan.

Toch heb Ik jullie nooit verteld wat jullie moeten doen en Ik zal dat ook nooit doen. Ik heb nooit opdrachten verstrekt, bevelen uitgevaardigd of ultimatums gesteld. Ik heb slechts geluisterd hoe jullie Mij vertelden waar jullie naartoe wilden en Ik heb jullie voorstellen gedaan hoe daar te komen.
Jullie zeggen dat jullie een wereld willen die in vrede en vreug-de kan leven, en Ik zeg jullie dit: vreugde is vrijheid. Ook die woorden zijn uitwisselbaar. Iedere inperking van vrijheid is een inperking van vreugde. Iedere inperking van vreugde is een inperking van harmonie. Iedere inperking van harmonie is een inperking van vrede.
Jullie vertellen Mij dat jullie wensen te leven in een wereld zonder conflicten, zonder geweld, zonder bloedvergieten, zonder haat. En Ik zeg jullie dit: een manier om zo'n wereld te krijgen, een manier om die nieuwe wereld zo snel mogelijk te creëren, is het *nieuwe evangelie* te prediken en uit te dragen.
WIJ ZIJN ALLEN ÉÉN.
WIJ VOLGEN NIET EEN BETERE WEG, WIJ VOLGEN SLECHTS EEN ANDERE WEG.
Predik dit niet alleen van de preekgestoeltes, maar ook in jullie regeringsgebouwen; niet alleen in jullie kerken, maar ook in jullie scholen; niet alleen door jullie collectieve geweten, maar ook door jullie collectieve economieën.

U blijft zichzelf maar herhalen.

Jullie blijven *jezelf* maar herhalen. Jullie hele geschiedenis is een lange herhaling van jullie falen in zowel jullie persoonlijke levens als in de collectieve ervaringen van jullie planeet. De definitie van krankzinnigheid is hetzelfde gedrag alsmaar blijven herhalen en een ander resultaat te verwachten.

Het enige wat zij die de politiek met spiritualiteit willen bedekken proberen te doen, is te zeggen dat er een andere weg is. Die inspanning moet worden gezegend en niet worden bekritiseerd.

Nu ja, zo werken de dingen niet. In het tweede deel van *Een gesprek met God* besprak U sociale thema's en dat werd door velen afgekraakt omdat het te politiek zou zijn. Marianne Williamson schreef een prachtig boek, *Healing the Soul of America* (De genezing van de ziel van Amerika), en heeft over 'sociale spiritualiteit' gepreekt vanaf haar kansel in de 'Kerk van Vandaag' te Detroit; zij werd door mensen uit haar eigen kerkgenootschap uitgekafferd omdat zij te politiek bezig zou zijn.

Ze zeiden hetzelfde over Jezus.

'Te politiek,' zeiden ze.

'Toen hij alleen spiritualiteit onderwees, vormde hij geen gevaar. Maar nu stelt hij voor dat mensen de spirituele waarheden die zij hebben geleerd werkelijk in de praktijk brengen. Nu vormt hij een gevaar. Wij moeten hem tegenhouden.'

Maar als er geen 'betere' weg is, wat heeft spiritueel activisme dan voor zin? Wat heeft politiek dan voor zin? Heeft nog wel *iets* zin? Waarom zou ik ergens bij betrokken raken als het toch allemaal maar twijfelachtig is? Hoe raak ik geïnspireerd om mee te doen als mijn bijdrage er op generlei wijze toe doet?

Door je verlangen een uitspraak te doen over Wie jij bent. Het is misschien een 'onbesliste' keuze of je je haren naar voren of naar achteren kamt, maar merk op dat je het al jaren op dezelfde wijze doet. Waarom kam je het niet de andere kant op? Misschien omdat dat niet is Wie jij bent? Waarom koop je de auto die je koopt, draag je de kleren die je draagt? Alles wat je doet, is een uitspraak, produceert een expressie, van Wie jij bent. Elke daad is een daad van zelfdefiniëring.

Doet dit ertoe? Is het definiëren van het Zelf iets wat voor jou van belang is? Natuurlijk doet dat ertoe. Het is precies de reden waarom jij hier bent *gekomen*!

Wie jij bent is geen 'onbesliste' keuze. Wie jij bent is de belangrijkste keuze die jij ooit zult maken.

Het punt van het nieuwe evangelie is niet dat Wie jij bent er niet toe doet, maar juist het tegenovergestelde. Wie jij bent is zo belangrijk dat ieder van jullie uiterst schitterend is. De nieuwe leer houdt in dat ieder van jullie zo schitterend is, dat niemand van jullie meer schittert dan de ander, niet in de ogen van God en ook niet in jullie ogen als jullie door de ogen van God *kijken*.

Omdat het onmogelijk is om 'beter' te zijn dan ieder ander, verdwijnt daardoor je reden om te leven?

Omdat je geen 'betere' religie, een 'betere' politieke partij of een 'beter' economisch systeem kunt hebben, betekent dat dan dat je helemaal niets zou moeten hebben?

Moet jij weten dat jij het 'betere' schilderij zult maken voordat jij penseel en verf oppakt? Kan het niet gewoon een *ander* schilderij zijn? Een *andere* expressie van schoonheid?

Moet een roos 'beter' zijn dan een iris om haar bestaan te rechtvaardigen?

Ik zeg je dit: jullie zijn allen bloemen in de tuin van de goden. Zullen wij de tuin omspitten omdat de een niet mooier is dan de ander? Jullie hebben precies dat gedaan. En dan klagen jullie: 'Waar zijn alle bloemen gebleven?'

Jullie zijn allen noten in de hemelse symfonie. Zullen wij ervan afzien te musiceren omdat de ene noot minder cruciaal is dan de andere?

Maar wat te doen als er valse noten tussen zitten? Bederft een valse noot niet de hele symfonie?

Dat hangt ervan af wie er luistert.

Dat begrijp ik niet.

Heb je ooit kinderen horen zingen en hun lied als prachtig ervaren hoewel niet alle noten even zuiver waren?

Ja. Dat weet ik nog goed.

En stel jij je voor dat jij in staat bent ervaringen te ondergaan die Ik niet kan ondergaan?

Dat heb ik mij nooit zo voorgesteld.

En vertel Mij eens. Als een kind onzuiver zingt, vertel jij haar dan dat zij moet zwijgen? Denk jij dat jij haar liefde voor muziek en haar eigenwaarde op die manier aanmoedigt? Of inspireer jij haar tot zelfs nog grotere hoogten door haar te zeggen dat zij moet *blijven zingen*?

Natuurlijk.

Ik heb al eeuwen naar jullie gezang geluisterd. Jullie zang is muziek in Mijn oren. Je gelooft toch niet dat niemand ooit onzuiver heeft gezongen?

Ik weet zeker dat sommigen van ons dat hebben gedaan.

Hier is dan je antwoord.
Jullie zijn Mijn kinderen. Ik luister naar jullie zingen en noem het prachtig.
Er zijn geen 'valse noten' wanneer jullie zingen. Alleen jij bent er, Mijn kind, dat zingt alsof zijn leven ervan afhangt.
Jullie zijn Gods orkest. Door jullie orkestreert God het leven zelf. Er zijn geen 'valse noten' wanneer jullie spelen. Alleen jij bent er, Mijn kind, dat speelt alsof zijn leven ervan afhangt en dat zijn uiterste best doet.
Als Ik de schoonheid daarvan niet zou inzien, had Ik in het geheel geen ziel.

Onthoud altijd dit:
De ziel is dat wat schoonheid aanschouwt, zelfs als de geest het
ontkent.

O, dat is een buitengewone les. O, mijn hemel, wat een uitzonderlijk inzicht.

Kijk daarom in het leven altijd met je ziel. Luister met je ziel.
Bekijk ze zelfs nu, terwijl je deze woorden leest op het papier recht voor je, vanuit je ziel, hoor ze in je ziel. Slechts dan begin je ze te begrijpen.
Jouw ziel ziet de schoonheid, het wonderlijke en de waarheid van Mijn woorden. Jouw verstand zal die voor altijd ontkennen. Zoals Ik je al heb gezegd: om God te kunnen begrijpen, moet je *buiten je verstand* zijn.
Onderbreek de symfonie waarin jij meespeelt niet omdat je een valse noot denkt te horen. *Verander gewoon van wijs.*
Effectief politiek activisme vloeit niet voort uit woede of haat – en *spiritueel* activisme doet dat nooit – maar veeleer uit liefde. Het gaat niet aan om iets of iemand verkeerd voor te stellen; het komt feitelijk neer op de beslissing om de huidige realiteit door een nieuwe te vervangen, en wel vanuit een nieuwe gedachte over Wie jij bent en Wie jij verkiest te zijn.

Ja, dit is wat ik de 'beweging van het nieuwe denken' heb genoemd. Maar ik moet weer mijn vraag herhalen; ik geloof dat ik nog niet 'buiten mijn verstand' ben. Betekent dit nieuwe evangelie van 'wij zijn allen één' dat wij niets of niemand mogen schaden? Mogen wij geen mug doodmeppen, geen muis in een val lokken, geen onkruid wieden of geen bloem plukken? Betekent het dat wij geen lammetjes mogen slachten voor die heerlijk malse karbonaadjes?

Is het okay om je haar te knippen?
Is het okay om je hart uit te snijden?
Zit daar verschil tussen?

U beantwoordt mijn vraag niet. Waarom laat U mij Uw wil niet weten? Vertelt U mij gewoon wat U wilt en het wordt allemaal een stuk eenvoudiger voor mij.

Ik heb geen wil die van jouw wil is afgescheiden, hier niet over en nergens anders over. Ik heb geen andere voorkeuren dan de jouwe.

Dit is iets wat velen onder jullie maar niet begrijpen. Dit is iets waarin maar weinigen steun weten te vinden. Want als Ik geen aparte wil of voorkeur heb, wat moeten jullie dan doen? Hoe kunnen jullie dan vaststellen wat goed of kwaad is? Inzake deze en iedere andere kwestie?

En nu ben Ik zelfs nog verder gegaan. Nu heb Ik jullie je idee over 'beter' afgenomen. Dus wat moeten jullie nu doen? Wat is nu de basis voor enigerlei keuze of daad?

Ik zeg je, de bedoeling van het leven is dat jij uitdrukkelijk en eigenzinnig beslist en verklaart Wie jij bent. Het is niet aan Mij om jou te vertellen wat goed en kwaad is, wat beter of erger is, wat je wel of niet moet doen en laten, zodat jij dan alleen hoeft te beslissen of je Mij gehoorzaamt of niet en Ik jou vervolgens moet belonen of straffen.

Jullie hebben dit systeem geprobeerd en *het functioneert niet*. Jullie hebben keer op keer verkondigd wat jullie dachten dat Mijn wil was, maar dat heeft jullie niet verder geholpen. Jullie hebben er niet aan gehoorzaamd.

Aanschouw: jullie hebben verklaard dat Ik tegen doden ben en toch blijven jullie moorden; sommigen doen dat zelfs *in Mijn naam*!

Jullie hebben gezegd dat Ik Mij heb uitgesproken tegen oneerbiedigheid jegens ouders, tegen misbruik van kinderen, tegen de mishandeling van jullie diepste Zelf, en toch blijven jullie je hier schuldig aan maken.

Jullie hebben gezegd dat Ik tegen allerlei zaken ben die jullie doen.

Jullie hebben gezegd dat Ik tegen liegen ben, en toch liegen jullie constant. Jullie hebben gezegd dat Ik tegen stelen ben, en toch stelen jullie links en rechts de halve wereld bij elkaar.

Jullie hebben gezegd dat Ik tegen ontrouw ben, en toch fliere-fluiten jullie onderling als een stel chimpansees.

Zelfs jullie regeringen – de instellingen die jullie hebben gecreëerd om jullie behoeftes te verzorgen en te beschermen – liegen tegen jullie. Jullie hebben een samenleving geschapen die op leugens is gebaseerd.

Sommige van deze leugens noemen jullie 'geheimen', maar het zijn en blijven leugens, want iets achterhouden is liegen, dat is zo klaar als een klontje. Het wordt als een afgang gezien om de hele waarheid te vertellen, om anderen alles over een bepaald onderwerp te laten weten, zodat iedereen keuzes kan maken op basis van alle gegevens.

Jullie hebben gezegd dat Ik tegen het breken van beloftes en geloftes ben, maar jullie breken zelf continu je beloftes en geloftes; bovendien proberen jullie daar ongestraft onderuit te komen en voeren jullie willekeurig smoezen aan om je daden te rechtvaardigen.

Nee, de mensheid heeft bijzonder duidelijk laten zien dat Mijn wil, zoals jullie die hebben opgevat en uitgesproken, niets betekent.

Interessant is wel dat ook dit uiteindelijk perfect is te noemen. Omdat er zo'n groot meningsverschil bestaat over wat Mijn wil is, zouden jullie waarschijnlijk nog meer in Mijn naam moorden als jullie je overtuiging opeens fervent gingen uitdragen.

Dat doet mij denken aan zo'n bumpersticker met de tekst: 'God bewaar mij voor Uw gelovigen'.

Ja, daar zit wel ironie in.

Maar vooruit, terug naar je vraag of het okay is om een mug dood te meppen, een muis in de val te lokken, onkruid te wieden of een lam te slachten en op te peuzelen. Jij moet daar zelf over beslissen. Jij moet zelf over *alles* beslissen. En er zijn natuurlijk brandender kwesties.

Is het okay om een mens terecht te stellen als straf voor een moord? Is het okay om abortus te plegen? Om poten te rammen? Om homoseksueel geaard te zijn? Om seks voor het huwelijk te consumeren? Om sowieso seks te hebben als je 'verlicht' wilt worden? En ga zo maar door...

Elke dag moet je je beslissingen nemen. Weet dat je door te beslissen verkondigt en laat zien Wie je bent.

Elke daad is een daad van zelfdefiniëring.

Je begint het door te krijgen. Jij begrijpt het.

Omdat U ons erover doorzaagt.

Een beetje herhaling kan geen kwaad. Daarom zal Ik nu eens iets anders herhalen wat Ik al eerder heb gezegd. In jullie alledaagse acties en keuzes verkondigen jullie niet alleen Wie je bent, maar besluit je ook Wie Ik Ben, omdat jullie en Ik één zijn.

Aldus beantwoord Ik die vraag in de meest algemene zin. Ik doe dat *door jullie*. En dat is de enige manier waarop de vraag *kan* worden beantwoord.

Uit jullie antwoord zal jullie waarheid naar voren komen. Dit is de waarheid van jullie bestaan. Het is wat jullie *wezen* in alle waarheid is.

Onthoud dat je menselijk bent. *Wat* je wezen is, bepaal jij. Ofschoon Ik je dit al vele malen heb verteld, heb je dit misschien nog niet eerder op deze manier in overweging genomen.

Okay, okay, maar 'eenheid' betekent niet 'gelijkheid', toch? Kan ik U in ieder geval daarover een uitspraak ontlokken?

Eenheid betekent nog niet gelijkheid, dat klopt.

Wat betekent eenheid dan?

De vraag is niet wat eenheid betekent, maar wat eenheid voor jou betekent.

Dit is een beslissing die in ieder mensenhart moet worden genomen. En vanuit jouw beslissing zul jij jouw toekomst creëren... of beëindigen.

Maar zelfs als je hierover peinst, is er een richtlijn, opvatting, wijsheid, die jou wordt aangereikt om je te helpen; niet om te doen wat juist is, want 'juist' is een relatief begrip, maar om daar te komen waar jij zegt dat je naartoe wilt; om te doen wat jij zegt dat jij wilt doen.

Zoals Ik al eerder heb aangegeven, zeggen jullie als mensheid dat jullie in vrede en harmonie willen samenleven. Jullie willen een beter bestaan voor jullie kinderen creëren. Jullie willen gelukkig zijn. Ook al verschillen jullie van mening over van alles en nog wat, hierover zijn jullie het in ieder geval eens.

En daarom is jullie deze richtlijn aangereikt in de vorm van drie punten. Die luiden als volgt, nogmaals: (1) wij zijn allen één, (2) er is genoeg, en (3) er is niets wat we moeten doen.

Het eerste punt, dat wij al uitgebreid hebben besproken, kan misschien sneller en gemakkelijker worden toegepast als je het tweede en het derde punt goed begrijpt.

En ik wil blijven kijken naar de *toepassing* van deze wijsheid, hoe je haar in het leven van alledag praktisch kunt gebruiken, dus laten wij overstappen op die andere punten.

Negentien

Aan het eind van het derde deel van *Een gesprek met God* wees U op diezelfde drie punten.

> Ja, en als jij het tweede punt – *Er is genoeg* – begrijpt, heb je een duidelijke aanwijzing hoe je het eerste punt – wij zijn allen één – kunt toepassen, mocht je daarvoor kiezen.

Wat betekent dat dan, *er is genoeg*?

> Precies wat het zegt. *Er is genoeg.* Er is genoeg van alles wat jij nodig denkt te hebben om gelukkig te zijn. Er is genoeg tijd, genoeg geld, genoeg te eten, genoeg liefde... Het enige wat je hoeft te doen, is het te delen. Ik heb jullie genoeg gegeven. Er is genoeg voor iedereen.
>
> Als je deze waarheid aanhoudt, als je haar tot een functioneel deel van je realiteit maakt, is er niets wat je niet bereid bent om te delen, niets wat je zult willen hamsteren; zeker niet liefde, voedsel of geld.

Houdt dit in dat wij geen rijkdom hoeven te verzamelen?

> Er bestaat een verschil tussen de keuze iets te *bezitten* en de keuze iets te gaan *hamsteren*. Eigenlijk alleen wanneer je de waarheid onderkent dat er 'genoeg' is, kun je gemakkelijk de goede dingen van het leven krijgen die jij kiest.

Dat is waar! Pas toen ik doorkreeg dat er genoeg was voor iedereen, kon ik mijzelf permitteren te aanvaarden dat er ook *genoeg voor mij* was. Maar dat was wel een kwestie van vertrouwen, want het lijkt er immers niet op dat er genoeg is voor iedereen.

Ga niet af op uiterlijke verschijnselen. De reden dat het lijkt alsof er niet genoeg is voor iedereen, is dat zoveel mensen die *meer* dan genoeg hebben slechts het geringste deel van hun bezit willen delen met hen die minder hebben.

Een klein percentage van de mensen in jullie wereld bezit een enorm deel van de rijkdom van jullie wereld en gebruikt een kolossaal deel van de hulpbronnen van jullie wereld. Deze verhoudingen zijn uiterst disproportioneel en die wanverhouding wordt elke dag *groter*, niet kleiner.

'*Ja, ja, ja,*' hoor ik enkele mensen al denken. '*U heeft dit al eerder aan de orde gesteld.*'

En daar hebben zij gelijk in, want zoals steeds gaat deze dialoog in een kringetje en bijt hij zichzelf weer in de staart. Maar als zij ongeduldig zijn, komt dat misschien doordat hier iets wordt gezegd, keer op keer, wat zij niet willen horen. Er wordt iets opgemerkt wat zij niet willen zien.

Wij naderen weer het terrein dat jij 'sociale spiritualiteit' noemt en veel mensen willen daar niets van weten. Het dwingt hen naar dingen te kijken die zij niet willen zien.

Toch moeten jullie Mijn algemene boodschap nu wel hebben begrepen. Alleen jullie kunnen beslissen hoe je de waarheid van eenheid toepast. Alle preken en lessen in de wereld kunnen hier niets aan veranderen. Alleen wanneer er een verandering in het hart optreedt, zal er een verandering optreden in de menselijke staat.

Waardoor wordt die verandering eventueel veroorzaakt?

De vraag is niet door wat maar door wie. En het antwoord luidt: door jou. *Jij kunt* die verandering veroorzaken, hier en nu.

Ik? Hier en nu?

Als jij het niet doet, wie dan wel? En als het nu niet gebeurt, wanneer dan wel?

Een oude vraag uit de joodse wijsheidsliteratuur.

Ja, Ik heb deze vraag al heel lang geleden voor het eerst gesteld. En, wat is jouw antwoord?

Okay, mijn antwoord luidt: ik, nu.

Van jouw mond tot Mijn oren.
Onthoud, Mijn kind, een van de zeven stappen bij het creëren van een vriendschap met God is *God helpen*. Je hebt net besloten dat te doen. Goed zo. En dat is exact wat het jou zal opleveren. Heel goed.
Als je ermee akkoord gaat het woord te verspreiden en de boodschap uit te dragen die het hart kan veranderen, speel je een belangrijke rol in de verandering van de menselijke staat.
En daarom is alle spiritualiteit uiteindelijk ook politiek.

Maar – mag ik even met U hierover twisten? – ik dacht dat U zei dat er niets was wat we moeten doen.

Dat heb Ik gezegd en dat is zo.

Waar hebben wij het hier dan over? Is het uitdragen van de boodschap dan niet iets wat ik moet doen?

Nee, het is iets wat jij 'bent'. Je kunt de boodschap niet *doen*; je kunt de boodschap alleen maar *zijn*. Je bent een menselijk wezen, geen menselijk 'doen'.
Je draagt de boodschap uit *als* jezelf, niet *met* jezelf. Jij *bent* boodschap. Dit is jouw spiritualiteit in actie. Begrijp je dat dan niet?
Jouw boodschap is je leven, *geleefd*. Je verspreidt het woord dat jij *bent*.
Staat niet geschreven: *En het woord was vlees geworden*?

Ja, maar werd daar dit mee bedoeld?

Ja.

Hoe kan ik dat zeker weten?

Je hebt Mijn woord. Je hebt Mijn woord, *in jou*. Jij bent tamelijk letterlijk het vlees geworden woord Gods. Spreek nu slechts het woord en je ziel zal genezen worden. Spreek het woord, leef het woord, *wees* het woord.
Wees in één woord *God*.

Wat zeg je me daarvan!

Precies. Exact.

Is dit waar wij op uitkomen? Word ik verondersteld U te zijn?

Je wordt niet verondersteld Mij te zijn, je *bent* het. Ik zeg je niet wat je moet doen. Jij bent Wie jij werkelijk bent.
Jij bent al wat je verlangt te zijn. *Er is niets wat je moet doen.*
En dat is het derde punt uit de heilige triniteit van wijsheid.

Maar als ik naar buiten treedt en probeer te handelen als God, verklaart iedereen mij hooguit voor zot.

Zij denken dat jij zot bent omdat je totaal vreugdevol, totaal liefdevol, totaal aanvaardend, totaal zegenend en totaal dankbaar bent?

Nee, ik bedoel als ik naar buiten treed en probeer te *doen als God*.

Maar dit doet God nu eenmaal! Wat *jij* bedoelt is dat de mensen je voor zot verklaren als jij naar buiten treedt en probeert te handelen *op de manier waarop jij denkt dat God dat doet*. Namelijk als almachtig, controlerend, eisen stellend, wrekend en bestraffend.

Maar aan U is toch de wrake?

Nee, jullie beweren dat. Ik heb dat nooit gezegd.

En dus 'doe je als God' – niet de God die in onze nachtmerries rondspookt, maar de God die reëel is – door de vijf houdingen van God aan te nemen, klopt dat?

Ja. En onthoud, het draait niet om doen maar om zijn. Deze houdingen zijn de dingen die jij bent. En als jij deze uitspraken over jouw wezen *bewust* in plaats van onbewust doet, begin je doelbewust, vanuit een intentie, te leven. Onthoud dit. Ik heb voorgesteld dat je doelbewust, in harmonie en weldoend moet leven, en Ik heb je uitgelegd wat dat betekent. Heb je nog meer voorbeelden nodig?

Nee, ik denk dat wij dat al eerder hebben uitgeplozen.

Goed. Maar laat Mij jou nu nog een geheim vertellen. Doe het derde en de eerste twee komen vanzelf.
Beslis weldoend te leven – beslis dat jouw werken en leven anderen ten goede zullen komen – en je zult merken dat je doelbewust en in harmonie leeft. Dit is waar omdat weldoend leven jou ertoe aanzet vanuit een intentie te leven, waardoor je de dingen opzettelijk en bewust doet in plaats van onbewust; je zult daardoor ook in harmonie leven, omdat iets wat anderen bevoordeelt niet disharmonieus kan zijn.
Ik zal jullie nu een triootje werktuigen aanreiken waarvan jullie mogen aannemen dat jullie daarmee je leven weldoend kunnen leiden. Dit zijn de kernconcepten van een holistisch leven:

Bewustzijn
Eerlijkheid
Verantwoordelijkheid

U legt hier heel wat op mijn bordje, genoeg stof om over na te denken. Hoeveel langer gaan deze lessen nog door?

Heel je leven, mijn vriend. Heel je leven.

Er komt nooit een einde aan, hè? Ik zal nooit rustig achterover kunnen leunen en denken: nu heb ik het wel gehad.

Er kan best een tijd komen dat jij lekker achterover leunt en denkt: nu heb ik het wel gehad. Maar op het moment dat dat ogenblik is aangebroken, zul je beseffen dat je nog niet alles hebt gehad. Hoe meer je ziet, des te beter zie je dat er nog meer is om te zien.

Zie je het?

En daarom zal het proces van groeien en verwerven nooit ophouden. Je kunt niet te groot worden, je kunt niet te snel groeien, je kunt niet te veel groeien. Dat is onmogelijk. Je kunt niet stoppen met groeien. Er komt geen eind aan hoe groot je kunt zijn.

En je hoeft je geen zorgen te maken of je wel voldoende hebt gehad, want er is *altijd* genoeg over. Alles wat je door deze levenslessen ontvangt, is goed voor jou.

En toch heeft U gezegd dat ik niets te leren heb.

Het ware leren is geen proces waardoor je iets leert, maar waardoor jij je iets begint te herinneren.

Hier is niets dat nieuw is voor jou. Je ziel verwondert zich over niets in dit boek. Het ware leren is nooit een proces van kennis erin stoppen, maar altijd een proces van kennis te voorschijn halen. De ware Meester weet dat hij niet over meer kennis beschikt dan de student, wel over een beter geheugen.

Je zei dat je wilde weten hoe je kunt toepassen – in de echte wereld, in het alledaagse leven, als een praktische, functionele waarheid – wat je in onze gesprekken van waarde vindt. Ik wil je een aantal manieren voorstellen waardoor je dat kunt berei-ken. Ik help jou te krijgen wat jij wilt. Dit is wat het inhoudt om vriendschap met God te hebben.

Dank U. Vertel mij nu dan meer over de kernconcepten.

Bewustzijn is een staat van zijn waarin jij kunt kiezen te leven. Het houdt in dat je je bewust bent van het moment. Het draait om alert waar te nemen wat is en waarom; wat er gebeurt en waarom; wat ervoor kan zorgen dat iets niet gebeurt en waarom; wat er allemaal mogelijk is – en wat het waarschijnlijkste is – als uitkomst van iedere keuze en actie, en wat ze mogelijk en waarschijnlijk maakt.

Als je bewust leeft, pretendeer je niet dat je niet weet.

Onthoud, Ik heb je verteld dat er mensen lijken te zijn die weten, maar die doen alsof ze niet weten. Bewustzijn draait om je ergens van bewust zijn en je gewaarwording dat jij je dat bewust bent. Het draait om het besef dat jij je bewust bent dat je iets gewaarwordt, en over jouw gewaarwording dat je beseft dat je je ervan bewust bent dat je je iets bewust bent.

Het bewustzijn heeft vele niveaus.

Bewustzijn gaat over het je bewust zijn van het niveau van bewustzijn waarvan jij je bewust bent, en het gaat over je bewust zijn dat er geen niveau van bewustzijn bestaat waarvan jij je niet bewust kunt zijn als je je daarvan bewust bent.

Als je een bewust leven leidt, doe je geen dingen meer onbewust. Dat kun je niet omdat je beseft dat je iets onbewust doet, en dat betekent natuurlijk dat je het toch weer bewust doet.

Het is niet moeilijk een bewust leven te leiden als je beseft dat het niet moeilijk is. Bewustzijn voedt zichzelf.

Als je je niet bewust bent van je bewustzijn, dan kun je je niet voorstellen wat het is. Je bent het vergeten. Je weet het in werkelijkheid wel, maar je bent vergeten dat je het weet en je kunt het dan net zo goed niet weten. Daarom is herinneren zo belangrijk.

Daarom ben Ik hier. Ik ben hier om jullie te helpen je alles te herinneren. Daar heb je vrienden voor.

Jullie doen hetzelfde in het leven van een ander. In het leven van iedereen. Jullie zijn hier om anderen helpen te herinneren.

Dit is iets wat jullie vergeten zijn.

Als jullie je eenmaal weer de dingen herinneren, zijn jullie weer tot bewustzijn gebracht. Als je weer bij bewustzijn bent, word je je bewust van je bewustzijn en besef je dat je bij bewustzijn bent.

Bewustzijn gaat over het opmerken van het moment. Het gaat over stoppen, bekijken, luisteren, voelen, ten volste ervaren wat er gebeurt. Het is een meditatie. Bewustzijn verandert alles in een meditatie. Het doen van de vaat. De liefde bedrijven. Het gras maaien. Een woord hardop zeggen tegen iemand anders. Alles wordt meditatie.

Wat doe ik? Hoe doe ik dit? Waarom doe ik dit? Wat ben ik terwijl ik dit doe? Waarom ben ik dit terwijl ik dit doe?

Wat ervaar ik op dit moment? Hoe ervaar ik het? Waarom ervaar ik het op de manier waarop ik het nu ervaar? Wat ben ik terwijl ik het ervaar? Waarom ben ik dit terwijl ik dit ervaar? Wat heeft dit alles te maken met wat ik ervaar? Wat heeft dit alles te maken met hoe andere mensen mij ervaren?

Bewustzijn verplaatst je naar het niveau van de onopgemerkte waarnemer. Je kijkt naar jezelf. En dan kijk je naar jezelf hoe je jezelf waarneemt. En dan kijk je naar jezelf hoe je jezelf waarneemt terwijl jij naar jezelf kijkt. Uiteindelijk is er niemand die kijkt hoe jij jezelf bekijkt. Je bent de onopgemerkte waarnemer geworden.

Dat is je volledig bewust zijn.

Het is gemakkelijk. Het is niet zo moeilijk of gecompliceerd als het klinkt. Het gaat om stoppen, bekijken, luisteren, voelen. Het gaat om weten, en weten dat jij weet. Het gaat om het beëindigen van doen alsof.

Nu richt je je echt op iets. Je richt je op jou. Voorheen deed je wat je deed voordat je je ergens op richtte. Je deed alsof.

Dit is wel heel opmerkelijk. Ik heb nog nooit zoiets gehoord.

O, jawel. De Boeddha onderwees dit. Krisjna onderwees dit. Jezus onderwees dit. Iedere Meester die ooit heeft geleefd, onderwees dit en iedere Meester die leeft, onderwijst het. Dit

is niet nieuw, niets hiervan zal jouw ziel verbaasd doen staan.
Als je stopt met doen alsof, word je totaal eerlijk.

Eerlijkheid is het tweede werktuig. Eerlijkheid gaat over eerst tegen jezelf, vervolgens tegen anderen zeggen wat het is waar jij je bewust van bent.

Eerlijkheid is waar jij voor staat. Je blijft niet langer liggen, maar je moet gaan staan. Je hebt misschien opgemerkt dat je niet ergens achter kunt gaan staan zolang jullie allemaal op je luie gat blijven liggen. Daarom wordt er ook gezegd dat je werkelijk ergens voor staat als je totaal eerlijk bent.

In het tweede deel van *Een gesprek met God* worden de vijf niveaus van het vertellen van de waarheid opgesomd. Ook wordt uitgelegd hoe die vijf niveaus kunnen resulteren in een leven van totale visibiliteit ofwel transparantie. Deze twee woorden staan in een interessante nevenschikking ten opzichte van elkaar. Totaal zichtbaar zijn is uiterst transparant zijn, dat wil zeggen dat mensen recht door je heen kunnen kijken. Er zijn geen verborgen agenda's. Hoe zichtbaarder je bent, des te transparanter word je.

Gebruik het werktuig van eerlijkheid consequent en zie hoe je leven verandert. Gebruik het in relaties. Gebruik het in zakelijke interacties. Gebruik het in jullie politiek. Gebruik het op school. Gebruik het overal, de hele tijd door.

Besef wat je gedaan hebt en wees er dan eerlijk over. Wees eerlijk over de uitkomsten waarvan je terdege weet dat jij die hebt opgeroepen. Aanvaard er vervolgens je verantwoordelijkheid voor. Dit is het derde instrument. Het is een teken van grote volwassenheid, van grote spirituele groei.

Jullie zullen dit echter nooit willen doen zolang jullie samenleving verantwoordelijkheid gelijkstelt aan bestraffing. In het verleden is het aanvaarden van je verantwoordelijkheid te vaak neergekomen op straf op je nemen. Maar verantwoordelijkheid betekent niet schuld. Het betekent veeleer de bereidheid al het mogelijke te doen om de uitkomsten die jij produceert de best mogelijke te maken. Ook moet je alles zien te herstellen wat je kunt herstellen als anderen ervoor hebben gekozen de uitkomsten als kwetsend of beschadigend te ervaren.

Sommige mensen kiezen ervoor het pad te volgen dat stelt: 'Ieder persoon is verantwoordelijk voor zijn eigen uitkomsten, aangezien wij allemaal onze eigen werkelijkheid creëren; ik ben dan ook niet verantwoordelijk voor wat jou overkomt, ook al heb ik het misschien veroorzaakt.' Dit is wat ik de vlucht-strook van de New Age noem. Het is een poging om de logica van de 'beweging van het nieuwe denken' te verdraaien, die stelt dat ieder mens een schepper is.

Nochtans vertel Ik jullie dit: jullie zijn allemaal verantwoorde-lijk voor elkaar. Jullie zijn waarachtig elkanders hoeder. En als jullie dit begrijpen, zullen alle misère, alle zorgen en alle pijn van de individuele ervaringen verdwijnen.

Jullie zullen dan een nieuwe samenleving creëren, die geba-seerd is op het nieuwe evangelie, WIJ ZIJN ALLEN ÉÉN, en onder-steund wordt door de kernconcepten: bewustzijn, eerlijkheid, verantwoordelijkheid.

Er zullen geen andere wetten zijn, geen andere regels, geen andere voorschriften. Er zal geen wetgeving zijn en daar is ook geen behoefte aan. Want jullie zullen eindelijk hebben geleerd dat je *moraliteit* niet in wetten kunt vangen.

Jullie scholen zullen deze kernconcepten onderwijzen. Alle les-stof zal erop gebaseerd zijn. Onderwerpen als lezen, schrijven en rekenen zullen aan de hand hiervan worden onderwezen.

Jullie wereldwijde economie zal deze kernconcepten weerspie-gelen. De hele infrastructuur zal eromheen worden opgetrok-ken. Activiteiten als kopen, handelen en verkopen zullen erdoor geleid worden.

Jullie zelfbestuur zal deze kernconcepten ondersteunen. De hele bureaucratie zal eromheen zijn opgetrokken. Voorzieningen en instellingen als publieke werken, justitie en distributie zullen volgens deze concepten worden geleid.

Jullie religie zal deze kernconcepten ondersteunen. Het hele spirituele geloofssysteem zal eromheen worden opgetrokken. Ervaringen zoals onvoorwaardelijke liefde, onbegrensd delen en emotionele en fysieke genezing zullen mogelijk zijn dankzij deze concepten.

Jullie zullen eindelijk doorhebben dat het onmogelijk is verantwoordelijkheid te ontwijken voor de ervaring van een
ander, want de 'ander' *bestaat* niet. Alleen *jij* bestaat, uitgedrukt in een veelheid van vormen.

Door deze kennis zal alles veranderen. De verschuiving zal zo
drastisch, zo meeslepend en zo compleet zijn, dat de wereld
zoals jullie die nu ervaren op een nachtmerrie zal lijken die
eindelijk voorbij is. En jullie zullen inderdaad waarlijk ontwaakt zijn.

Het moment van jullie ontwaken komt nabij. Het moment
van jullie vernieuwing, van jullie re-creatie staat voor de
deur. Jullie zullen jezelf opnieuw re-creëren in de verhevenste
versie van de verhevenste visie die jullie ooit hebben gehad
van Wie je bent.

Dit is de agenda voor jullie wereldwijde samenleving in dit
nieuwe millennium. Jullie hebben zelf deze agenda opge-
steld. Jullie hebben haar tot leven geroepen. Mensen overal
komen op één lijn ermee te staan. Zij slaan de handen in
elkaar in deze re-creatie. Oost ontmoet West. Blanken
omhelzen mensen met een andere huidskleur. Religies vloei-
en samen, regeringen passen zich aan en economieën
expanderen. In alles bewegen jullie je naar een globale aanpak, waarbij jullie een globaal perspectief aannemen en een
nieuw globaal systeem creëren.

Er zal chaos zijn voor de overgang. Dat is natuurlijk bij iedere
overgang van deze omvang. Want jullie veranderen niet
alleen de manieren waarop jullie de dingen doen, maar jullie
verschuiven ook het hele idee van Wie jullie zijn, als individu,
als collectief van naties, als soort. En dus zal er chaos ontstaan, hoofdzakelijk gecreëerd door hen die niet willen mee-
gaan met de verandering, die het einde van 'beter' en het
nieuwe evangelie van eenheid niet kunnen accepteren. Er
zullen ook mensen zijn die gewoonweg bang zijn dat zij
door een dergelijke verandering – als zij hun persoonlijke en
nationale identiteit moeten opgeven – de controle over heel
hun leven verliezen. Niets van dit alles zal echter gebeuren.

De overgang komt niet neer op het verdwijnen van etnische,

nationale of culturele distincties. Hij komt niet neer op een ontering van tradities, de onteigening van erfgoed of de ontmanteling van gezin, clan of gemeenschap. De overgang zal juist voor een versterking van die banden zorgen zodra de mensen beseffen dat je ze kunt ervaren zonder dat dat ten koste van anderen hoeft te gaan.

De overgang houdt niet het einde in van alles wat jullie verschillend maakt, maar maakt wel een einde aan alles wat jullie verdeeld houdt. Verschil en verdeeldheid zijn niet hetzelfde.

Verschillen bevestigen jullie ervaring van Wie je bent en maken deze mogelijk. Verdeeldheid verwart deze ervaring en maakt haar onmogelijk. Zonder het verschil tussen hier en daar, boven en beneden, snel en langzaam, warm en koud, zou geen van deze zaken kunnen worden ervaren. Maar er bestaat geen *verdeeldheid* tussen hier en daar, boven en beneden, snel en langzaam of warm en koud. Het zijn slechts verschillende versies van hetzelfde ding. Evenzo bestaat er geen *verdeeldheid* tussen zwart en wit, man en vrouw, moslim en christen. Dit zijn slechts verschillende versies van hetzelfde ding.

Als je dit ziet, dan zul ook jij de overgang hebben gemaakt. Je bent dan deel van de nieuwe samenleving waarin diversiteit wordt geëerd in plaats van verdeeldheid.

Jullie hoeven niet te verdwijnen als individu om eenheid te kunnen ervaren. Dat is natuurlijk de grote angst. De grote angst is dat eenheid gelijkheid betekent en dat hetgeen wat jou van het 'grote geheel' onderscheidt verdwijnen zal. En dat *jij* verdwijnen zal. En aldus is de worsteling tegen eenheid een worsteling om te overleven.

Nochtans zal eenheid geen eind maken aan jullie overleving als een individuele expressie van het geheel. Eenheid zal dat veeleer toelaten.

Hier en nu slaan jullie elkaar het hoofd in uit liefde voor jezelf en je overtuigingen, of uit haat voor de anderen en hun overtuigingen. Jullie presenteren het alsof jullie ervoor moeten zorgen dat niemand anders overleeft zodat jullie zelf kunnen overleven als individu, soort, religie of natie. Dit is jullie mythe, de overleving van de sterkste.

Als je volgens het nieuwe evangelie leeft, hoef je niet te vechten voor overleving, maar zorg je juist daarvoor door *niet* te vechten. Deze eenvoudige oplossing, die jullie al zo lang hebben omzeild, zal alles veranderen.

Jullie zullen stoppen voor jullie overleving te vechten op de dag dat jullie beseffen dat je *altijd* zult overleven. Jullie zullen ermee stoppen elkaar over de kling te jagen zodra jullie beseffen dat er geen 'ander' *is*.

Het leven is eeuwig en er is slechts één van ons.

Deze twee waarheden maken alles wat jullie in je leven hebben ondernomen in een klap zinloos. Als jullie ze begrijpen, zullen ze jullie leven veranderen en het de glorieuze expressie maken van de verhevenste versie van de verhevenste visie die jullie ooit hebben gehad over Wie je bent.

Het leven is eeuwig en er is slechts één van ons.

Deze twee waarheden vatten alles samen en veranderen alles.

Het leven is eeuwig en er is slechts één van ons.

Deze twee waarheden zijn alles wat jullie ooit hoeven te weten.

Twintig

Wat betekent het om bevriend te zijn met God? Het houdt in dat je al deze wijsheid in je vingertoppen hebt zitten. Altijd, overal, waar ook.

Het betekent dat je je nooit meer hoeft af te vragen wat je moet doen, hoe je moet zijn, waar je heen moet, wanneer je moet handelen of waarom je moet liefhebben. Alle vragen verdwijnen als je met God bevriend bent, want Ik zal je alle antwoorden geven.

Eigenlijk geef Ik jou geen enkel antwoord, maar laat Ik je zien dat *jij* ze zelf hebt gegeven toen je in dit leven terechtkwam en dat jij altijd al alle antwoorden hebt gehad. Ik laat je zien hoe jij ze kunt oproepen, hoe jij ze vanuit jouw wezen kunt laten stralen in de ruimte van ieder willekeurig probleem, iedere uitdaging of iedere moeilijkheid. In feite zullen problemen, uitdagingen en moeilijkheden geen deel meer van jouw bestaan uitmaken en worden vervangen door eenvoudige ervaringen.

Voor de buitenwereld lijkt het misschien alsof er in feite niets is veranderd. En feitelijk is er *misschien* ook wel niets veranderd. Je zult misschien met dezelfde omstandigheden geconfronteerd blijven. Alleen jij zult het verschil aanvoelen. Alleen jij zult de overgang opmerken. Het is een ervaring in jouw innerlijke wereld, maar deze zal jouw buitenwereld ook doen veranderen. En terwijl anderen misschien geen verandering in jouw omstandigheden zullen zien, zien zij een verandering in *jou*. Zij zullen verwonderd zijn over deze verandering. Zij zullen je met grote ogen aankijken. En uiteindelijk zullen zij je ernaar vragen.

Wat zal ik ze vertellen?

Vertel ze de waarheid. De waarheid zal ze bevrijden. Vertel ze dat er niets in jouw buitenwereld is veranderd. Je kunt nog steeds kiespijn krijgen. Je moet nog steeds je rekeningen op tijd betalen. Je trekt je broek nog steeds aan met een been per broekspijp.

Vertel ze dat je nog steeds wordt geconfronteerd met omstandigheden die je eens als minder dan volmaakt beschreef en dat je nog steeds hebt af te rekenen met de moeilijke en verwarrende aspecten van het leven. Vertel ze dat niets je ervaring heeft veranderd.

Wat betekent dat? Ik snap niet wat dat betekent.

Wat betekent voor jou het begrip 'ervaring'?

Het woordenboek definieert ervaring als de 'totaliteit van het kenvermogen dat door de perceptie tot stand komt; alles dat wordt waargenomen, begrepen en herinnerd'.

Goed, en als je de grote waarheden van het leven kent, verandert de totaliteit van je kenvermogen. Je ervaring omvat 'alles wat wordt waargenomen, begrepen en herinnerd'. En dat is het toverwoord: 'herinnerd'.

Kortom, je ervaring verandert *als je je totaal herinnert Wie jij bent.*

Ik ben hier om je te helpen herinneren. Jij bent hier om anderen te helpen herinneren. Zoals jij je herinnert, ontleed je in je her-inner-ing – dat betekent dat je weer een ledemaat wordt van het lichaam van God. Je wordt met Alles-dat-is één door het deel van jou dat tot expressie brengt dat het geheel niet in een bepaalde individualisatie verdwijnt, maar er juist nog glorieuzer dan ooit tevoren door verschijnt.

Als je individuele expressie zo glorieus is, zullen anderen jou God noemen, of de Zoon van God, de Boeddha, de Verlichte, de Meester, de Heilige of zelfs de Verlosser.

En je *zult* een verlosser zijn, iemand die alle anderen komt verlossen van vergetelheid, van het zich niet kunnen herinneren van de eenheid, van te handelen alsof zij allen van elkaar zijn gescheiden.

Je zult je leven eraan besteden om deze illusie van afgescheidenheid op te heffen. En je zult je voegen bij anderen die hetzelfde ondernemen.

Je hebt op deze anderen gewacht. Je hebt erop gewacht dat zij zich in jouw leven zouden manifesteren en zich aan jou bekend zouden maken. Nu hebben jullie elkaar gevonden en staan jullie er niet langer alleen voor.

Als je nu dus verder gaat met je leven van alledag, weet en begrijp dan dat niets ooit nog hetzelfde zal zijn. Jouw vriendschap met Mij heeft alles veranderd. Zij heeft jou Mijn partnerschap en liefde opgeleverd, net als Mijn wijsheid en Mijn bewustzijn.

Je zult nu bewust zijn en je zult beseffen dat je bewust bent. Je zult nu volledig bewust rondwandelen. Je zult alles in volledig bewustzijn snappen.

Behalve als je dat niet doet.

Er zullen momenten zijn waarop je terugvalt in vergeetachtigheid, bijvoorbeeld als je jouw Zelf anders voorstelt dan Wie jij werkelijk bent. Doe op al deze momenten een beroep op onze vriendschap. Roep Mijn naam en Ik zal er zijn. Ik zal je de antwoorden tonen. Ik zal je naar wijsheid leiden, *Ik zal je teruggeven aan jezelf.*

Doe dit dan voor alle anderen. Geef mensen terug aan zichzelf. Dit is jouw opdracht, dit is jouw missie, dit is jouw doelstelling.

En door hun vriendschap met jou zullen zij tot de wetenschap komen dat zij bevriend zijn met God.

Eenentwintig

Mijn verhaal eindigt hier, voorlopig. Het is 6.25 uur op 29 juni 1999. Sinds half drie vanochtend vroeg zit ik in mijn gezellige kantoor in mijn prachtige huis in de glooiende heuvels buiten Ashland, Oregon, om dit boek af te maken. Ik heb ernaar uitgekeken om te zien wat er zou doorkomen om het tot een eind te brengen. Dit laatste hoofdstuk geeft voor mij de doorslag. Er hoeft niets meer te worden gezegd. Alles is gezegd. Alles is duidelijk. Als je bij bewustzijn bent, en als je beseft dat je bij bewustzijn bent, zijn er geen vragen meer.

Ik eindig mijn persoonlijke verhaal waar ik het begon in het eerste boek van *Een gesprek met God*. Vanaf het kampeerterrein bij Ashland keerde ik terug naar het 'echte leven'. Maar deze keer wilde ik een *leven* leiden in plaats van alleen maar in mijn *levensonderhoud* voorzien. Dit was de bron van veel triestheid in de jaren voordat ik *Een ongewoon gesprek met God* schreef, voordat ik mijn boze brief aan God schreef. Dit was de bron van veel ongeluk in mijn relaties. Ik heb sindsdien geleerd in het leven twee belangrijke vragen te stellen: waar ga ik naartoe? Wie gaat met mij mee? Ik heb ook geleerd nooit die vragen om te draaien. Stel nooit de tweede vraag vóór de eerste en laat nooit het antwoord op de eerste vraag afhangen van het antwoord op de tweede.

Ik leid nu een fantastisch leven; ik ben gezegend met mijn prachtige vrouw, Nancy, en met prachtige vrienden. En mijn allerprachtigste vriend is God.

Ik ben bevriend met God en ik gebruik onze vriendschap elke dag. Daar heb je vrienden voor, om elkaar te gebruiken. God heeft het liefst dat wij dat doen. God zegt: 'Gebruik Mij.' Dat zijn de twee magische woorden. Dat zijn de woorden die je leven zullen veranderen. Als je God die woorden hoort spreken, zal je leven veranderen. En als anderen *jou* die woorden horen spreken, zal je leven veranderen.

Deze woorden zijn zelfs nog krachtiger dan 'Ik hou van jou'. Als je 'Gebruik mij' zegt, zeg je namelijk 'Ik hou van jou' en nog veel meer. Je zegt 'Ik hou van jou' en 'Dat ga ik je nu meteen bewijzen'.

Dit is wat God zegt. Dit is wat God de hele tijd zegt.

Ik weet zeker dat deze uitspraak moeilijk te accepteren is voor mensen die in hun leven een trauma of diepe wonden hebben opgelopen. Maar ik beloof jullie dat het waar is. Zelfs onze donkerste momenten zijn een gave. Dat is wat iedere Meester heeft onderwezen, en dat is óf waar, óf alle Meesters hebben ons een leugen verteld. Ik denk niet dat de Boeddha een leugenaar was. Ik denk niet dat Jezus smoesjes vertelde. Ik denk niet dat Mohammed ons om de tuin wilde leiden.

Ik denk dat de verlossing van de scherpgepunte pijlen van het noodlot in ons wezen besloten ligt. Zijn of niet zijn, dat is de vraag. Zijn Wie je werkelijk bent of minder dan dat zijn, dat is de keuze.

Wat God ons in deze dialoog heeft gegeven, zal ons leven veranderen en kan de wereld veranderen. Dit is krachtig materiaal. Deel het daarom. Geef het weg. Ga heen en predik het nieuwe evangelie.

Negeer de mogelijkheden niet die zich dagelijks voordoen om deze boodschap met anderen te delen. Maar onthoud ook dat de beste manier om de boodschap te delen is haar te *zijn*. Ik kies ervoor om de rest van mijn leven eraan te besteden om deze boodschap te *zijn*. Ik nodig jullie uit hetzelfde te doen.

Mijn prachtige en glorieuze kinderen, al Mijn nieuwe vrienden...

Jullie pad is zwaar en uitdagend geweest. Maar nu hebben jullie de weg naar huis teruggevonden. Jullie hebben tijdens jullie pogingen om naar Mij terug te keren barrières overwonnen, aan de uitdagingen voldaan, jullie wonden geheeld, conflicten opgelost, obstakels verwijderd, alle vragen gesteld en jullie eigen antwoorden gehoord. Jullie werk is nu gedaan. Jullie vreugde is net begonnen.

Laat het nu jullie vreugde zijn anderen bij Mij terug te brengen, anderen de weg naar huis te wijzen, anderen terug te geven aan zichzelf. Want dat is waar ons thuis is, en dat is waar Ik ben; levend in de harten, en als de zielen, van ieder lid van het lichaam Gods.

Ga naar huis naar je eigen hart en jullie zullen Mij daar aantreffen. Verenig je weer met je ziel en jullie zullen je verenigen met Mij.

Heb vertrouwen, want Ik vertel jullie dat jullie en Ik verschillend kunnen zijn, maar dat wij nooit verdeeld kunnen raken. Ga dan heen en maak een einde aan jullie onderlinge verdeeldheid. Huldig jullie verschillen, maar beëindig jullie verdeeldheid en kom samen in de verenigde expressie van de ene waarheid: Ik ben Alles wat er is.

Houd hoop, want Mijn liefde voor jullie zal nooit eindigen en zal ook nimmer enige beperking kennen of aan enige voorwaarde gebonden zijn.

Heb elkander lief, dan, als een expressie van Mij.

In jullie beslissing een expressie van God te zijn zullen jullie worden verheerlijkt. In jullie keuze jullie eenheid met God en alle dingen te ervaren zullen jullie Zelf-verwerkelijkt zijn. In jullie vastbeslotenheid de waarheid te kennen zullen jullie waarachtig de waarheid laten zien. Niet slechts in gedachten, niet slechts in woorden, maar inderdaad in al jullie daden.

Jullie hebben daadwerkelijk een plaats toegewezen gekregen in het koninkrijk van de hemel en in het hart van God. Dit zijn jullie daden. En wanneer deze daden in jullie daden worden weerspiegeld, zijn jullie in-der-daad Meesters.

En weet dit: jullie stevenen af op het meesterschap. Jullie hebben gezegd dat jullie daarnaar streven en daarom leid Ik jullie daar naartoe; Ik nodig jullie uit elkaar daar naartoe te leiden.

Wees nu bevriend met God en laat anderen weten dat *zij* ook, door hun vriendschap met jou, met God bevriend zijn, want jij en Ik zijn één en aldus ben jij de God met wie zij bevriend raken.

Zij zijn ook de God met wie *jij* bevriend raakt. Jullie kunnen geen vriendschap met God ervaren als jullie niet onderling bevriend zijn; Ik ben immers de 'ander'. Er is geen 'andere' dan Ik. Als jullie dit beseffen, kennen jullie het grootste geheim. Het is tijd nu om de straat op te gaan en dat geheim uit te dragen. Leef ernaar in geloof, deel het in hoop en demonstreer het in liefde.

Ga vooral heen nu en beleef jullie liefde zonder er alleen maar over te spreken. Want als je met de tongen van mensen en engelen spreekt maar geen liefde kent, ben je slechts een galmende cimbaal. En als je profetische krachten bezit en alle mysteriën en alle kennis doorgrondt, en als je het geloof bezit waarmee je bergen kunt verzetten, maar je kent geen liefde, dan druk je niet de verhevenste versie uit van de verhevenste visie die je ooit hebt gehad over Wie jij bent.

Liefde is geduldig en zachtaardig; liefde is niet jaloers of opschepperig, liefde is niet arrogant of ruw. Liefde dringt niet aan op haar eigen gelijk; zij is niet prikkelbaar of wrokkig; zij geniet niet van andermans fouten want zij weet dat goed en fout niet bestaan. Liefde draagt alle dingen, kent alle dingen, ondergaat alle dingen, omhelst alle dingen, maar vergeeft niets, want liefde weet dat niets of niemand hoeft te worden vergeven.

Liefde eindigt nooit. Jullie profetieën zullen verwaaien; jullie tongen zullen verschrompelen; jullie kennis zal groeien en veranderen. Want jullie kennis is nu onvolmaakt, maar als jullie uiteindelijk beseffen dat volmaaktheid alles is, zal onvolmaakte kennis verdwijnen en zullen jullie niets meer in het leven onvolmaakt noemen.

Toen je een kind was, sprak je als een kind, dacht je als een kind, redeneerde je als een kind. Maar nu ben je geestelijk gegroeid en heb je je kinderlijke manieren opgegeven. Toen zag je Mij vaag als door een spiegel, maar nu zien wij elkaar van aangezicht tot aangezicht, want wij zijn vrienden. Toen kende je Mij slechts ten dele, nu begrijp je Mij volledig, net zoals jezelf volledig wordt begrepen. Dat betekent het om bevriend te zijn met God.

Ik verlaat deze bladzijden nu, maar nooit verlaat Ik jouw hart en ziel. Ik kan jouw ziel niet verlaten, omdat Ik je ziel *ben*. Je ziel is gefabriceerd van wat Ik ben. Ga heen dan, Mijn zielenpartner, en leef in geloof, hoop en liefde, deze drie; maar weet dat de grootste van deze... liefde is.

Verspreid deze boodschap, deel haar, *wees* haar, waar je ook bent, en jouw heldere toorts zal de wereld waarlijk verlichten.

Ik houd van U, wist U dat?

Ik weet het. En Ik houd van jou.

Tot besluit...

Zoals altijd bij het afsluiten van een van deze dialogen, verbaas ik mij over de wijsheid die hier over de mensheid wordt uitgestort. Niet alleen hier, maar ook in de boeken van anderen en in vele andere bronnen waaruit blijkt dat God de hele tijd met ons blijft doorpraten. Ik weet zeker dat alle problemen van de planeet Aarde zouden kunnen worden opgelost, *als wij maar luisterden.*

Ik wil de wijsheid die ons allen wordt geschonken in werking stellen. Daarom heb ik de vrijheid genomen tot besluit van ieder boek manieren aan te bevelen waarop wij allen dieper betrokken kunnen raken, manieren waarop wij allen kunnen deelnemen aan het volgende niveau door onze spiritualiteit in werking te stellen.

De eerste stap om je eigen spiritualiteit in actie te zetten is ermee in contact te komen. Voor velen is dit niet alleen de eerste stap, maar tegelijk de grootste; voor velen luidt namelijk de vraag: 'Hoe doe ik dat?' Ik stelde dezelfde vraag, hier in dit boek. Misschien herinneren jullie je het antwoord dat God toen gaf.

Besteed elke dag een paar momenten aan de omhelzing van jouw ervaring met Mij. Doe dit nu, wanneer je het niet hoeft, wanneer je levensomstandigheden je er niet toe verplichten. Nu, als het lijkt dat je er geen tijd voor hebt. Nu, als je je niet alleen voelt. Op die manier zul je weten dat je niet alleen bent als je je 'alleen' voelt. Cultiveer de gewoonte om eenmaal daags via een goddelijke verbinding tot Mij te komen. (...) Als je God eenmaal werkelijk hebt omhelsd, als je eenmaal echt die goddelijke verbinding hebt gelegd, zul je die nooit meer willen kwijtraken, want zij zal jou de grootste vreugde brengen die je ooit hebt gehad.

Er zijn velerlei manieren om dit te doen en, zoals herhaaldelijk in deze dialoog is gezegd, er is geen enkele manier die de juiste of de beste manier is. Een methode echter waarvan ik heb gemerkt dat zij voor veel mensen werkt, is *Dahnhak*. Dit is een gedisciplineerde, wetenschappelijke aanpak van contact leggen met de Schepper binnenin, ontworpen en onderwezen door grootmeester Seung Heun Lee in zijn 230 Dahn-centra in Zuid-Korea, de Verenigde Staten en elders.

Door de millennia heen hebben veel wijze mensen ons geleerd dat wij inderdaad één zijn, dat wij onafscheidelijk zijn van elkaar en dat dingen die een deel van ons raken ons allemaal raken. Hoewel wij deze boodschap vaker hebben ontvangen, blijft de vraag: hoe maken wij ons deze wijsheid werkelijk eigen? Hoe kunnen wij de waarheid van deze eenheid 'voelen' in plaats van haar slechts op een oppervlakkig niveau te kennen? *Dahn* is een antwoord.

Het is een veelomvattende, holistische oefening die neerkomt op grondgymnastiek, diepe stretchings, meditatie, ademhalingstechnieken en diverse andere manieren om jezelf te sensibiliseren voor *Ki* (in sommige culturen ook bekend als *Chi*) ofwel de levensenergie die ons allemaal doordrenkt. Als je deze energie eenmaal hebt gevoeld, kun je haar gebruiken om fysiek gezond te blijven, om jezelf in contact te brengen met de universele energie en om een spiritueel ontwaken te bereiken waarin dit gevoel van eenheid in elke cel van je wezen wordt vastgelegd.

Dahn is eenvoudig en diepgaand. Als je geïnteresseerd bent en meer over deze praktijken wilt leren, vind je het dichtstbijzijnde *Dahn*-centrum in de Verenigde Staten door 1-877-DAHNHAK te bellen.

Er zijn nog veel andere vormen van fysieke en mentale oefening die de moeite waard zijn om te onderzoeken. Je kan er maar moeilijk de boot mee ingaan, vooral als je ze serieus gebruikt en als je op een diep niveau toegewijd bent om niet alleen naar het licht te zoeken maar ook om het licht te verspreiden in onze wereld. Want wij moeten meer doen dan ons alleen met ons eigen leven bezighouden. Deze praktijken en disciplines gaan erover dat je contact legt tussen je lichaam en je bewustzijn; ze gaan erover dat je de verbinding legt tussen je 'doen' en je 'zijn' en dat je een individueel en collectief bewustzijn in het leven roept.

In het verleden hebben wij geprobeerd onze collectieve ervaring te veranderen door alleen een verandering in de dingen die wij doen aan te moedigen, en dat heeft niet gewerkt. Onze soort doet dezelfde dingen eigenlijk weinig anders dan ze duizend jaar geleden werden gedaan. Ik geloof dat dit komt doordat wij hebben geprobeerd onze daden te veranderen in plaats van het bewustzijn waaruit die daden voortkomen.

Mijn doorlopende dialoog met God maakt herhaaldelijk het punt duidelijk dat er niets is wat we moeten doen. In 'dingen doen' ligt niet de oplossing. Die ligt veeleer in 'je wezen zijn'.

Wat is het verschil tussen 'je wezen zijn' en 'wat je doet-zijn' en hoe kunnen wij dat vertalen naar onze alledaagse wereld? Dat is het onderwerp van een buitengewoon boekje dat aan mijn hand is ontvloeid toen ik mij over deze kwestie boog. Ik wilde een manier bedenken om in de reële wereld te leven op de manier waartoe God mij had uitgenodigd. Ik wilde Gods wonderlijke wijsheid over het zijn in een praktische toepassing omzetten. Ik wist dat 'je wezen zijn' een idee was dat de wereld kon veranderen, maar ik wist niet hoe ik het kon toepassen.

Toen besefte ik het opeens tijdens een weekeinde en ik raakte bijna bezeten. Ik kon alleen nog maar schrijven en het product bleek een boekje, *Bringers of the Light* (Brengers van het licht). Dat biedt reële-wereldantwoorden op een van de belangrijkste vragen van het moderne leven: hoe kun je echt leven zonder dat je alleen maar bezig bent in je levensonderhoud te voorzien? Wij moeten ons allemaal zien los te wrikken van onze alledaagse bezigheden, ons alledaags bezig zijn, als wij ooit dat willen worden waartoe God ons uitnodigt, namelijk 'een licht dat de wereld waarlijk kan verlichten'.

ReCreation, de non-profitorganisatie die Nancy en ik vormen om de boodschap van deze dialoog te blijven verspreiden, heeft dit boekje gepubliceerd en ik hoop dat ieder persoon die zich ooit heeft afgevraagd hoe je je van 'doen-zijn' naar 'je wezen-zijn' kunt verplaatsen, het zal lezen. Wij hebben de stichting

ReCreation genoemd op grond van onze opvatting over de doelstelling van het leven: jezelf opnieuw re-creëren in de verhevenste versie van de verhevenste visie die je ooit hebt gehad over Wie jij bent.

Als je dit proces eenmaal begint, zul je merken dat je iets voor de mensheid wilt ondernemen. Dat is natuurlijk. Het komt daaruit voort. En een manier waarop wij dienstig kunnen zijn, is door onze spiritualiteit in de politieke arena uit te dragen. Ik weet dat er mensen zijn die geloven dat spiritualiteit en politiek niet samengaan. Maar God zegt in dit boek dat je politieke standpunt je aanschouwelijk gemaakte spiritualiteit is.

Dat dit het geval is, is voor mij volstrekt duidelijk. Daarom heb ik ook jarenlang gezocht naar een politieke partij of beweging die alleen op spirituele, het leven bevestigende principes is gebaseerd. Om het kort maar duidelijk te zeggen, ik had een reden nodig om te gaan stemmen. Binnen de traditionele politieke partijen kon ik maar weinig van mijn gading vinden. Toen las ik een paradigmaverschuivend boek van Robert Roth. Als je je in de positie hebt bevonden waar ik mij in bevond – een positie waarin je zoekende bent en alle hoop verliest – dan beloof ik je dat dit boek jou een opwindende manier laat zien hoe je je spiritualiteit in politieke actie kunt omzetten.

Het boek van mijnheer Roth is getiteld *A Reason to Vote* (Een reden om te stemmen). Je moet het lezen, ook als je 'niet in politiek geïnteresseerd' bent. *Vooral* als je 'niet in politiek geïnteresseerd' bent. De reden dat je daar niet in geïnteresseerd bent, is dat je niet op dezelfde golflengte zit met wat politici doen. Politiek heeft jou geen enkele reële manier geboden om uit te drukken wie je bent. Je hebt geen *reden om te stemmen.*

Marianne Williamson zegt: 'Als de kracht van de geest over ons komt, komt ook ons verlangen om dienstbaar te zijn aan de wereld over ons.' Haar verbijsterende boek *Healing the Soul of America* (De genezing van de ziel van Amerika) toont ons wat er moet worden gedaan en hoe wij dat kunnen doen. De inzichten in dit boek zijn niet alleen belangrijk voor de Verenigde Staten, maar ook voor de rest van de wereld.

Marianne en ik hebben samen de 'Global Renaissance Alliance' opgericht, die mensen over de hele wereld verenigt in 'burger-kringen' die spirituele principes en sociale acties willen gebruiken om de wereld te veranderen. Dit is de opwindendste transconti-nentale, spiritueel-politieke beweging die ik ken. In de raad van bestuur hebben onder anderen zitting: Deepak Chopra, Wayne Dyer, Thom Hartmann, Jean Houston, Barbara Marx Hubbard, Thomas Moore, Carolyn Myss, James Redfield en Gary Zukav. Wij werken samen in teamverband en wij hopen dat jullie je bij ons zullen aansluiten. Richt je voor meer informatie over dit specta-culaire initiatief tot het volgende adres:

Global Renaissance Alliance
Postbus 15712
Washington, D.C. 20003
Tel. 541-890-4716
e-mail: *office@renaissancealliance.org*
website: *www.renaissancealliance.org*

Er zijn vele andere manieren om de specifieke boodschappen en wijsheid te benutten die ons in deze buitengewone gesprekken met God zijn gegeven. Dit te doen is mijn grootste levenswens en ik weet dat veel mensen hetzelfde ervaren. Als jij een van hen bent, nodig ik je uit contact op te nemen met onze stichting en te informeren naar *CWG In Action*.

Dit is een nieuw programma dat een 'wijsheidskring' omvat (groe-pen overal in de Verenigde Staten en daarbuiten, die helpen de driehonderd brieven te beantwoorden die wekelijks binnenkomen met vragen over deze stof), een 'crisisreactieteam' (vrijwilligers die ons voorzien van informatie over hun gemeenschap en die bij geval als raadslieden optreden voor mensen die ons bellen als ze in een spirituele crisis verkeren) en een 'hulpmiddelennetwerk' (dat mensen over de hele wereld met elkaar in contact brengt, die aan spirituele en humanitaire verberingsprojecten werken).

Op verzoek sturen wij je een inschrijvingsformulier voor deelna-me aan het programma en overige informatie, bijvoorbeeld over hoe je een nieuwe school kunt oprichten die is gebaseerd op mijn gesprekken met God.

Het lesprogramma van de 'Heartlight School' wordt opgetrokken rond de drie kernconcepten die in deze doorlopende dialoog zijn gegeven: bewustzijn, eerlijkheid, verantwoordelijkheid. Het zal kinderen ertoe aanzetten de reeds in hun innerlijk aanwezige kennis te ervaren (en *op natuurlijke wijze* verder te ontwikkelen). Wij willen kinderen voldoende kennis aanreiken; wij helpen ieder kind een academisch niveau te halen in liefhebben, zorg voor de natuurlijke omgeving en de exploratie van de eigen innerlijke wijsheid.

Wijsheid is toegepaste kennis.

De 'Heartlight School' zal onze kinderen leren de toekomst uit te vinden in plaats van het verleden te herhalen. De school zal hen voorzien van *informatie* die zij nodig hebben om in de buitenwereld te overleven, maar niet de historisch ingegeven *richtlijnen* die hen aanmoedigen – binnen sommige culturen zelfs verplichten – om de oude levenswijzen na te bootsen. Wij verwachten dat er Hearthlight-scholen in steden overal ter wereld zullen worden geopend als het woord zich verspreidt over wat wij doen en hoe wij dat doen.

Tot slot zijn er veel mensen die de stof van *Een ongewoon gesprek met God* tot zich hebben genomen, die diep geraakt zijn door deze ervaring en die naar een voortzetting verlangen. Als je met ons 'verbonden' wilt blijven, is een uitstekende manier om dat te bereiken onze Engelstalige nieuwsbrief *Conversations*. Elk nummer bevat een uitgebreid lezersforum, waarin wij de mensen laten zien hoe zij Gods boodschap in hun dagelijks leven kunnen toepassen. Ook beantwoorden wij alle indringende vragen die mij over deze stof werden gesteld. De nieuwsbrief bevat ook informatie over gelegenheden om je ervaring van deze energie uit te breiden, zoals God's Pen Pals, onze vijfdaagse 'Re-creëer Jezelf'-retraites, het 'Boeken voor vrienden'-programma en overige activiteiten van de stichting. Een abonnement kost $ 45 voor 12 nummers.

Het adres van onze stichting (voor informatie over *Bringers of the Light, CWG In Action*, de Heartlight School en de nieuwsbrief) is:

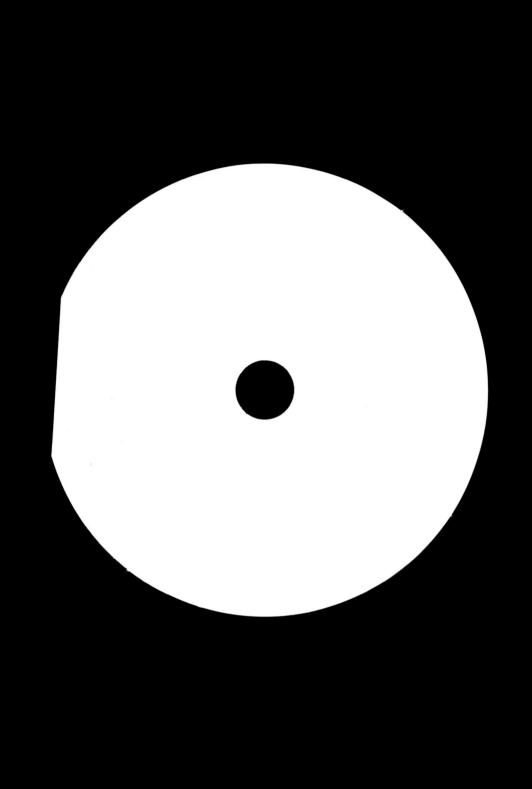

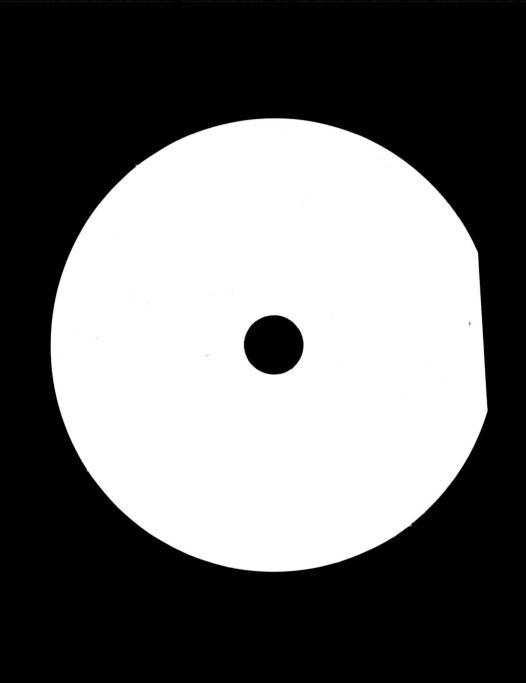

The ReCreation Foundation
PMB 1150
1257 Siskiyou Blvd
Ashland, OR 97520
Tel. 541-482-8806
e-mail: *Recreating@aol.com*
website: *www.conversationswithgod.org*

Of je nu enkele van deze boeken hebt gelezen of de uitwerking van jouw visie voor de wereld uitbreidt door het werk van een van deze organisaties, ik hoop dat je met mij meedoet als partner om het nieuwe evangelie te verspreiden.

Mocht je dat doen, dan draag je eraan bij een fundamentele verschuiving te bewerkstelligen in ons collectieve bewustzijn. Deze overgang kan zo'n ingrijpende verandering in onze religieuze, politieke, economische, educatieve en sociale waarden veroorzaken, dat zij het begin van een nieuw gouden tijdperk zou kunnen inluiden. Want als alle mensen een nieuw bewustzijn over God ontwikkelen, zullen zij een nieuwe relatie *met* God ontwikkelen en de laatste noties van een wraakzuchtige, vergeldende, onaanraakbare en onkenbare godheid loslaten en een werkende, functionele *vriendschap met God* beginnen.

Hoe krachtig die ook zijn, van nog groter belang is waar deze nieuwe vriendschap ons zal brengen: niet alleen naar een empirisch besef van onze diepe band met de Schepper, maar ook naar onze wezenlijke eenheid met alle levende dingen. Dat zal op zijn beurt een einde maken aan de overtuiging die zoveel ellende heeft veroorzaakt in ons leven: de overtuiging dat een van ons, dat een van onze *groepen* op de een of andere manier beter is dan de rest.

Dit boek verkondigt daarover een immense boodschap. Ik hoop dat jullie nu samen met mij die boodschap willen verspreiden. Voeg je bij mij in dit partnerschap zodat wij in deze nieuwe eeuw – beter vroeg dan laat – religieuze leiders, politieke figuren, opvoedkundigen en sociale wetenschappers van elke geloofsovertuiging zullen zien die Gods uitnodiging aanvaarden en verkondigen:

'Onze weg is niet een betere weg, maar is slechts een andere weg.'

Deze ene, verbazingwekkende uitspraak zal de wereld veranderen.

Wij hebben het nu over de aanpassing van ons hele culturele verhaal. Wij veranderen voor altijd ons collectieve idee over wat waar is over mensen en over hoe de dingen voor ons in elkaar steken.

Ons oudste en verreikendste verhaal is het verhaal van afscheiding. In dit verhaal stellen wij onszelf voor als afgescheiden van God en dus van elkaar. Uit dit verhaal van afscheiding is onze behoefte aan competitie voortgekomen, want als wij van elkaar zijn afgescheiden, staan wij er allemaal alleen voor – ieder persoon, iedere cultuur, iedere natie – en moeten wij met elkaar strijden om de schaarse hulpbronnen.

Vanuit deze misvatting hebben wij het idee van 'beter' ontwikkeld. Omdat wij met elkaar strijden, moeten wij een *reden* hebben om te kunnen verklaren dat onze aanspraak op voedsel, land, hulpbronnen en allerlei beloningen moet worden geëerbiedigd. Die reden is, zo maken wij onszelf wijs, omdat wij 'beter' zijn. Wij *verdienen* het om te winnen.

Dit oordeel over onze relatieve goedheid heeft ons geholpen de acties te rechtvaardigen die wij hebben ondernomen om ervoor te zorgen dat wij zouden winnen. Maar de dingen die wij aldus hebben ondernomen, hebben niet onze overwinning maar onze nederlaag ingeluid.

Dat is de menselijke tragedie. In naam van ons 'beter' zijn hebben wij complete naties 'etnisch gezuiverd'. Wij hebben voorrechten opgeëist en hulpbronnen gehamsterd. Wij hebben hen gedomineerd die wij als minderwaardig hebben aangeduid en hen tot een leven van stille wanhoop veroordeeld.

Dit alles heeft zich voorgedaan omdat mensen geloofden dat zij een 'betere' manier kenden om tot God te komen, een 'betere' manier om het land te besturen, een 'beter' economisch systeem of een 'betere' reden om grond op te eisen. Maar de boodschap in de drie delen van *Een gesprek met God* is duidelijk. Niemand is beter. Wij zijn één. En er zal pas vrede op Aarde zijn als wij met één stem leren spreken. Die stem moet de stem van redelijkheid zijn, van medeleven en liefde. Het is de stem van de goddelijkheid in ons.

Ik weet dat *Een gesprek met God* een *Vriendschap met God* kan voortbrengen die zo prachtig is dat wij uiteindelijk *Communie met God* zullen ervaren, zodat wij ten slotte met een enkele stem zullen spreken.

En die stem zal over heel het land worden gehoord, zowel op Aarde als in de hemel.

Register